지구시민사회와 한국 NGO

Global Civil Society and the Korean NGOs

Jai Chang Park

ORUEM Publishing House
Seoul, Korea
2006

한국미래정부연구회 연구총서 6

지구시민사회와 한국 NGO

박재창 지음

서문

　우리나라의 가장 대표적인 시민사회단체 연대 조직 가운데 하나인 한국 시민사회단체연대회의는 최근 아시아 NGO(비정부기구, Non-Governmental Organization) 센터를 발족시켰다. 정부는 2005년 초에 NGO 담당 대사직을 신설하고 국제 NGO와 국내 NGO, 외국 NGO와 국내 NGO, 외국 정부와 국내 NGO, 우리 정부와 국내 NGO간의 교류와 협력을 지원, 조장, 조정하는 중개자 역할을 주문했다. 이는 지구촌 전역에서 처음 있는 일로 평가된다. 한국 NGO 학회가 "아시아 시민사회와 NGO"라는 주제로 이들과 함께 제14차 한국 NGO 포럼을 연 것도 그즈음의 일이다. 오늘날 NGO와 관련하여 우리의 시민사회, 정부, 학계 모두를 아우르는 하나의 공통적인 화두가 있다면 바로 NGO에 의한 국제교류가 되는 셈이다.

　우리사회에서는 흔히 87년 체제 등장 이후를 NGO의 발흥기라고 일컫는다. 그렇지만 아직 우리의 NGO가 활동의 지경(地境)을 국외로까지 확장하기에는 여러모로 부족한 점이 적지 않은 것 같다. 무엇보다도 NGO에 의한 범지구적 교류의 빈도 자체가 저급한 수준에 머물러 있다. 여기에는 다양한 원인이 작용한 것이겠지만 그 가운데에서도 국내 NGO가 지나치게 거대담론에 주목하고 그 결과 일국주의의 늪에 빠진 탓이라는 지적은

음미해 볼 만한 가치가 있다. 그러나 지구의 다른 곳 특히 유럽 및 북미 대륙을 중심으로 하는 지구의 중심부에서는 사정이 사뭇 다르다. 거대담론이 아니라 생활세계의 실천 프로그램에 주력해 왔고, 이들은 이미 1990년대에 NGO에 의한 범지구적 활동의 분출을 경험한 바 있다.

바로 이렇게 NGO에 의한 국제교류가 지구의 중심부와 주변부로 나뉘어 지역적으로 편중되어 일어나는 현상은 우리로 하여금 지구촌의 미래를 어둡게 조망할 수밖에 없도록 만드는 주요 원인 가운데 하나다. 그렇지 않아도 국가 간의 층위가 사실상 세계체제를 지배한다는 현실에 더해 비정부조직 간의 관계에 있어 마저 중심부와 주변부로 이원화하게 된다면 지구촌 전체의 통합적 질서의 구축이나 평화적 공존을 기대하기는 어려울 것이기 때문이다. NGO에 의한 국제교류가 이런 양식으로 분출하는 이유를 알아보기 위해서는 NGO에 의한 국제교류 자체가 어떤 성질의 것인가를 천착하는 일이 선결과제일 것이다.

그런데 NGO에 의한 국제교류의 본질이 무엇인가에 대해서는 대체로 두 개의 관점이 다툼을 벌여 왔다. 단절론과 승계론이 그것이다. 단절론자들은 NGO의 국제교류가 최근에 들어서면서 그의 범위에 있어 광역화하고, 강도가 심화되며, 속도가 빨라지는 등 과거와는 전혀 다른 변화를 보이고 있는 만큼 과거의 교류와는 다른 성질의 것으로 해석하고 규정해야 마땅하다는 것이다.

반면에 승계론자들은 NGO에 의한 국제교류가 분출하게 된 것은 자본주의 체제의 지속과 확산이라는 역사적 배경에 기초하는 만큼 보다 긴 호흡으로 조망해야 하며 그럴 경우 당연히 지금까지 지구사회체제를 유지해 온 구조적 특성의 연장선상에서 이해하고 규명해야 옳다고 본다.

그러니까 자본주의 체제의 발달이 시민사회운동의 물적 토대를 제공하게 되었으며, 시민사회운동이 강화되면서 운동의 지경이 국제사회로까지 확장되고, 그 결과 국민국가의 경계가 무너지는 현상을 낳았다는 것이다. 따라서 승계론자들은 NGO에 의한 국제교류 활동의 환경이나 사회구조적 배경 따위에 주목하는 경향을 지녔다. 반면에 단절론자들은 교류 자체의 구조적 특성에 주목하려는 것이라고 구분해 볼 수 있다. 그런데 바로 이런 관점에 서서 NGO의 국제교류를 그의 분출 원인에 초점을 맞추어 규명하고자 하는 경우 대체로 기술결정론과 구조결정론으로 대별해 볼 수 있게 된다.

기술결정론은 정보사회의 도래와 인터넷의 확산을 NGO에 의한 국제교류가 분출하게 되는 주요 동인(動因)으로 손꼽는다. 과거 산업사회적 생산양식이 지배하던 시대와는 달리 정보화 사회에서는 정보의 유통이 신속하고, 저렴하며, 정교하게, 쌍방향적으로 이동하면서 협송성을 살릴 수 있게 되었고 이는 NGO에 의한 교류 자체의 성질과 차원을 변화시킬 뿐만 아니라 여타의 사회관계 망을 초국적 양식으로 전환하게 된다는 것이다. 그 결과 국제적 교류와 연대 없이는 이런 새로운 환경에 대처해 나갈 수 없게 되었다고 본다.

그러나 구조결정론은 보다 다양한 원인을 제시한다. 먼저 지구화에 따른 현대 사회구조의 변화가 NGO에 의한 국제교류를 촉진하는 동인 가운데 하나라는 것이다. 현대사회의 지구화 과정이 자본과 정보의 초국적 이동을 가능케 함으로써 거대 기업의 등장을 가져왔고 이런 초국적 기업들은 국민국가의 간섭과 규제를 벗어나 활동함으로써 국민국가의 배타적 영토고권(領土高權; 영토주권)을 침식하게 되었다. 그 결과 이를 공익 수호의 관점에서 보면 이는 그에 대한 대응적 조처의 수요를 촉발하는 현상이다. 더욱이 지구국가 내지는 지역국가의 전조로 해석되는 다양한 형식의 국제규제기구들이 등장하고 활성화하면서 국민국가의 자율권 범위를 축소하는 현상도 국민국가의 퇴조를 알리는 또 다른 증거로 해석된다. 그러나 이런 국제규제기구들은 그의 운영양식에 있어 비민주적이고, 관료적이며, 신자유주의 친화적이라는 한계를 동반함으로써 이런 현상에 대한 대응적 조처의 필요성을 또 다른 차원에서 야기한다. 그리고 그런 대응적 조처의 하나로 NGO에 의한 국제교류가 촉발된다.

사회주의 국가권의 몰락과 함께 동구권 여러 나라들이 민주화되거나 아시아 아프리카 지역의 여러 나라들이 민주 정체로 전환함으로써 민주주의의 범지구적 확산이 이루어졌다는 사실도 NGO의 국제교류를 촉발하게 된 또 다른 이유로 제시된다. 민주적인 정체가 확산된다는 것은 자율적 의사결정의 공간이 보장된 나라들이 많아졌다는 의미이며 이는 결과적으로 자율적 의사결정의 주체인 NGO의 발흥과 그들 사이의 교류를 보다 활성화하는 환경과 대상을 확장하게 되었음을 뜻한다. 따라서 이런 여건 속에서는 당연히 NGO에 의한 국제교류가 활성화하기 마련이다.

정치의 탈이념화 시대가 도래하면서 능률성과 경제성을 강조하기 시작한 것도 NGO의 국제교류를 촉발하는 또 다른 원인으로 지목된다. 능률성 지상주의는·신자유주의의 등장을 정당화하는 가치관상의 토대가 되었고, 신자유주의의 범지구적인 확산은 공익 수호의 수요를 촉발하는 전기가 되었으며, 이는 공익지향적인 NGO 활동의 발흥과 함께 이의 범지구적 활동과 연대를 강화하는 동인으로 작용하게 되었다.

그러나 보다 본질적인 이유는 범지구 차원에서 목격되는 문화적 동형화 현상에 있다는 주장도 적지 않다. 정보통신기술의 발달로 정보와 기술의 범지구적 확산과 공유가 용이해지면서 공동의 가치와 공동의 문화양식을 향유하는 정도가 심화되기에 이르렀다. 이는 국경을 초월하는 가치관의 공유현상을 낳았으며, 그 결과 일종의 세계 문화라고 해야 할 새로운 양식의 문화질서를 창출하게 되었다는 것이다. 그 결과 의사소통상의 장벽이나 인식상의 경계가 무너지면서 국제 관계에 대한 관심을 촉발하게 되었고 범지구적 차원과 맥락 속에서 문제를 이해하거나 접근하려는 경향을 낳았다. 이런 환경 속에서 NGO가 대외관계에 유의하는 정도가 높아질 것은 당연한 이치다.

그러나 이렇게 승계론자들이 제시하는 사회구조의 변화가 과연 경험적 실체인지, 아니면 오히려 NGO에 의한 국제교류를 통해 앞으로 달성하고자 하는 당위적이고 규범적인 목표인지에 대해서는 보다 정밀한 검토를 필요로 한다. 지구화 과정에서 유발되는 다양한 양식의 구조적 변화에 조응하거나 반발하여 NGO가 국제교류를 강화하게 된다는 주장 속에는 양자간의 관계를 결정론적으로 구속하는 연계 변수가 제시되어 있지

않기 때문이다. 부언하면 그런 사회구조적 성격의 변화 속에서 NGO가
자신의 대외교류를 활성화 하는 일은 무수히 많은 대응적 현상 가운데
하나에 지나지 않는다. 따라서 이런 사회구조 변화에 조응하여 NGO가
국제교류를 강화하게 된다는 주장 속에는 그렇게 되기를 바라는 일종의
기대값이 내포되어 있다고 보아야 하며, 바로 그런 점에서 경험적 사실이
라기보다는 규범적 요구의 성격이 짙다는 평가다.

　그런데 NGO에 의한 국제교류 문제를 다루면서 이렇게 경험적 사실과
규범적 당위를 엄격히 구분하지 못하게 되는 이유를 단순히 연구자의 경
솔함이나 부주의로 돌리기에는 현상 자체의 유동성과 가변성이 너무나도
크다. NGO에 의한 국제교류는 그것 자체가 현재 진행형의 양식을 취하
고 있는 자기 진화형 과제라는 의미다. 이는 사회변화를 지향하기 마련인
NGO의 존재구속적 자기 속성에 해당하는 것이라고도 말할 수 있다. NGO
는 그것 자체가 지구화 과정에서 유발되는 다양한 양식의 구조 변화 내
지는 외부 충격에 피동적으로 대응하는 존재이기 이전에 스스로의 자성
적 성찰에 따라 어떤 특정의 가치나 의지를 실현하고자 하는 자기결정성
을 본래의 속성 가운데 하나로 삼는다는 뜻이다.

　NGO의 본래적 속성이 이럴진대 NGO에 의한 국제교류가 단순히 네트
워크의 확장이나 심화 내지는 속도성 제고 수준에 머무르는 것이 아니라,
가치관의 공유 내지는 동형화 현상같은 새로운 질서의 창출을 겨냥하게
될 것은 너무나도 당연한 이치다. NGO에 의한 네트워크는 그의 고도화
가 일정 단계에 이르면 새로운 가치관의 창출로 이어지는 자기 본래적인
속성을 지녔다고 보아지기 때문이다. 이렇게 NGO에 의한 국제교류가 단
순히 네트워크를 구축하는 데 끝나는 것이 아니라 그에 따라 새로운 문
화질서를 창출하는 경우 이를 흔히 지구시민사회의 형성이라고 규정하게
된다. 그런데, NGO의 국제교류가 지구시민사회로 전환하는 과정에서 주
목해야 할 가장 중요한 과제는 NGO의 국제교류가 어떤 목적가치를 지향
하고 있는가 또는 지향할 것인가의 문제다.

　바로 이런 국제교류의 동기와 관련해서는 인도주의적 접근시각, 제국

주의적 접근시각, 합리주의적 접근시각이 공존한다. 인도주의적 접근시각은 NGO에 의한 국제교류를 통해 사회적 약자의 권익을 신장한다거나 인류의 평화에 기여하고자 한다는 데에서 발견할 수 있다. 과거의 국제적 지원에 보은하기 위해 NGO에 의한 국제교류를 확장하자는 주장도 이런 부류에 속한다. 제국주의적 접근시각은 NGO에 의한 국제교류를 일종의 팽창론적 관점에서 이해하고 접근하는 경우다. 지구촌에서의 발언권 신장이나 의사결정권 강화 또는 일국의 패권적 지위를 제고하기 위해 NGO의 국제교류를 촉진하고자 하는 데에서 흔히 발견된다. NGO에 의한 국제교류를 통해 문화적 동형화나 가치관의 일치를 이룩한다는 것은 일종의 허구이며 그런 추상성의 너울 아래에는 언제나 일국 중심의 지역주의가 도사리고 있다는 견해다. 주로 지구촌의 주변부에서 NGO에 의한 국제교류를 새로운 형태의 문화적 침략 내지는 대외 의존성 심화 과정의 하나로 우려하는 데에서 발견된다. 합리주의적 접근시각은 지구화 과정의 다양한 사회구조적 왜곡 현상에 대한 대응적 조치로 NGO의 국제교류가 활성화된다고 보는 논리의 틀 속에서 발견된다. 이는 인도주의적 접근시각이나 제국주의적 접근시각과는 달리 교류의 동기를 보다 객관화함으로써 평가과정의 선입견이나 정서적 편애를 극복하고자 하는 의지를 내포하고 있다는 점에서 다르다.

이런 논의의 연장선상에서 보면 NGO에 의한 국제교류 내지는 지구시민사회의 형성에 대해서는 부정론과 긍정론이 양립되어 있음을 알 수 있다. 부정론의 시각에서는 NGO에 의한 국제교류 내지는 지구시민사회의 형성이 일국의 패권적 지도력 강화 수단으로 전락하거나 기업 내지는 시장의 이익을 배타적으로 보장하려는 체제의 영속화에 기여할 것이라는 우려에 기초한다. 반면에 긍정론의 시각에서는 NGO에 의한 국제교류 내지는 지구시민사회의 형성이야말로 지구화 과정에서 야기되고 있는 다양한 형태의 역기능에 대항하고 극복하는 데 있어 거의 유일한 대안이거나 또는 보다 효과적인 균형추라는 인식 위에 서 있다.

따라서 NGO에 의한 국제교류 내지는 지구시민사회의 형성을 이해하

거나 평가하는 데에 있어 어떤 선험적 모델이나 기준을 가지고 접근하는
일은 매우 위험하며, 보다 근본적으로는 평가의 대상이 되는 현상 자체가
매우 유동적이고 가변적인 것이어서 이를 일률적인 잣대에 따라 규정하
거나 재단하려는 것 자체가 잘못된 일이라고 하겠다. NGO에 의한 국제
교류 내지는 지구시민사회를 이해하는 데에 있어서는 먼저 어떤 구체적
현상 자체에 대한 정보를 보다 체계적으로 수집하고 축적하는 일이 선결
과제라고 해야 할 것이다. 이 책은 바로 이런 현실인식과 문제의식하에서
우리나라의 NGO에 의한 국제교류 실태를 체계적으로 조사 분석하고 그
결과를 토대로 우리의 NGO가 국제교류를 활성화하도록 조장, 촉진하기
위해서는 어떤 정책 대안의 고안이 가능한지를 알아보자는 데에 일차적
인 목표를 두고 있다.

따라서 이 책은 대외교류의 최일선에서 진력하고 있는 자원봉사자와
시민사회활동가, 이와 관련한 정책대안의 개발에 목말라하는 정부당국
자, 이 분야의 연구와 자료의 축적정도가 일천하다는 사실을 아쉬워하는
학자나 언론계 종사자, 이런 이들을 대상으로 기획되고 저술되었다. 아무
쪼록 일독 후 가차 없는 비판과 조언이 있기를 기대한다.

그런데 원래 이 책을 저술하고자 한 동기 가운데 하나는 필자가 NGO
의 국제교류 현장에서 활동하는 가운데 교류의 방향성 내지는 목적가치
의 정립 없이 교류가 확대되는 경우, 이는 또 다른 차원에서 세계적인 재
앙을 불러오게 될 가능성이 크다는 사실을 깨닫게 된 데에 기인한 바도
적지 않다. 이를 지구화 과정이 유발하는 사회구조적 왜곡 현상에 대한
우려라고 해도 좋고, 아니면 그런 현상에 대한 대응적 조치로 전개되고
있는 NGO에 의한 국제교류 양식 내지는 그에 따른 지구시민사회의 구조
적 특성에 대한 우려의 결과라고 해도 좋다. 여하튼 지금과 같은 양식의
지구시민사회화 과정은 시정되어야 하며 이를 위해서는 지구 중심부와
주변부 사이의 중간지대에 기항하는 NGO들의 활동이 매우 중요하다고
보았다.

우리사회는 마침 바로 이런 중간지대에 위치해 있으며 특히 우리사회

의 NGO가 지구 북반부 NGO와 남반부 NGO 모두의 여망과 과제에 매우 친숙하다는 사실은 우리사회의 NGO가 보다 활발하게 국제교류에 나서 도록 하는 일이 단순히 우리의 국제적 외연을 확장하는 것 이상의 의미 를 동반하게 되는 것이라고 보았다. 따라서 우리의 NGO가 보다 적극적 으로 대외교류에 나서도록 독려하고 지원하는 일은 범지구 차원의 과제 이며 이미 지구시민사회의 형성이 진행 중인 만큼 매우 시급하게 추진되 어야 하는 일이다. 따라서 정책적 지원을 통해 의도적으로 활성화하는 일 이 불가피하며 이를 위해서는 우선 교류의 실태를 보다 체계적으로 파악 하는 일이 선결 과제라고 보았다. 이 책은 바로 이런 판단이 불러온 결과 물이다.

이런 취지에 찬동하고 연구의 수행을 위해 재정지원에 나서주신 한국 행정연구원과 기꺼이 출판을 허락해 주신 도서출판 오름의 관계자 여러 분께 감사의 말씀을 전한다. 이 책 저술의 필요성을 절감하는 계기가 되 었고 NGO에 의한 국제교류를 이해하고 접근하는 데 있어 매우 훌륭한 토대를 제공해 주신 한국 YMCA 연맹의 우정과 격려에 대해서도 감사한 다. 한국미래정부연구회의 권정현 연구원은 자료의 수집과 분석과정에서 많은 수고를 아끼지 않았다. 이 모두가 지구시민사회의 형성이 새로운 세 계질서의 출발점이라는 사실을 절감한 데에서 오는 결과라고 믿는다.

2006년 8월
도곡동 우거에서
저자

차례

|제1장|
서 론

정보사회의 도래와 정부실패에 대한 진단은 한 나라가 효율적으로 운영되려면 국가와 시민사회가 공동 협력하는 거버넌스 체제의 도입이 불가피하다는 인식을 확산시켰다. 이런 협력체제의 구축에 대한 요구는 단순히 국민국가(national state) 차원에서만 야기되는 것이 아니라 지역국가(regional state)와 지구국가(global state) 같이 아직은 형성단계에 있는 초국적 관계 망의 차원에서도 제기된다.

환경오염, 테러 발생, 마약 밀매, 청소년 착취, 에이즈 확산 등에서 보는 바와 같이 국제 지역 내지는 범지구 차원에서 국가 간 공조체제를 갖추지 않으면 해결하기 어려운 과제들이 확산되고 있어 정부 간 지역 협력이나 지구 차원의 협조 체제 구축이 불가피한 형편이다. 정보사회의 도래로 인해 정보와 자본이 국민국가의 경계를 초월해서 이동하게 되었다는 사실은 한 나라의 정책 네트워크가 국제관계상의 지역 및 범지구 차원으로까지 확장되어야 한다는 주문에 다름 아닌 일이기도 하다.

자연히 국제 지역이나 지구 차원에서 이루어지는 국가 간 협력의 중요성이 강조될 것은 당연한 이치다. 이런 지역 협력의 가시적인 형태로는 NAFTA, ASEM, APEC, EU 등을 들 수 있으며 지구 차원에서는 흔히 WTO, UN, OECD 등이 그의 초기적인 형태로 지목된다. 그러나 이런 지역국가나 지구국가 현상은 일반시민의 주권적 의지를 정교하게 반영하지 못하며 오히려 국가권력의 시민사회에 대한 억압과 착취를 강화하거나 그의 정당성을 높이는 동원 기재로 작용한다는 비판마저 제기되어 왔다.

따라서 지역 내부의 국가 간 협력이나 지구촌 차원의 국가 간 협력에 있어서도 국민국가의 경우와 마찬가지로, 이를 견제하고 감시 비판하며 나아가 협력의 적실성과 타당성 내지는 실효성을 제고하기 위한 수단을 강구해야 하고, 이를 위해서는 국제지역시민사회의 형성이나 지구시민사회의 구축이 필수 과제라는 인식이 확산되고 있다.

이는 근본적으로 국가 간의 협력이 민족주의 내지는 자국중심주의를 벗어나기 어렵고 그렇기 때문에 실질적인 협력을 구현하는 데에는 내재적인 한계가 있기 때문에 발생하는 현상이다. 예를 들어 대표적인 지구차원의 국제기구인 UN은 그의 지구적 협력을 강조하는 규범적 목표와 회원국 간의 자국 중심주의적 권력투쟁 사이에서 유발되는 이중성 때문에 처음부터 제 역할을 다할 수 없는 기관이라는 평가를 받아 왔다(NGLS, 2003:5). 그에 반해 시민사회단체 간의 협력은 그의 본질 면에서 볼 때 인류 공통의 보편적 유익이나 가치를 추구하도록 되어 있고 그렇기 때문에 공조나 연대를 추동하기가 훨씬 더 유리할 것이라는 점이 강조되어 왔다(Toulmin, 1994:8).

또한 정부 간의 협력과 공조는 기본적으로 관료제에 기초하기 때문에 그의 구조적 경직성으로 인해 국제환경 변화에 기민하게 반응하지 못하고, 주도권 쟁탈전을 일삼거나, 운영과정이 비효율적이어서 분담금을 늘리게 된다는 점도 문제로 제기된다. 그러나 그렇다고 해서 시장 메커니즘에 의존하는 경우에는 인본주의적 수요를 외면하고 경제사회적 불평등을 야기하는 등 여러 부정적 속성을 동반하는 문제가 있다. 따라서 국가나 시장 가운데 어느 한 쪽을 통해 지역이나 지구 차원의 문제를 해결하고

자 하는 경우에는 구조적인 한계를 지닐 수밖에 없다. 그렇기 때문에 국
가와 시장의 특성 내지는 공적 목표와 사적 자율성 모두를 아우르는 "중
도 노선(the Middle Way)"에 유의하지 않을 수 없게 되며, 이는 토니 블레
어 총리의 "제3의 길(the Third Way)"이나 독일 슈뢰더 수상의 "신중도
(New Middle)"에서도 확인된다.

그러니까 "공적 목표를 위한 사적 구조(private structure for public
purpose)"를 채용함으로써 문제해결과정의 유연성과 과제해결능력을 동
시에 제고하고, 그 결과 "제3의 정치(the politics of the third way)"가 가능
해지는 방안을 모색해야 한다는 것이다(Salamon, 2003:2). 이는 본래
NGO 간의 협력과 연대를 통한 제3의 정치가 일국 내부 문제의 해결을
위해 고안된 처방전이었다는 점을 감안해 볼 때, 국제지역사회나 지구시
민사회를 일국의 구조적 특성이 국경 밖으로 연장되는 외연에서 조우하
는 어떤 사회 구조물로 이해하고자 하는 것이라고 말할 수 있을 것이다.

여하튼 이는 제3의 정치에 있어 그 핵심요소라고 할 수 있는 NGO가
지구화 과정의 중요 행위 수행자로 자리매김해야 한다는 의미이며, 운동
의 범지구화 과제가 더 이상 일국 정치의 주변부에 머물러서는 안 되며
그것 자체가 초국적 정치영역의 핵심부로 진입해 들어가야 한다는 의미
로 해석된다. 물론 이런 과제가 단시일 내에 이루어지기는 어려운 일이지
만 운동역량의 부족을 이유로 초국적 정치공간에서 떨어져 나와 폐쇄적
일국주의를 고집한다면 NGO 간의 교류와 연대가 범지구적 운동으로 발
전하는 과정에서 매우 중대한 장애 요인으로 작용하게 될 것은 너무나도
당연한 일이다(임현진, 공석기, 2005:158-159).

또한 정보통신기술의 발전으로 정보의 유동성이 급격히 증대하고 그
결과 기존의 체제나 질서가 영원불변의 것이 아니라 매우 가변적이라는
인식이 싹트고 있으며, 그 결과 어떤 현상의 타파나 보다 나은 대안을 개
발하고자 노력하는 일 등이 매우 당위적인 과제라는 인식을 갖게 되었다.
이로 인해 지구적인 과제의 해결을 위해 보다 용이하고 능률적인 양식으
로 대처하기 위한 대안을 찾아나서는 일이 자연스럽게 유발되고 있으며

또한 당연한 일로 간주되고 있다. 이에 따라 새로 조직을 창설하거나 지구적 연대를 결성하는 등 기존의 국가나 시장 중심의 국제 질서 위에 새로운 차원의 문제 해결 대안으로서 NGO에 의한 정책 네트워크나 시민사회를 형성하는 일이 스스럼없이 추진되게 되었다(NGLS, 2003:6).

이로 인해 지난 10년 내지 15년 사이에 범지구 및 국제 지역 수준에서는 다양한 양식의 NGO가 국제관계 형성의 핵심인자로 급속히 확산되는 현상을 보여주고 있다(NGLS, 2003:5). 1993년 현재 18만 8,381개였던 국제 NGO가 10년 후인 2003년에는 28만 2,851개로 늘어나 1993년 대비 50%의 신장세를 보이고 있다(The Center for the Study of Global Governance, 2005:309). 이런 현상은 동유럽국가와 중앙아시아에서 보다 두드러지게 나타나고 있다. 이 지역 내부에서 국제 NGO가 보다 많이 그리고 활발하게 자생해 나왔다기보다는 서유럽 중심의 국제 NGO가 그의 활동영역을 이 지역 중심으로 크게 확장한 결과로 여겨진다.

그런데 이러한 국제 지역 내지는 범지구 차원에서 이루어지는 협력과 교류의 문제에 대해 이를 경험적 차원에서 점검해 보려는 노력은 매우 일천하며 당위적 차원에서 접근하는 것이 대부분이다. 이는 국제지역시민사회 내외에서의 협력이나 교류 또는 지구 차원에서 이루어지는 NGO 간의 연대와 결속이 매우 급속하게 확산되고 있는 것이 사실이기는 하지만 얼마 전까지만 하더라도 매우 새로운 현상이거나 아직은 단순한 경향성에 지나지 않는 것으로 간주되어 왔다는 데에 일차적인 원인이 있다.

이런 NGO 간의 초국적 교류와 협력을 한층 더 강화하고 나아가 초국적 시민사회를 형성하기 위해서는 먼저 그 교류와 협력의 실태를 파악하는 일이 선결 과제일 것이다. 현상에 대한 진단이 선행되어야 국제지역시민사회 내지는 지구시민사회 차원의 협력과 교류를 강화하기 위한 정책 수요가 파악되고 정책 수요가 파악되어야 대안 모색이 가능할 것이기 때문이다.

이런 문제의식과 현실인식을 토대로 국내외 NGO들이 어떻게 상호작용하고 교류하는지를 체계적으로 진단하고, 그 결과를 토대로 한국 NGO

의 대외 활동을 강화하기 위해서는 어떤 정책 수요가 있으며, 이를 국가 정책 차원에서 조응하기 위해서는 어떤 대안 모색에 나서야 하는지를 점검해 보고자 하는 일에 이 책 저술의 우선적인 목표가 있다.

그런데 NGO의 대외교류 현상을 분석해 온 헬드 등(Held et al, 17-27)은 NGO에 의한 국제 교류를 구성하는 가장 핵심적인 변수로서 교류의 범위, 교류의 강도, 교류의 빈도를 들고 있다. 여기에서는 우선 교류의 범위를 범지구 차원, 아시아 지역 차원 그리고 남북한 관계 차원으로 나누어 다루고자 한다. 이는 각각의 차원이 서로 연계되어 있고 대개념과 소개념의 관계를 구성하는 것이 사실이기는 하지만, 그런 공통의 성질 외에도 서로 다른 과제와 조건을 지니고 있고 우리에게 시사하는 바도 상이한 점이 적지 않다고 보았기 때문이다.

우선 범지구 차원의 경우, NGO의 일반적인 특성과 지향점이 북반부 NGO와 남반부 NGO에 있어 서로 다르다. 전자가 주로 생활세계의 일상적인 과제 해결에 주목하고자 한다면 후자는 체제나 질서 자체의 개혁과 타파에 유의하고자 하는 경향성이 크다. 자연히 전자가 지역사회 중심의 풀뿌리 운동에 주력하는 특성이 있다면 후자는 전국 단위의 정치 투쟁에 초점을 맞추는 성질을 지녔다. 그런데 한국은 이들 가운데에서 양자의 경향성을 모두 수용하고 대응하는 경험을 축적해 왔다. 따라서 한국의 시민사회는 범지구 차원의 연결핀으로 나서기에 매우 적절한 여건을 갖추고 있는 셈이다. 한국은 특히 과거 권위주의체제하에서 외국의 NGO로부터 인도주의적 격려와 지원을 받았던 경험이 있는 만큼 이를 다른 나라에게 돌려줌으로써 "보은해야 할 책무"도 지니고 있다.

한편, 아시아 지역은 지구촌의 다른 지역과 달리 그 구성원의 정치, 경제, 사회, 문화적 배경이 매우 다양하고 다원적이다. 정치적으로는 중국과 같은 공산주의 체제나 미얀마 같은 군부권위주의 체제에서부터 인도 같은 입헌공화제와 일본 같은 입헌군주제가 공존하고 있다. 경제적으로는 일본이나 한국의 자본주의로부터 중국의 사회주의나 베트남 같은 국가계획주의가 다툼을 벌이고 있다. 종교적으로는 미얀마, 태국 같은 불교

국가로부터, 파키스탄, 인도네시아 같은 회교 국가, 필리핀, 동티모르 같은 기독교 국가, 일본처럼 토속 신앙인 신토이즘이 주류를 이루는 곳이 혼재되어 있다. 언어나 인종의 다양성은 물론이고 경제 수준에 있어서도 일본과 같은 초선진국이 있는가 하면 미얀마 같은 지구촌 최빈국이 섞여 있다.

이 가운데 아시아 시민사회의 건설과 관련하여 견인차 역할을 수행해야 하고 또 할 수 있는 나라는 한국밖에 없다. 정치, 경제적으로 지도적인 위치에 설 수 있는 아시아의 여러 나라 가운데 한국은 시민운동의 역량과 경험의 축적 정도에 있어 다른 나라를 앞서 있을 뿐만 아니라(조효제, 2005:3) 아시아권 일반의 배타적 정서로부터도 자유롭기 때문이다.

일본은 과거의 식민 지배에 따른 역사적 경험으로 인해 동남아시아 여러 나라와 중국으로부터 매우 심각한 정서적 저항에 직면해 있다. 중국은 시민운동을 주도할 정치적 환경이 마련되어 있지 않다. 오스트레일리아, 뉴질랜드 같은 태평양권 국가는 문화적 정체성에 있어 여타의 아시아 국가들로부터 소외되고 있는 것이 사실이다.

따라서 한국이 이 지역의 국제 교류를 견인하고 시민사회 형성을 주도해야 할 위치와 여건에 놓여 있음은 주지의 사실이다.

그런데 그 한국이 놓여 있는 동북아 지역에 있어서는 남북한 간의 군사적 대치로 인해 아직도 동서냉전의 유재(遺在)가 청산되지 않고 있으며, 평화 정착의 문제가 최우선적인 과제로 제기되어 있다. 이를 해결하기 위해 정부 간 대화와 협력을 강화할 것이 요청되고 있다.

그러나 6자회담 진행과정에서 보는 바와 같이 정부 간의 대화와 협력만으로는 문제를 풀어나가기가 쉽지 않다는 사실이 보다 명료해지고 있다. 특히 주변 강대국 간의 대화는 기본적으로 이 지역에서의 자국 안보나 경제적 이익 확보에 우선적인 목표를 두는 것이기 때문에 그의 실효성이 처음부터 의심되는 터이기도 하다. 그러나 우리에게 있어 남북한 간의 긴장완화와 평화공존의 길을 여는 일은 민족생존의 과제이며 경제적 번영의 전제 조건에 해당된다.

따라서 정부 간의 대화와 협력을 강화하거나 측면 지원할 대안을 마련하는 일이 매우 긴박한 과제로 제기되어 있다. 바로 이 점에서 남북한의 NGO가 보다 활발히 교류해야 할 당위적인 이유가 발견된다. 이 점을 감안하여 남북한 NGO 간의 교류문제를 따로 구분하여 다루고자 한다.

이는 남북한 간의 문제를 단순히 인도주의적 관점에서 접근하거나 지역갈등 해소의 차원에서 인식하거나 민족 내부문제 차원에서만 다루던 기존의 입장과는 달리 일종의 지구시민사회 건설을 위한 기초 과제의 차원에서 접근하고자 하는 것이다. 남북한 간의 교류를 국제지역시민사회나 지구시민사회의 형성과 마찬가지로 네트워크의 구축과 함께 새로운 가치관이나 윤리의식이 정립되는 과정의 하나로 인식하고자 하는 것이며, 그렇기 때문에 국제지역시민사회나 지구시민사회 건설과 별개의 과제로 이해하는 것이 아니라 그의 연장선상에서 해석하고 다루고자 하는 것이다. 따라서 민족의식이라고 하는 가치편향적이고 감성지향적인 판단과 접근자세에서 벗어나 남북한 간의 교류를 보다 객관화해 보려는 시도라고도 말할 수 있을 것이다.

그런데, 교류의 강도에 있어서는 일반적으로 TNGO 차원과 IN GO 차원으로 구별해서 다룬다. 국민국가의 경계를 넘는 NGO 간의 협력과 교류는 국제 NGO를 통하는 것이거나 초국적 NGO에 의한 것이 보통이다. 국제 NGO(INGO: International Non-Governmental Organizations)는 여러 나라에 자신의 지부를 두고 국가 간의 관계를 단위로 활동하는 단체를 일컫는 것인 데 반하여, 초국적 NGO(TNGO: Transnational Non-Governmental Organizations)는 자신의 지역사회 내지는 이슈에 기반을 두고 활동하면서도 필요한 사안에 따라 외국의 NGO와 교류하거나 협력관계를 구축하는 경우를 일컫는다.

따라서 INGO는 그의 본질적 특성상 자신이 지향하는 목적을 달성하기 위해서는 그를 지원하거나 연대하는 국내 NGO의 활동이 전제되어야 한다. INGO는 TNGO의 성장 위에 구축되는 성질을 지녔다는 의미다. 실제로 우리의 경우도 INGO보다는 TNGO가 상대적으로 보다 더 활성화되어 있다. 이를 제도화의 관점에서 보면 TNGO는 INGO의 전단계적 성질을 지녔다고도 말할 수 있을 것이다. 따라서 양자는 기능론적 관점에서 볼 때 서로 연계되어 있으며 일종의 연속선상에 정렬된다고 말할 수 있다.

그러므로 NGO의 대외 교류 실태를 파악하기 위해서는 그 연속선의 양축이라고 할 수 있는 TNGO와 INGO를 모두 다루어야 하며 양자를 별개의 것이라기보다는 상호 연계되어 있는 성질의 것으로 이해하고 다루어야 마땅한 일이다.

교류의 빈도는 교류 NGO 간의 연계 정도를 파악함으로써 그 실체를 알고자 하는 것이다. 여기에서는 연계 빈도가 높아 교류의 일상화가 이루어져 있는 "상시적 교류"와 연계 빈도가 낮아 간헐적으로 교류가 이루어지는 "비상시적 교류"로 나누어 다루고자 한다. 대외 교류에 참여하는 NGO간의 상호작용이 얼마나 자주 발생하는지를 그의 발생횟수를 중심으로 조사하자는 것이다. 이러한 빈도의 조사는 NGO를 중심으로 하는 "밀집형 지구화(Held et al, 1999:21-25)"가 어느 수준에 이르렀는지를 실측하는 지표로 작용하게 될 것이다. 밀집형 지구화는 관계망이 구축되어 있다는 단순 사실 외에도 그를 통해 얼마나 자주 교류와 협력이 이루어지느냐를 반영하는 개념이기 때문이다.

그런데 이런 NGO 사이의 국제적인 교류를 통해 어떤 지역이나 지구 차원에서 일종의 "밀집형 지구화"가 촉진되는 현상에 대해서는 대체로 긍정론, 부정론, 대안론이 다툼을 벌이고 있다. 긍정론자들은 지구 자본주의의 확산이 단기적으로는 인류에게 잠재적 이익이 될지 모르지만, 장기적으로는 이를 감시 비판하고 개혁하는 노력이 병행되지 않는 한 재앙이 될 수도 있다고 보는 입장에 서 있다. 따라서 다양한 국제경제기구의 개혁과 사회정의의 확산, 범세계적인 정책과제의 효율적인 관리 등을 위해 NGO에 의한 국제적인 교류가 필요불가결적이라고 보는 입장을 견지한다.

반면에 부정론자들은 지구화 현상이나 지역화 현상 자체를 반대하는 경우로서 지구화에 따른 역기능이나 비용의 초과지출 현상은 인류에게 결코 이롭지 않기 때문에 어떤 경우도 국제지역이나 지구촌 차원의 밀집형 사회의 형성은 적절치 않다는 것이다. 지구촌화에 따른 역기능을 시정하거나 감시하기 위해 NGO 간의 교류와 연대가 국민국가의 경계를 넘어 전개되는 것 자체도 새로운 차원의 밀집형 사회를 구축하는 일이라고 보아 이를 반대하는 입장에 있다.

대안론자들은 지역내 국가 간의 교류나 지구촌 차원의 새로운 시민사회 형성 자체를 반드시 반대하거나 지지하고자 하는 것은 아니다. 이들의 일차적인 관심은 외부의 간섭 없이 자율적인 삶의 양식을 개발하고 자체의 공간을 창조하는 데에 있다. 따라서 정부, 국제기구, 초국적 기업 등과 유리되어 이와는 무관하게 비군사적 차원의 시민사회를 지역 내외에 형성하고자 하는 경우다.

여기에서는 긍정론의 관점에서 문제를 인식하고 접근해 나가고자 한다. 따라서 NGO 간의 국제교류를 활성화하고 나아가 밀집형 사회를 구축하는 일은 범지구 차원, 아시아 지역 차원, 남북한 관계 차원 모두에 있어 유익을 가져다주는 일이라고 보고자 한다. 다만 그런 밀집형 사회가 어떤 내용과 성격의 것으로 구체화되느냐는 밀집형 사회의 성패를 좌우하는 핵심적 과제라고 보고 이를 매우 중시하고자 한다. 따라서 남북한 관계나 아시아 지역 그리고 범지구 차원에서 이루어지는 NGO 사이의 교류와 협력을 단순히 점검하는 일뿐만 아니라 그 결과를 토대로 교류가 보다 더 민주시민사회의 형성에 기여하는 방향으로 유도하고 조장하기 위한 정책 대안에는 무엇이 있는지를 검토해 보고자 한다.

따라서 NGO 사이의 국제 간 교류 및 연대의 활성화 현상은 그것 자체가 남북한 공동체 내지는 지역공동체 나아가 지구공동체 형성의 현실일 뿐만 아니라 그런 현실이 동반하는 역기능을 시정하기 위한 당위적이고 규범적인 요구의 구현이기도 한 이중의 성격을 지녔다고 보고자 한다. 그러니까 초국적 현상은 그런 현상 자체이기도 하고 그런 현상에 대한 대응의 결과이기도 한 이중의 성격을 지녔다고 보고자 하는 것이다. 따라서 현상을 진단하고 그 결과를 토대로 그에 대한 정책대안을 모색하는 일은 이 책이 천착하고자 하는 필수적 과제 가운데 하나다.

종합하면, NGO의 초국적 교류를 남북한 관계 및 아시아 지역 나아가 범지구 차원에서 TNGO와 INGO 모두를 상대로 그들의 상시적 교류와 비상시적 교류를 조사하되, 단순히 실태 조사에 머무르는 것이 아니라 이를 보다 바람직한 방향으로 촉진 강화하기 위한 정책 대안의 모색에 주목하고자 한다. 이를 위해 여기에서는 한국 NGO의 대외 교류 실태에 대한 기초정보를 토대로 국내외 NGO 간의 국제교류 실태를 파악하는 우회적인 접근전략을 채택하고자 한다. 이는 NGO 간의 국제교류 실태를 파악하는 과정에서 야기되는 자료수집상의 제약을 극복하기 위해 불가피한 선택이라고 판단되기 때문이다.

이와 관련하여, TNGO 차원의 국제교류에 대해서는 국내 NGO의 국제교류에 대한 설문 조사를 통해 교류의 실태를 파악하고, INGO 차원의 국제교류에 대해서는 대표적인 사례의 추적을 통해 교류의 실태 파악에 나서고자 한다.

이는 대부분의 TNGO 차원에서 이루어지는 교류가 "비상시적 교류"로서 비일상적이고 간헐적이며 비체계적인 성향을 지니기 때문에 교류 전체를 관통하는 하나의 경향성을 파악하는 일이 긴요하며 이는 정량 조사를 통해 보다 유용하게 파악할 수 있게 되는 데 반해, INGO 차원의 교류는 그것 자체가 "상시적 교류"를 시사하는 것으로서 체계적이고 지속적인 반면 사례의 수가 적어 개별사례에 대한 집중적인 천착을 통해 실체를 파악하는 것이 보다 유리할 것이라고 판단했기 때문이다.

이렇게 TNGO 차원에 대해 양적인 접근을 취하고 INGO 차원에 대해서는 질적인 접근을 취하는 전략은 양자의 접근방법이 지니는 한계를 상호 보완함으로써 방법론상의 유용성을 배가하게 될 것으로도 기대된다. 이는 다시 한국 NGO의 국제교류 실태를 파악하는 데 있어 TNGO 차원에 대한 정보가 그의 맥락적 특성을 규정하는 데 반해 INGO에 대한 정보가 그의 구조적 특성을 한정하는 토대로 작용하게 될 것으로도 기대하기 때문이기도 하다. 부언하면 맥락과 구조를 함께 파악하여 전체로서의 정보를 균형 있게 수집하자는 것이다.

이런 방법론적 인식의 틀 속에서 TNGO 차원의 경우에는 먼저 교류의 실태를 파악한 후 그런 실태를 가져오게 된 TNGO의 하부구조에는 어떤 것들이 있으며 양자간에는 어떤 상호적 관계가 구성되어 있는지를 알아 보고자 한다. 이를 위해 한국시민사회단체연대회의 소속 NGO를 상대로 설문조사를 실시한 후 그 결과를 전산처리하여 양자간의 상관계수를 구하고자 한다.

한국시민사회단체연대회의 소속 단체를 조사 대상으로 선정한 이유는, 최근 아시아 NGO 센터를 부설 기관으로 설립하는 등 NGO에 의한 국제 교류를 선도하려는 의지를 보이고 있을 뿐만 아니라, 대체로 회원단체들이 단순한 서비스 제공이나 계몽활동보다는 정책주창 운동에 주력하는 경향이 크며 그렇기 때문에 연구의 결과를 토대로 정책대안을 제시하고 관철시키려는 의지도 이들이 상대적으로 보다 더 높을 것이라고 판단했기 때문이다.

나아가 보다 행동지향적인 단체를 표본으로 삼음으로써 그렇지 않아도 미미한 수준에 있고, 그렇기 때문에 관측하기가 어려울 것으로 예측되는 한국 NGO의 국제교류 실태를 보다 원활하게 추적해 보자는 의도가 반영된 결과이기도 하다.

반면에 INGO 차원의 경우에는 INGO의 국제교류 실태를 서술적으로 기술하는 가운데 그의 어떤 운영전략이 그런 교류의 실태를 낳게 되는지에 주목하여 접근하고자 한다. 이는 NGO의 운영전략을 파악하는 데 있어서는, 그의 본질적 특성상 양적 접근보다는 질적 접근이 보다 더 유용할 것이라고 판단한 결과다. 나아가 NGO의 실천 환경을 규정하는 요인에는 NGO의 하부구조에 내재되어 있는 특성 외에도 이를 운영하는 전략적 특성이 함께 개재되어 있다고 보기 때문이기도 하다.

이와 관련하여 INGO에 대한 기초자료를 수집하기 위해서는 한국 YMCA 연맹을 사례조사하고자 한다. 이는 한국 YMCA 연맹이 역사성이나 규모면에서 볼 때 한국의 가장 대표적인 INGO 가운데 하나이기 때문이다. 한국 YMCA 연맹은 민족화해협력범국민협의회의 회원기관으로 남북교류에 참여하고 있으며, 아시아 태평양 지역 YMCA 연맹의 회원으로 아시아 태평양 지역 차원의 국제교류에 나서 있고, 세계 YMCA 연맹의 회원으로서는 범지구 차원의 대외 교류를 전개해 왔다.

한국 YMCA 연맹을 사례연구의 대상 기관으로 선정한 또 다른 이유는 저자가 세계 YMCA 연맹 집행이사, 아시아 태평양 지역 YMCA 연맹 부회장, 한국 YMCA 전국 연맹 실행이사로 활동하고 있기 때문에, 직접 참여하여 관찰해 왔고 또 관계자와의 심층 면접을 실시하거나 그 결과를 토대로 현상을 재구성하는 데 있어 상대적으로 유리한 입장에 있다는 점을 감안한 결과다.

이런 TNGO와 INGO에 대한 정보와 자료는 당연히 남북한 관계 및 아시아 지역 차원 그리고 범지구 차원으로 나누어 정리될 것이며, 각각의 내부 환경 변수를 중심으로 그들이 국제교류의 역동성을 생산 또는 재생산하는 데 있어 왜, 어떻게 영향을 미치는 지를 추적 조사할 것이다.

이러한 분석 작업은 이 분야에 대한 사실 정보가 거의 전무한 상태에서 이루어지는 만큼 이 분야에 대한 기초 자료를 수집, 제공한다는 점에서 그 의의가 적지 않을 것이다. 단순히 실태 파악에 그치는 것이 아니라 NGO 간의 교류와 그 교류에 영향을 미치는 결정변수 간의 관계를 파악하고자 하는 데에 유의하고자 했음으로 분석의 결과를 토대로 보다 적실성 높은 교류 확대 정책의 개발에 나설 수 있을 것이다.

이는 궁극적으로 남북한 관계, 아시아 지역 시민사회, 지구 시민사회 등 여러 차원에서 각각의 것이 당면하는 위기와 한계를 극복하기 위한 대안의 개발이 어디에서부터 가능할 것인지를 모색해 나가는 토대를 제공하게 될 것이며 이를 위해 우리가 당장 해야 하는 일이 무엇인지를 알려주는 계기가 되기도 할 것이다.

TNGO 차원과 INGO 차원 모두를 함께 다룸으로써 한국 NGO의 국제교류 실태를 보다 입체적으로 파악할 수 있게 되며, 이는 이 조사를 토대로 제시되는 국제교류 활성화 정책 대안의 적실성 정도를 획기적으로 높이는 계기가 될 것이다.

NGO의 국제교류를 범지구 차원, 아시아 지역 차원, 남북한 관계 차원으로 나누어 다룸으로써 NGO의 대외 교류 실체를 보다 정교하고 적실성 있게 파악할 수 있을 것으로 기대한다. 그 결과 아시아 지역사회를 목표로 하는 맞춤형 활성화 전략의 개발이 가능하게 될 것으로도 기대한다. 이는 아시아 지역에서 한국의 NGO가 보다 적극적이고 주도적인 견인력을 행사해야 한다는 시대적인 요구에 보다 실천적으로 조응하는 결과가 되기도 할 것이다.

무엇보다도 남북한 간의 교류를 동북아 지역 시민사회 내지는 지구시민사회의 형성이라는 보다 보편적이고 가치중립적인 관점에서 접근하고자 함으로써 남북한 간의 평화 정착과 긴장 완화의 문제를 단순히 한민족 내부문제로 축소하거나 편향화하는 데에서 오는 한계에서 벗어나 한반도 주변 국가나 지구촌 주민들이 보다 아시아 내지는 전인류 공통의 과제로 인식하고 접근하도록 유도하는 전기가 될 것이며, 이를 위한 단초에는 어떤 것들이 있는지를 탐색해 보는 계기를 제공해 줄 수 있게 될 것이다.

또한 NGO의 국제교류는 아시아 지역사회 나아가 지구촌 사회에서 제기되고 있는 다양한 정책 과제나 이에 대처해 나가기 위한 아시아 지역사회 그리고 지구촌 사회의 구조 개편과 형성에 있어 매우 긴요한 요소다. 뿐만 아니라 국가 간의 관계를 보완 또는 대리하는 NGO 영역에서의 주도권 선취라는 맥락에 있어서도 유의해 보아야 할 과제다. 이런 관점에서 보면, 이 책 저술의 결과가 한국 NGO의 국제교류 능력을 강화하는 데 필요한 기초 정보를 제공하고 그 결과 한국 NGO의 국제사회에서의 견인력이나 주도력 향상에 기여하게 된다면, 이는 결국 한국의 국제적 자도력과 위상 강화에 기여하는 결과가 되기도 할 것이다.

NGO 활동가들에게는 자체 NGO를 국제관계 및 남북한 관계의 안목과 관점에서 조망하는 전기를 마련해 주는 결과가 될 것이며 그 결과 지구적 표준에서 자체 NGO에게 요구되는 운영 혁신과 관리 비전 개선의 수요는 무엇이며 이에 조응하고자 할 때 당면하는 현실적인 과제는 무엇인지를 보다 체계적으로 비교 검토할 수 있는 전기를 제공할 수 있게 되기를 기대한다. 이는 한국 NGO 일반의 자기 성찰을 촉진하는 계기로 작용하게 될 것이며 그 결과 NGO 사회의 성숙과 발전을 위한 기초 자료가 되기도 할 것이다.

|제2장|
지구시민사회의 형성과 NGO

제1절 지구화와 지구시민사회의 형성

정보사회의 도래와 함께 등장한 지구화 현상은 그의 특성 가운데 어느 측면에 초점을 맞추어 이해하느냐에 따라 다층적인 의미를 함축한다(안하이어 외, 2004:15). 지구 전체로 자본주의가 확산되는 경제적 현상을 지칭하기도 하고, 그런 확산의 기초가 되는 사회 모든 영역에서의 지구적 연결성이 증대되는 구조적 변화를 지칭하기도 하며, 나아가 지구 차원의 공동체 의식이 생성되거나 확산되는 문화적 현상을 의미하기도 한다.

그런데, 정보사회는 정보의 유동성 증대와 함께 국민국가의 영토고권을 넘어 자본의 이동과 경제적 교류가 활성화하는 현상을 낳게 되었으며 때 마침 등장한 사회주의권 국가들의 붕괴는 이를 보다 더 촉진시키는 결과를 가져왔다.

정부실패론을 비롯한 복지국가 개혁에 대한 주문도 신자유주의 정신을 범지구적 단일 가치 준거로 확산시키는 빌미가 되었으며 이런 상황의 변

화는 경쟁의 원리, 고객중심주의, 시장의 원칙을 기초로 하는 자본주의가
범지구적으로 확산되는 결과를 가져 왔다. 따라서 지구화는 자본이 정부
의 구속으로부터 자유화(liberalization)되는 현상으로 이해된다.

정보사회의 도래는 또한 인터넷이나 전자우편 같은 정보통신기술의
이용이 급속도로 확산되면서 시간과 공간을 초월하는 의사소통과 정보교
류의 시대를 낳게 되었다. 이는 언제 어디서나 관련 이해관계자들이 서로
의 소재를 용이하게 파악하고 이견을 조정하며 대화를 나눌 수 있게 된
다는 점에서 네트워크 사회의 등장으로 이해된다.

그 결과 조직의 수직적 구조가 무너지고 계서제의 원리에 기초한 국가
권력의 수평적 이동이 발생하고 있다. 의사결정 중추의 수평적 이동이 확
산되고 있으며 이는 지구적 연결망 구축의 전조적 징후이자 결과이기도
하다. 이렇게 의사소통 네트워크가 국가 간의 경계를 넘어 연결되는 현상
에 주목하는 경우 지구화를 국제화(internationalization)로 이해할 것은 당
연한 이치다.

그런데 이런 지구적 연결망을 통해 이루어지는 소통과 교류가 일상화
하면서 새로운 일상의 전개 양식이 등장하게 되고 이를 새로운 관점에서
조망해야 한다는 인식이 싹트게 되었다. 이런 지구적 관점의 각성과 가치
관 공유의 현상을 단순한 인터내셔널리즘의 차원이 아니라 이를 초월하
는 새로운 세계관 그러니까 "제2의 근대(울리히 백, 1998:234)"로 이해하
고자 하는 경우 이는 지구화 현상의 문화적 특성에 관측의 초점을 맞춘
결과다. 이때 제2의 근대는 기본적으로 초국민성에 대한 자기인지나 초
문화적 타자의 삶에 대한 배려를 토대로 구축되는 개념(이정옥, 2000:
82-86)이다. 이런 개념을 근대성의 연장선상에서 파악하고자 하는 경우에
는 서구사회의 가치규준이 다시 한번 범지구적으로 확산되는 것이라고
이해하게 될 것이며, 그렇기 때문에 서구화(westernisation)의 관점에서 지
구화를 논하게 될 것은 당연한 노릇이다.

그런데 현실 세계에서는 이런 경제적, 구조적, 문화적 요소들이 상호
단절되거나 배타적 관계를 형성하는 것이 아니라 상호 연결되어 있고 또

보완적 관계를 구성하기 때문에 이들을 모두 아우르는 종합적 관점에서 지구화 현상에 접근하고 이해할 필요가 있다. 그리고 이런 종합적 관점에서 지구화 현상에 접근해 보면 이들 모두를 관통하는 하나의 일관된 경향성이 있음을 알게 된다. 일국의 영토적 고권(高權; 주권)을 초월하는 탈영토화(deterritorialization) 성향이 그것이다. 이렇게 일국의 영토적 경계를 초월해서 사회적 관계가 형성되고 있다는 사실에 주목하는 경우 지구화를 초국적 관점(supranationalization)에서 이해하게 될 것은 물론이다.

그런데 지구화를 바로 이런 초국적 시각에서 접근하는 것 가운데 하나가 바로 정책론적 관점이다. 정책론적 관점은 지구화를 사회정책 개발 범주의 범세계적 확장 현상으로 이해하고자 한다(김규원, 2003:6-8). 범지구 차원의 사회재배분과 사회조절(global social redistribution and social regulations)이 초국적인 행위자들의 실천(a practice of supranational actors)을 통해 범지구적으로 확산되고 있다는 현실에 주목한 결과다.

이들은 대체로 경제적 차원에서의 신자유주의 등장이 경쟁력 확보라는 명분 아래 기득권 보호, 정치적 억압, 경제적 착취, 사회적 배제, 문화적 종속을 정당화하고 있으며 지배 엘리트 사이의 네트워크를 공고화하게 되었다고 보고, 바로 이 점에서 지구화에 따른 문제의식을 발견한다. 지구화가 분산과 고립이라는 소외의 문제를 야기하고 있으며, 이주와 퇴출이라는 박탈의 문제를 낳게 되었다는 것이다. 그리고 이런 문제를 해소하기 위해서는 당연히 새로운 지배질서(governance)의 창출이 불가피하고 이는 범세계적인 사회정책 개발을 통해 해결가능하다고 본다.

그런데 이들이 인식하는 지구화 시대의 소외와 박탈의 문제는 단지 경제적 관계에 한정되는 것이 아니라, 매우 복합적이고 다원적이며 범지구적이라는 데에 일차적인 특징이 있다. 경제적 관계의 지구화에 따른 신자유주의의 확산은 발전 패러다임을 정당화하고 그에 따라 빈부격차와 기아 및 빈곤의 문제 나아가 환경오염과 훼손의 문제를 심화시키고 있으며, 서구중심의 세계지배전략과 병행하면서 그에 저항하는 인종주의와 민족주의, 핵무기 개발과 테러리즘을 부르고, 인류보편의 가치에 상치하는 신

질서의 구축으로 이어져 다시 양심수의 양산과 사회적 약자의 외면 문제
를 낳았다는 것이다.

이렇게 다층적이고 다원적인 소외와 박탈의 문제들이 상호작용하면서
범지구적으로 확산되고 있기 때문에 이런 과제의 해소를 위해서는 지구
차원에서 사회정책을 구상하고 대처하는 일이 불가피하다고 본다(김규
원, 2003:6-7). 따라서 지구화는 지구적 사회정책망의 형성을 불러오기 마
련이며, 그렇기 때문에 지구화란 사회정책망의 지구적 확산으로 이해된
다는 것이다.

이는 마치 산업화 이후 점증하던 빈부격차와 계급대립 등 사회문제가
심각해지자 국민국가의 등장을 불러오고 사회적 관계에 대한 그의 개입
을 적극적으로 요청했던 것과 같이, 소외와 박탈이 구조화되는 지구화 시
대에서는 경제적 쟁점을 전지구적 차원의 정치 문제로 치환하고 사회정
책적 관점에서 접근하며 해결하는 일이 불가피하다는 것이다. 그러니까
사회정책 과제의 초국화 현상에 대한 대응 조치로서 사회정책망의 범지
구적 확산이 자리 잡게 되었다고 보는 것이다.

그런데 이런 범세계적인 사회정책이 어떤 양식에 따라 구성되고 관리
되느냐에 주목하고자 하는 이들은 글로벌 거버넌스의 관점에서 지구화
현상을 이해하고자 한다. 주권국가, 국제기구, 초국적 기업, NGO, 국제자
본, 매스미디어, 비중 있는 개인 등이 참여하여 정책네트워크를 형성하고
다원적인 매개와 조정의 과정을 거치는 것이 바로 지구화의 실체라는 것
이다. 따라서 국민국가나 국제기구에게만 지구 정책 과제의 해결문제를
맡겨둘 것이 아니라 국제적 교류와 협력에 나서는 NGO가 이들과 함께
공동 협력, 공동 기획, 공동 집행하도록 해야 한다는 것이다(박상필,
2005:593-594). 이는 일국 중심의 거버넌스 체제를 초국적 공간으로까지
확장하자는 것으로 이해된다.

따라서 글로벌 거버넌스는 지구화 현상이 불러 온 다양한 문제의 해결
을 위해 다시 지구적인 대응에 나서자는 것으로 이해되며, 그렇기 때문에
지구화 현상 그 자체이기도 하고 지구화에 따른 결과적 소산이라고도 할

수 있고, 나아가서는 경험적 실체에 대한 서술이기도 하고 규범적이고 당위적인 요소를 내포하는 것이기도 한 이중적 성격을 지녔다. 글로벌 거버넌스는 이미 대중적 호소력을 상실한 상태에 있는 국제기구의 역할을 잠식하거나 보다 더 위축시키는 경향이 있는가 하면 다른 한편으로는 이를 보완, 확대하는 경향(오경택, 2001:185)도 지닌다. 그런데 국제기구는 국민국가들에 의해 구성되는 것이기 때문에 글로벌 거버넌스는 국민국가의 위축을 겨냥하는 것이기도 하지만 오히려 이의 기능적 확대를 지향하는 것이라고도 해야 할 것이다(Keohane and Nye, 2000:23).

그런데 이런 글로벌 거버넌스를 NGO의 활동에 비중을 두어 조망하려는 이들은 지구화를 초국적 시민 네트워크(김규원, 2003:25)의 등장으로 간주하려는 경향이 있다. 글로벌 거버넌스의 개념 가운데 정책관리적인 요소 대신에 네트워크적인 요소에 비중을 두어 이해하고 국민국가에 대한 비중을 최대한 약화시키는 한편 NGO를 비롯한 시민사회의 역할 비중을 강화해서 보고자 한 결과다. 글로벌 거버넌스의 개념 가운데 민주적 요소를 보다 확장해서 재구성하고자 한 것이라고도 할 수 있으며, 보다 정책적 의지나 그에 따른 가치선택적 요소를 배제하고자 했다는 점에서는 가치중립적이고 객관적인 입장에서 지구화 현상을 이해하고자 한 결과물이라고도 할 수 있을 것이다.

이렇게 가치선택적인 요소를 배재하고 단순히 네트워크의 관점에서만 지구화 현상을 이해하고자 하는 경우에는 그런 네트워크를 통해 언제나 조화롭거나 민주적인 요소만이 유동하는 것이 아니라 때로는 갈등적이고 실망스러우며 심지어 범죄적이고 파괴적인 요소까지도 운반된다는 현실을 외면하는 문제에 직면하게 된다.

네트워크의 주요 구성요소인 NGO의 운영과정에서 참여의 주체인 일반시민이 개인주의적인 발상이나 가부장적인 지배 요소를 동반할 수도 있으며, 나아가서는 철저히 이기적이고 비도덕적인 간여가 일어날 수도 있는 일이기 때문이다. NGO가 자신의 부족한 재정자원을 보충하고 지속적인 활동을 유지해 나가기 위해 도덕적 권위를 외면한 채 기업의 재정

지원을 유도하거나 타협적 거래에 나서는 일도 있을 수 있다(Krieger, 2004).

따라서 지구화 현상이 지구시민사회로 연결되기 위해서는 공동체적 윤리나 가치관을 동반해야 한다는 점을 간과하는 결함을 지니게 된다.

여하튼 이런 네트워크는 국가 간의 경계를 초월하여 초국적으로 의사소통의 연결망이 구축된다는 것을 의미하기 때문에 과거 국내적인 요인에 의해 영향을 받았던 국외적인 요인이 국내 정책형성 과정에 영향을 미치는 역류 현상이 가능하게 되며, 이를 "부메랑(boomerang) 효과(Keck and Sikkink, 1998:12)"라고 부른다. 그런데 이런 부메랑 효과를 범지구적으로 확대해서 관찰해 보면 결국 지구화란 적극적 의지를 가지고 어떤 정책을 관철하려는 노력의 초국적 연결망이라고 할 수 있으며 그렇기 때문에 초국적 창도(唱導) 네트워크(Transnational Advocacy Network)의 관점에서 이해해 볼 수 있게 된다(Keck and Sikkink, 1998).

초국적 창도 네트워크의 개념에는 주의주창성과 그에 따른 개혁과 변화의 의지가 내포되는 것이므로 초국적 시민 네트워크의 개념에 가치판단적인 요소를 가미하기 시작한 것이라고 할 수 있다. 그리고 그 가치판단적인 요소는 사회적인 책임과 공동체 의식을 동반하는 것이기 때문에 바로 이런 초국적 창도 네트워크가 반복적으로 운영되면서 일상화하는 경우 지구시민의식과 지구문화가 창출되며 이런 문화적인 요소의 변화가 생성되는 경우 이를 지구시민사회의 등장이라고 보게 된다(박상필, 2005:598).

그러니까 지구화로 인해 문제의 심각성이 제고되거나 또는 문제의 심각성에 대한 인식이 새롭게 제기되고 있는 인권, 평화, 환경, 에너지, 문화, 빈곤, 보건, 구호 등과 같은 초국적 과제들을 다루기 위해 비국가적인 행위자들의 초국적인 관계가 "범지구적인 연합혁명(global associational revolution)"을 이뤄 그 과정에서 세계시민의 윤리의식이 내면화하고 시민사회의 지구적 연결이 성취되는 것을 의미한다고 하겠다. 이렇게 세계시민의 가치관이 지구적 연결망을 통해 보편화하는 경우 지구적 표준에 의해 제도적, 문화적 동형화(institutional, cultural isomorphism)가 범지구적으로 이루어지고 그 결과 지구 차원의 시민사회가 형성(Meyer et al, 1997)된다는 의미다.

결국 지구시민사회는 정보통신기술의 발달로 인해 범지구적 교류의 증대, 지구적 과제의 확산, 개인적 자유의 증대, 국가에 의한 억압의 후퇴, 냉전시대의 종식 등이 결과하면서 "국가 이성"에 대한 회의가 일어나고(이원웅, 2000:146) 그 결과 아래로부터의 참여 욕구가 팽창하며, 국제적 과제를 다루는 NGO의 수가 늘어나고, 강성정치보다는 연성정치를 강조하는 시대풍조가 생겨나서, 이를 토대로 세계시민의식이 확산되고 그 결과 지구문화가 창출되는 것이라고 정리해 볼 수 있을 것이다(박상필, 2005:596).

그런데 이런 지구시민사회는 이를 어느 측면에 초점을 맞추어 이해하느냐에 따라 다양한 의미내용을 내포하게 된다(안하이어, 2004:13). 먼저 경제적 측면에 주목하는 이들은 지구적 자본주의에 대한 대항 세력의 결집이나 초국적 기업에 대한 항의 결사체의 구성 및 연대로 이해하려는 데 반해, 정치과정적인 측면에 유의하는 이들은 민주주의의 확산에 필요한 사회 하부구조의 범지구적인 확산이나 이를 가능케 하는 전문직 결사체, NGO, 이익단체 등의 발흥으로 이해하려는 경향이 있다. 문화적 측면에서는 인도적 지원활동의 범지구적 확산이나 가난한 자, 사회적 약자 등을 위한 지구적 연대의 차원을 강조하고, 구조적 측면의 변화에 강조점을 두는 이들은 단순한 지구촌 구성원 간의 연결이나 교류의 증대 내지는 인터넷이나 채팅 등의 확산으로 이해하려는 경향도 있다.

이런 지구시민사회가 적극적으로 새로운 도덕적 기준이나 가치 준거를 창출하고 문화적 질서를 확립해 나가는 과정을 전제하는 것이라는 점에 착안하는 이들은 지구시민사회의 운동성을 강조하여 초국적 사회운동(transnational social movements)이라는 개념의 도입을 통해 지구화 및 지구시민사회 현상의 가치 창출적 역동성을 강조해 보고자 한다.

그러니까 개인, 집단, 지방, 국가 등의 행위자가 국가의 경계를 뛰어 넘어 규범, 제도, 혹은 도덕적 원리 같은 국제기준을 설정하거나(Finnemore, 1993; Khagram, Rikee and Sikkink, 2002) 국제규범을 만드는(Guidry, Kennedy and Zald, 2000) 적극적 행위양식의 총체가 바로 지구화 현상이라는 것이다. 이런 작업은 지방수준의 대항운동에 사회정치적 의식이 부여되고 다른 지역과의 협력과 연대를 구축하면서 구체화되는 성질을 지녔다(김규원, 2003:30). 따라서 초국적 시민운동은 지구수준에 이르러서도 주변적 정치양태의 하나로서가 아니라 핵심적인 정치영역(McAdam et al, 2001; Aminzade et al, 2001)으로 인식되어야 옳다는 것이다.

따라서 초국적 사회운동은 운동의 맥락을 규정하는 국제관계이론과 운동의 속성과 의의를 규정하는 사회운동이론 간의 수렴을 통해 지구화 현상을 설명하려는 것이라고 할 수 있다(임현진, 공석기, 2003:70). 초국적 시민운동이 지역사회에서의 풀뿌리 저항 운동을 국제적 차원에서 대행하거나, 국제적 차원에서 저항운동에 나서거나, 특정 국가의 정책에 반대하고 대안 모색에 나서며, 다른 한편으로는 국제기구나 국제 NGO 등에 참여하여 정책의 방향설정에 영향력을 행사하는 것이라고 한다면 거기에는 당연히 국제관계적인 요소와 사회운동적인 요소가 결합되어 있을 것이기 때문이다(임현진, 공석기, 2003:81).

그런데 초국적 시민운동은 항용 위로부터의 압박 전략, 사회화 전략, 지속적 네트워크 전략 가운데 하나를 선택하는 것으로 평가되고 있다(임현진, 공석기, 2003:82-3). 위로부터의 압박은 "초국적 창도 네트워크(transnational advocacy networks)"를 통해 객관적 정보를 제공하여 자신의 정당성을 확보하거나, 상징적 동조와 참여를 촉발하고, 도덕적 압력을 행사하며, 군사적, 경제적, 물적 제재(制裁)를 가하려는 것이다. 이는 초국적 수준의 연대를 통해 개별 국가의 정책결정과정에 외부적 압력을 행사하려는 것이라고 하겠다. 그리고 바로 이런 압력의 행사가 일회적으로 끝나는 것이 아니라 반복되는 경우 "나선형 모델(spiral model)"에 의한 국제규범의 학습 효과가 생겨나게 되는데 이 과정에서 새로운 규범과 가치에 대한 사회화 효과가 발생하기 때문에 이를 사회화 전략이라고 보자는 것이다(Risse and Sikkink, 1999:20-34).

부언하면 외부의 압력 행사와 그에 대한 거부 또는 전략적 수용 내지는 양보와 그에 기초한 법률의 제정 그리고 그에 따른 규칙의 일상화가 진행되면서 지구과제에 대한 일종의 학습효과가 발생하게 되는 것이다. 지속적 네트워크 전략(Tarrow, 2001:2)은 단발성 이벤트가 아니라 계속적인 반복 활동을 통해 지역 운동을 강화하고, 운동의 책임성과 투명성을 보장하며, 지적·물적 토대를 공고히 하자는 것이다. 이런 과정을 통해 국제쟁점의 국내화와 국내쟁점의 국제화가 이루어진다면 이 점이 바로 초국적 시민운동이 겨냥하는 현실적 목표인 것이다.

지금까지의 논의를 종합해 보면 지구화와 그에 따른 지구시민사회 현상은 매우 다원적이고 다면적이라고 하겠다. 이는 보는 이의 관점과 기대값에 따라 지구화 현상의 특성이 달리 이해되거나 표현되는 데에서 오는 결과다. 지구화와 그에 따른 지구시민사회의 등장을 범지구적 사회정책망, 글로벌 거버넌스, 초국적 시민 네트워크, 초국적 창도 네트워크, 지구시민사회, 초국적 시민운동 등 실로 다양한 관점과 시각으로 해석하는 데에서 확인된다. 다만 이들 사이에 공통적 특징이 아주 없는 것은 아니어서, 자본주의의 범지구적 확산을 전제로 초국적 네트워크가 결성되며 이를 토대로 새로운 가치관이 형성되는 현상으로 지구화와 그에 따른 지구시민사회를 이해한다고 하겠다.

그런데 이렇게 지구시민사회를 다룬 기존의 연구 업적들에 공통적으로 나타나는 현상은 우선 지구화의 핵심적 요소로서 탈영토성(deterritorialization) 내지는 초국성(supranationalization)을 상정하거나 명시적으로 지적한다는 점이다. 그러나 그런 초국성에 기초해서 지구시민사회가 형성되기 위해서는 지구시민사회의 행위주체들 사이에서 초국적 이슈의 개발과 공유, 초국적 의사소통과 연결망의 구축, 초국적 활동을 수렴하는 조직구조의 형성, 초국적 연대와 그에 대한 충성심의 유발 등을 활성화하려는 의지가 공유되어야 한다. 바로 이런 조건들이 충족되는 사회 하부구조의 구축이야말로 지구화가 지구시민사회의 형성으로 구체화하기 위한 선결조건에 해당된다.

그러나 이런 조건들이 충족된다고 해서 언제나 같은 결과물을 낳는 것은 아니다. 그런 조건들을 어떤 목적과 관리의지를 가지고 운영하느냐에 따라 얼마든지 상이한 결과물이 도출될 수 있을 것이기 때문이다. 따라서 그런 하부구조를 어떤 운영전략에 따라 관리하느냐가 중요하게 되는 데, 지구시민사회의 형성은 사회자본의 축적을 전제로 하는 것임으로 항용, 선의성, 전문성, 민주성을 목적가치로 할 때 성취 가능하다고 여겨진다.

그러니까 사회 하부구조의 확산을 통해 아무리 네트워크가 강화되더라도 그 네트워크가 우선 동기의 선의성 내지는 목적의 순수성에 기초하지 않으면 안 된다. 인종차별주의자, 극우적인 민족주의자, 종교적 근본주의자 등에서 보는 바와 같이 지구화를 통해 편향되거나 불순한 동기를 구현하려는 경우 지구시민사회의 형성에 역행하는 결과를 낳을 것은 자명한 이치다.

네트워크를 통해 어떤 정책 의지를 관철하고자 할 때 그 정책 의지가 잘못된 판단에 따라 수립된 것이거나 오도된 결과를 유도하는 것이라고 한다면 그런 정책적 창도 노력은 오히려 제어해야 마땅한 일일 것이다. 따라서 정책적 오류를 방지하기 위한 전문성 제고 노력은 그의 중요성을 아무리 강조해도 부족함이 없을 것이다. 이를 위해 문화적 해득력을 강화하거나 고객중심주의적 사고를 훈련하고 대중적 정서읽기를 일상화하는 일은 필요불가결적인 과제다. 운동의 적실성 제고 문제와 직결되는 과제이기 때문이다.

운동의 적실성을 높이기 위해서는 단체 내부의 의사결정과정에 대한 참여의 공간과 권한을 강화하는 일도 중요하다. 단체 구성원의 의견이 효율적으로 결집될 수 있어야 단체 외부 환경의 정책적 수요를 보다 정교하게 수집하고 종합할 수 있을 것이며, 그 결과 단체의 대응전략이 적실성을 높일 수 있을 것이기 대문이다. 이는 단체 내부의 민주주의가 확립될 때 보다 용이하게 구현될 수 있다. 그런데 단체 내부의 민주주의를 담보하는 최선의 방법 가운데 하나는 하의상달식 의사결정구조를 관행화하

는 일이며 이는 내부 정보의 공개와 지향하는 목표의 명확화 등과 같은
운영과정의 투명화 작업을 통해 성취 가능한 일이다.

나아가 구성원 간의 형평성 있는 참여가 보장되기 위해서는 네트워크
에 대한 구조적 불평등을 시정하는 일이 절실하게 요구되며 이는 운영과
정의 외부 대표성 확보를 통해 성취가능한 일이다. 예를 들어 지구화가
북반부 NGO를 중심으로 권력적 주도권이나 지향하는 프로그램 내지는
정보향유량에 있어 편향화하는 경우 그런 과정을 거쳐 형성되는 지구사
회가 지구사회자본의 축적으로 이어지기는 어려운 일이다. 민주성 확보
여부가 관건이 셈이다.

그러나 이런 요건들이 얼마나 어떻게 충족되느냐의 문제는 이런 노력
들이 전개되는 개별국가의 시공간적 상황에 따라 유동적일 수밖에 없다.
따라서 지구화가 실제로 구체적인 결과물로 구현되는 양식은 각각의 개
별적 사례에 따라 실로 다양할 수밖에 없으며 그렇기 때문에 그에 대한
평가도 다각적일 수밖에 없다(안하이어, 2004:15).

먼저 지구화의 지지론자(supporters)들은 지구화가 당연히 지구시민사
회적 요소를 확장한다고 본다. 그렇기 때문에 지구화에 따른 결과물을 긍
정적으로 평가하고자 하며, 그에 따라 국가, 시장, 자본의 관계가 재편되
어 있는 현실을 적극적으로 수용하고자 한다. 신자유주의자를 중심으로
시장의 원리를 강조하는 이들은 지구적 단일시장의 형성 자체가 긍정적
현상이라고 보고자 하는 것이다.

그 가운데에서도 시장근본주의자들은 개인의 자율과 시장원칙의 지배
가 자원의 최적배분을 유도하며 그 결과 전지구적 차원에서 볼 때 부의
창출이 증대하는 결과를 가져온다고 본다(박상필, 2005:565-569). 문화다
원주의를 촉진하고 개별국가의 민주주의를 진전시키며, 환경, 인권, 평화,
문화 등에 대한 국제 레짐의 형성을 지원하여 세계평화의 구현 가능성을
높인다고 보는 입장도 여기에 속한다. 그러니까 이들은 주로 지구화가 건
전한 의미의 지구시민사회로 전환하는 현상에 초점을 맞추어 관찰하고
있는 셈이다.

반면에 지구화의 거부론자(rejectionists)들은 지구화의 기세를 역전시키고 과거의 국민국가 시대로 회귀해야 한다는 인식을 갖고 있다(안하이어, 2004:17). 왜냐하면 지구화는 특수적, 일시적 현상일 뿐만 아니라 모든 것을 시장가치로 전환하는 총체적 상품화와 과도한 경쟁으로 인해 사회적 불평등을 극대화하고(이정옥, 2000:82-86) 환경파괴를 촉진하며, 제3세계의 존립 자체를 위협하는 성질을 지녔다고 보기 때문이다. 그러니까 지구화 시대에도 국가가 여전히 힘과 권력의 중심이며, 단지 포드주의의 한계를 극복하기 위해 자본주의체제를 재구성하려는 양식이 새롭게 등장한 것에 불과하다는 것이다.

자본주의의 지구적 확산을 찬성하면서도 국정의 개방과 지구 차원의 법치를 반대하는 신보수파를 포함하여, 지구적 자본주의의 등장에 반대하면서 국정의 개방과 지구 차원의 법치를 찬성하는 좌파세력, 지구화를 문화제국주의의 한 양식이라고 비판하는 민족주의자, 종교적 근본주의자, 주권에 대한 외세 개입을 반대하는 정통 좌파 등이 여기에 속한다(안하이어, 2004:17). 그러니까 이들은 지구화가 건전한 의미의 지구시민사회로 전환하는 작업에 실패하고 다양한 퇴영적 요인을 유발하고 있는 현상에 주목한 셈이다.

지구화의 개혁론자(reformists)들은 지구화의 경향성 자체에 대해서는 찬성하지만 현재와 같은 양식의 지구화와 그 결과물에 대해서는 반대하고 이런 문제의 시정에 적극적으로 나서야 한다는 입장에 서 있다. 그러니까 초국적 사회정책론이나 글로벌 거버넌스, 초국적 시민 네트워크, 초국적 창도 네트워크, 지구시민사회론, 초국적 사회운동론 등이 모두 지구화에 따른 부산물의 교정이나 대응 전략의 개발에 나서고자 하는 것이라는 점에서 보면 이들은 모두 일정 부분 이런 관점을 내포한 것이라고 하겠다. 따라서 대부분의 지구화 내지 지구시민사회론자들이 여기에 속하며 다만 지구 차원의 법치를 얼마나 강력하게 시동할 것인가에 따라 급진개혁론자, 점진주의적 개혁론자로 양분된다(안하이어, 2004:17). 따라서 개혁론자들은 지지론자들이 지향하는 바를 규범적 목표로 삼는다는 점에서는 서로 다를 것이 없으며 다만 그 출발점을 현재의 지구적 환경 속에서 찾아보고자 한다는 점에서 다를 뿐이다.

지구화의 대안론자(alternatives)들은 지구화에 대한 적극적 입장이 없으며, 지구화로부터 이탈하여 외부의 간섭 없이 자율적인 삶의 양식을 유지하자는 것이다(안하이어 외, 2004:17). 그러니까 이들이 구상하는 것은 지구화를 통한 지구시민사회의 건설이 아닌 셈이다.

따라서 대안론자를 제외한 나머지 관점들 사이에는 공통적인 특성이 내재되어 있다고 할 수 있는데, 가장 기본적인 것으로는 지구화와 지구시민사회 현상을 서로 연관시켜 보고자 한다는 점이다. 그 가운데 일부는 지구화를 지구시민사회 형성의 전제적 조건 내지는 전조적 현상으로 보고자 한다. 대표적으로는 헬드의 "밀집형 지구화" 개념을 들 수 있다. 반면에 지구시민사회를 지구화 현상에 따른 반작용 내지는 대응적 결과물로 보려는 관점이 있다. 지구적 자본주의의 등장이나 상호연결성의 증대에 대한 반작용으로 지구시민사회의 등장을 이해하거나 지구 자본주의의 피해자나 정보화의 소외자들이 견지하려는 입장이다.

따라서 지구화 및 그로 인해 형성되고 있는 지구시민사회에 대한 인식과 논의는 매우 다양하며 다면적인 것이어서 그의 의미내용이 혼란스럽거나 개념 정립의 가능성 자체에 대해 의문을 제기하게 되는 것도 결코 무리는 아니다. 그러나 지구시민사회가 새로운 가능성과 역동성을 가지고 자기진행형 진화 과정에 있는 것만큼은 틀림없는 사실이다. 따라서 이를 진단하고 그에 내포되어 있는 우려나 긴장 내지는 불확실성을 제거하기 위한 노력을 경주해야 한다는 데에는 이론의 여지가 있을 수 없다.

제2절 지구시민사회와 NGO의 국제교류

지구시민사회는 그의 개념이 매우 다층적이고 다원적이기 때문에 거기에서 비롯되는 모호성과 불확정성의 문제가 적지 않다. 이는 지구시민사회가 아직 구성 완료된 현상이라기보다는 "자기진행형 진화 모델"이기 때문이다. 무엇보다도 완성된 구조나 정태적인 현상을 지칭하기보다는 역동적인 변화나 운동성을 강조하려는 데에서 오는 일종의 불가역적인 결과다. 그렇기 때문에 지구시민사회의 경계와 범주가 어디까지인지를 설정하기가 어렵고 그 결과 지구시민사회의 개념적 범주 내에 내포해야 할 특성과 배재해야 할 특성이 무엇인지를 구별하기도 어렵게 되어 있다(안하이어 외, 2004:18).

이는 지구시민사회가 내포해야 할 것으로 생각되는 지구촌 사회의 구조적 특성이 매우 다양하고 그 포괄범위가 광범위하다는 사실에 의해 보다 더 심화되고 있다. 지구촌은 성, 인종, 종교, 민족, 계급, 이념, 빈부, 등에 있어 실로 다양하고 이질적인 요소들이 공존하고 있을 뿐만 아니라 이들 내부에서의 격차와 차별도 매우 심하다. 이로 인해 실로 다양한 형태의 갈등과 대립이 노정되어 있는 것도 사실이다(Castell, 1997).

그러나 그 가운데에서도 하나의 공통적인 현상이 있다면 지구시민사회의 핵심적인 구성 요소로서 NGO에 의한 국제교류를 상정한다는 점일 것이다. 그러나 지구촌이 당면하는 과제나 갈등의 다양성만큼이나 이를 다루는 NGO의 문제의식과 지향점도 서로 다르기 마련이며 그렇기 때문에 어떤 일관된 가치관이나 기준에 따라 이들 NGO를 분류하거나 범주화하기가 곤란한 것 또한 틀림없다.

그렇지만 이들 NGO 가운데 어떤 경향성이나 지향점이 전혀 없는 것은 아니어서 대체로 북반부 NGO와 남반부 NGO로 대별된다. 사회 문제 해결과 관련하여 북반부 NGO가 주로 개인의 가치관이나 생활양식을 중시하고 그렇기 때문에 교육이나 계몽을 강조하는 데 반해, 남반부 NGO는 사회구조에 주목하면서 제도개선을 강조한다는 차이를 노정해 왔다. 그러나 보다 더 심각한 것은 바로 이런 차별성과 격차 때문에 북반부 NGO와 남반부 NGO 사이에는 지향점이나 문제의식상에 적지 않은 차이가 있다는 점이다. 더 나아가 NGO 간의 정보접근능력이나 자원배분상의 격차도 적지 않다.

아니 대부분의 NGO는 북반부에 있으며 상대적으로 소수의 NGO만이 남반부에 구축되어 있고 그나마 북반부 NGO에 의해 견인되거나 북반부 NGO의 영향권하에 있는 것이 보통이다(Lal, 2003:1). 그리고 그마저 대개가 환경 NGO라는 점에서 남반부 NGO의 편향성이 심각한 문제로 제기된다. 이로 인해 국제적인 모임에서의 의제 설정 능력이나 주도권 행사능력에 있어서도 구조적인 차이를 낳고 있다(임현진, 공석기, 2003:85). 따라서 이들을 모두 포괄하는 일반 법칙이나 보편적인 규범 내지는 공통의 이익을 설정하거나 포착하기가 쉽지 않다.

이런 일반화 과제와 관련한 지구시민사회 개념 정립상의 혼란과 한계는 지구시민사회라는 개념에는 규범적 내용과 서술적 상황이 혼재되어 있다는 데에서 오는 문제도 적지 않다(안하이어 외, 2004:18). 특히 지구시민사회를 지구시민운동의 차원에서 이해하는 경우에는 일종의 당위적이고 가치판단적인 요소를 강조하면서 사회운동가의 안목에서 이해하고 접근하려는 경향이 있다. 그러나 이를 경험적 실체로서 진단하거나 이해하려는 사회과학자의 관점에서는 평가의 과학성과 검증의 객관성을 강조하기 마련이다. 그 결과 가치중립성 내지는 객관성을 강조하는 사회과학자의 안목과 가치지향성과 규범성을 강요하는 사회운동가적인 시각이 혼재되면서 현상에 대한 진단과 당위적 요구를 엄격히 구분해서 다루기가 어렵게 되는 문제를 낳고 있다(안하이어 외, 2004:18)

무엇보다도 가치지향적인 접근을 시도하는 경우에는 현상의 인식과정에서 야기되는 혼란이 가중된다는 데에 문제의 심각성이 있다. 이 경우 지구시민사회 형성의 기초인 NGO의 국제교류는 이를 기본적으로 도덕적 원리나 보편적 가치를 지향하자는 것으로 이해하게 된다. 사회정의, 환경, 문화유산의 유지 등에 대한 사회적 책무를 높이자는 문명화 과정의 의미가 지구시민사회의 개념 속에 내포된다는 의미다(안하이어 외, 2004: 241). 그런데 이럴 경우에는 당연히 관계자들 사이에서 문명화를 어떻게 규정할 것인가의 문제가 제기되며, 그 결과 규범적 요소에 대한 동의나 합의를 도출하기가 어렵게 된다는 과제에 직면하게 된다.

또 이런 규범적, 당위적 접근에 대해 그런 작용의 대상인 국민국가로서
는 이런 NGO의 지향성을 국민국가 구성의 3대 요소 가운데 하나인 국민
주권과 대외자주권에 대한 간섭과 침해로 받아들이게 될 가능성도 있다.
이는 기본적으로 국민국가가 인권의 구현체(human rights implementing
machinery)이면서도 동시에 인권유린 기재이기도 한 이중성을 지니는 데
에서 오는 문제다. 국민국가는 때로 국민주권의 강조를 통해 반인류, 반
인권, 반환경적 요소를 은폐하기도 하며 다른 한편으로는 이를 발양하거
나 보호하기도 하는 자기 모순적인 성질을 지녔다. 그리고 이를 국가이익
과 관련하여 호도하는 경우 국제교류에 나서는 NGO의 도덕적 원리와 국
민국가의 국익우선주의 사이에는 당연히 갈등과 모순이 발생하게 된다.

NGO의 국제교류활동이 자신이 추구하는 도덕적 가치를 구현하기 위
한 것이라고 한다면, 이를 국민국가를 상대로 전개하는 경우 국민국가를
저항과 개혁의 대상으로 보면서 동시에 보편적 가치에 동참하려는 선한
의지를 지닌 존재로 규정하거나 전제한다는 자기모순의 문제가 내재되는
것이다. 개별 국민국가를 상대로 압력과 정보를 전달하는 경우 국민국가
가 이를 언젠가는 시정할 것이라는 가정하에 압력 활동에 나서는 것이라
고 이해되기 때문이다.

이런 개념상의 혼란과 구조적인 모순점을 극복하기 위해 지구시민사
회를 단순히 NGO들의 상호작용과 교류의 한 양식으로 단순화해서 이해
하고자 하는 이들은 국제교류활동에 참가하는 NGO를 그의 조직화 정도
나 제도화 수준 내지는 교류의 빈도나 강도에 따라 대체로 INGO(Boli
and Thomas, 1999; Frank et al, 2000)와 TNGO로 구분한다는 점은 이미
앞 장에서 밝힌 바와 같다. 이 가운데 TNGO는 다시 초국적 사회운동조
직(Smith et al, 1997)과 일상의 국내 NGO가 초국적 제휴(Khagram et al,
2002)를 통해 일종의 네크워크 상태를 유지하는 경우로 구분해 볼 수 있
을 것이다.

TNGO는 일국 내부에서 자신의 일상적인 이슈를 가지고 활동하다가
필요할 때 대외교류에 나서는 경우를 말한다. 따라서 TNGO는 대외교류

활동 자체가 기관 존립의 일차적 동기라고 볼 수 없으며 그렇기 때문에 국내활동에 우선적인 목표를 두는 것이 보통이다. 그 결과 세계경제의 복잡성이나 국제기구의 의사결정 과정에 대한 이해력이 상대적으로 부족한 상태에서 이들을 상대로 연대활동에 나서거나 교류를 강화한다는 문제를 지니고 있다(이정옥, 2000:82-86).

그러나 이들은 국제교류나 연대활동의 궁극적인 목표라고 할 수 있는 정책의 개선이나 사회정책과제의 해결에 필요한 국내정치과정에 대한 압력행사에서 상대적으로 유리하다는 장점을 지닌다.

INGO는 범지구적이거나 지역적인 문제의 해결을 위해 조직적이고 집합적인 노력을 경주하는 초국적 동원구조라고 할 수 있다. 국제교류 자체가 NGO 구성의 본래 목적인 경우다. 지구적 시장 세력에 대항하는 초국적 사회세력을 자임하는 것이 보통이지만 공적 권위의 부족과 대표성의 한계에 시달리고 있는 것이 일반적인 현상이다. 대부분의 INGO가 서구사회 중심으로 편향되어 있다는 점도 문제다(박상필, 2005:601-603).

그런데 이런 NGO의 국제교류활동을 정책주창 기능의 관점에서 이해하는 이들은 이를 국제도덕성 이론의 관점에서 설명하고, 서비스 제공 기능에 초점을 맞추어 보는 이들은 시장실패론의 입장에서 설명하고자 한다.

국제도덕성 이론에 따르면 NGO의 국제교류활동은 기본적으로 기존의 국제기구(IGO: international governmental organization)가 국제 공중의 가치에 따라 운영되지 않는다는 현실에 대한 반성으로부터 추동된다(이원웅, 2000:140).

IGO는 국가 간의 역학관계에 기초하기 때문에 인류 보편의 이익이나 가치규준을 추구하기보다는 회원국 각자의 자국이익중심주의에 빠지면서 특수이익이나 일부이익만을 대변하는 것이 보통이고, 그 결과 비민주적으로 운영되거나 회원국 간의 실질적인 평등성을 보장하지 않고 있으며, 기관내부의 갈등과 대립이 일상화하고 있다는 것이다. 이런 현실에 대한 반성에 기초하여 보다 인도주의적인 목적의 실현에 강조점을 두고 회원국 간의 실질적인 평등성을 구현하고자 하는 것이 INGO라는 것이다

(박상필, 2005:604). 따라서 INGO는 국제질서의 모순을 시정하고 국제사회에 통용 가능한 신규범을 창출하기 위해 조직되는 일종의 국제적 포럼이라고 해야 할 것이다.

그런데 이런 의미의 NGO 활동이 최근에 보다 더 활성화하게 되는 원인 가운데 하나는 지구촌에 미국중심의 일극체제가 자리 잡게 되었다는데에 있다. 지구촌에 작용하는 미국의 발언권이 커지자 미국의 국내정치 과정에 영향을 미쳐야 할 수요가 커지게 되었으며 미국 국내의 이익집단 중심적인 정치과정을 감안해 볼 때 이를 상대로 하는 이익집단 중심의 로비 전략을 취해야 할 전략적 수요가 커지게 되었다(이원웅, 2000:142). 여기에 더해 신사회 운동론의 안목이 추가되면서 시민사회를 통한 새로운 공공영역의 창출 가능성에 주목하게 된 것이다(이원웅, 2000:143).

그러나 이를 시장실패론의 입장에서 설명하고자 하는 이들은 이기적 합리성에 기초하는 국가중심주의가 국제시민사회에서 무임승차 효과를 유발하고 있으며, 그 결과 국제 공공재의 효율적인 공급에 실패하고 있다는 것이다. 이런 현실을 인식하고 거래비용의 최소화(minimization of transection costs)와 국가실패의 방지(prevention of state failure)를 위해(이종식, 2002:245) IGO에 대한 대안적 장치로 등장한 것이 NGO의 국제교류활동이라는 것이다. 그러니까 이 경우 NGO의 국제교류활동은 기본적으로 범지구차원에서 공공 서비스를 확대 제공하려는 데 일차적 목표를 두는 것으로 인식되는 셈이다(이원웅, 2000:140).

여하튼 지구시민사회는 TNGO와 INGO의 대외교류와 상호작용에 의해 구축되는 것이라고 단순화시켜 볼 수 있다. 그런데 이런 교류는 그 교류의 범위와 수준에 따라 다층적으로 이루어지는 것이 사실이다. 따라서 범지구적 차원, 아시아 지역 차원, 또는 남북한 관계 차원 등과 같이 그 교류의 수준과 포괄범위에 따라 구분하여 인식하고 분석할 수 있을 것이다. 그러나 분석 작업의 진행 실제에 있어서는 이들 간의 경계를 구분하는 일이 쉽지 않고 수준에 따라 교류의 실질적인 강도나 의의가 다를 수 있다는 사실이 간과된다는 문제를 동반한다. 그나마 일국의 중앙정부 수준에서 활동하는 중앙운동조직이 교류의 자원과 정보를 독점하는 경향이 있는 데 반하여 초국적 사회운동조직이나 지역의 풀뿌리 운동조직은 그의 활동능력이 상대적으로 취약하기 때문에 이들을 모두 동일시하거나 같은 비중으로 다루는 데에 따르는 문제도 적지 않다(임현진, 공석기, 2003:84).

여기에서는 이들 모두가 같은 비중을 지니며 수준별 구분도 가능하다고 보고 연구를 진행하고자 한다. 이는 사실상 NGO의 국제교류가 아직은 수준별 경계 영역에까지 이를 만큼 활성화되어 있다고 보기 어려우며, 그런 만큼 수준별 범주의 경계를 정치(精緻)하게 구분하는 데에 따른 실익이 그리 크지 않다고 판단되기 때문이다. 또한 NGO에 의한 국제교류가 중앙운동 조직에 의한 것이든 또는 초국적 사회운동조직이나 풀뿌리 운동조직에 의한 것이든 그것이 일단 국제교류의 양식을 취하게 된다면 지구시민사회를 NGO에 의한 국제교류의 차원에서 이해하고 포착하려고 하는 한 그 운동의 모체가 어떤 능력을 지니고 있느냐를 따지는 일도 실익이 없을 것으로 보아지기 때문이다.

제3절 NGO의 국제교류와 네트워크 접근시각

NGO의 국제교류활동은 그의 본래적인 특성상 국가와 시장의 중간지대에서 이루어지며 다만 국내 활동과는 달리 국외 차원에서 전개되는 일이라는 점은 이미 밝혀 본 바와 같다. 그런데 이렇게 NGO의 국제교류활동이 국가와 시장의 중간지대에서 이루어진다는 사실은 그에 의해서 형성되는 지구시민사회가 양면적이고 따라서 모순적인 성격을 배타하게 된다는 의미다. 예컨대 국가와의 관계에서 볼 때 범지구 수준에서 국민국가의 권력을 비판하고 감시하는 기능만을 발휘하는 것이 아니라 반대로 국민국가에 대하여 정당성을 부여하고 통치를 수월하게 해 주는 기능도 수행하게 된다. 시장과의 관계에서도 계급모순과 갈등을 은폐하고 호도하는 기능만을 수행하는 것이 아니라 건전한 시장을 재생산하고 정화하는 기능도 함께 수행하게 된다.

이처럼 NGO에 의한 국제교류가 한편으로는 국가 그리고 다른 한편으로는 시장과의 관계에서 상호 구별되면서도 동시에 상호 연관되는 양식과 메커니즘에 따라 전개된다는 사실은 이 중 어느 한 쪽만을 검토해서는 NGO에 의한 국제교류의 실체를 완벽하게 이해하기 어려울 것임을 시사한다. 특히 NGO에 의한 국제교류를 경제부문과의 관계를 무시하는 가운데 이해하려고 하는 경우에는 이를 단지 국가권력에 대한 비판, 감시, 저항의 잠재력 내지는 세력으로만 이해하거나 또는 그 반대로 국가기구를 정당화하는 이데올로기적 도구로만 이해하게 될 위험성이 있다. NGO에 의한 국제교류를 경제부문과의 관계에서 이해하는 경우에도 지구시민사회가 경제적 관계와 구별되는 소비, 문화, 여가생활의 장이면서도 동시에 계급적 이데올로기와 여론이 형성되고 소멸되는 정치적, 윤리적 관계 및 헤게모니의 장이기도 하다는 인식을 가질 필요가 있다.

따라서 NGO에 의한 국제교류는 시민사회의 물질적인 역량이 형성, 성장, 또는 소멸하는 공간적 차원과 여론이나 정신적인 힘 따위가 발휘되는 역동적 차원에 의해 추동되거나 제한된다고 하겠다. 이때 공간적 차원은 자본주의 경제의 발전과 함수 관계를 맺으며 역동적 차원은 국가권력과의 관계에 의해서 성장 혹은 억압되는 것으로 여겨진다. 예컨대 자본주의 경제체제의 발전 초기 단계에서는 소비, 문화, 여가생활이 전체 사회생활에서 차지하는 비중이 작다가도 자본주의 발전이 고도화하면서부터는 확대된다. 자본주의화 과정에서 수반된 기술의 진보, 가격의 저렴화, 노동시간의 단축 등이 NGO 활동의 공간적 차원을 확장하고 그 결과 초국적 사회운동도 활성화하게 된다.

반면에 역동적 차원은 국가권력의 성격이나 변화에 보다 밀접하게 연계되어 있다. 즉 국가권력 중심주의가 강할수록 NGO의 활동은 억압되고 위축되며 국가권력의 비중이 약화되거나 공백상태에 빠질 때 보다 더 활성화되는 변화를 가져오게 된다. 따라서 NGO의 국제교류는 공간적 차원

〈표 1〉 NGO의 국제교류 환경변수

차원	역동적	공간적	실천적
하부구조	정치(political)	경제(economic)	기관(institutional)

과 역동적 차원, 부언하면 자본주의의 활성화와 국가권력의 민주화가 확장될 때 촉진된다고 할 수 있다. 그러니까 지구시민사회의 핵심적 구성요소라고 할 수 있는 NGO의 국제교류가, 한편으로는 그의 역동적 차원을 관장하는 정치 환경 그리고 다른 한편으로는 공간적 차원을 관장하는 경제 환경에 따라 규정된다는 의미다.

그런데 이런 환경적 조건 속에서 실제로 어떤 양식과 내용의 국제교류가 구성되느냐의 문제는 개별 NGO의 실천능력에 의해 영향을 받지 않을 수 없다. 그러니까 지구적 교류활동에 관여하는 개별 NGO의 규모, 의지, 전략, 자원, 기술 등에 따라 교류의 양식, 내용, 강도 등이 영향을 받고 그 결과 지구시민사회의 구성양식이 구체화되는 셈이다(The Center for the Study of Global Governance, 2005:2). 국제교류에 나서는 개별 NGO들의 기관능력 여하에 따라 지구시민사회의 내용이 결과적으로 규정된다는 의미다. 실천적 차원의 기관 환경이 주요 변수인 것이다.

이는 위의 <표 1>에 정리되어 있는 바와 같다.

이에 따라 먼저 NGO에 의한 국제교류의 역동성 정도를 결정짓는 정치적 하부구조를 점검해 보면 이에는 실로 다양한 요인이 작용하고 있음을 알 수 있다. 이 가운데 대표적인 것을 예시해 보면 정치적 권리의 보호, 결사의 자유, 언론의 독립성, 선거의 자유, 국제법의 준수, 사회정의의 실현, 부패추방, 난민보호, 외국인에 대한 수용성 등을 들 수 있을 것이다. 공간성 정도를 결정짓는 경제적 하부구조의 측정 지표로서는 무역거래, 공적 개발원조(ODA: official development aid), 외국직접투자, 초국적 기업 활동(TNCs: transnational corporations), 항공여행과 국제관광, 언론과 매스 미디어의 규모 등을 들 수 있으며, 실천성 정도를 결정짓는 NGO의 기관능력 결정 변수로는 NGO의 숫자, 정보화, 연조, 분야별 배분, 고용능력, 자원봉사자, 재정 등의 규모, 지구화에 대한 태도와 가치정향 같은 기관 하부구조 관련 변수와 이를 운영하는 과정에서 지향하는 목적가치 내지는 행위기준 같은 운영전략 관련 변수를 상정해 볼 수 있을 것이다(The Center for the Study of Global Governance, 2005:222-335).

그런데 이런 지표들을 측정하거나 이를 기초로 NGO의 국제교류 실태를 파악하고 나아가 지구시민사회를 분석하는 데 있어 지금까지는 대체로 관행적인 접근시각에 의존해 왔다. 그 결과 연구 방법론상의 일국주의(methodological individualism)에 빠지는 문제를 낳고 있다(안하이어 외, 2004:237). 산업사회 이후 사회과학은 국민국가 경계를 분석과 자료 수집의 기본 단위로 삼아 왔다. 그러나 NGO의 국제교류는 국민국가의 경계를 넘어 인류공통의 의식이나 가치관을 전제로 전개된다. 따라서 분석의 기초 단위도 국민국가의 경계를 초월하는 차원에서 구상되고 적용되어야 마땅하다. NGO의 초국적 교류에는 그것 자체로서의 문화와 관습 및 질서를 내포할 것이기 때문이다.

따라서 NGO의 초국적 교류에 대한 분석 작업은 NGO의 국제교류에 대한 국가종단적 비교 연구(cross-national comparison)와는 그의 본질적 성격을 달리한다(Scholter, 2004;4). 그런데 이렇게 초국적 관점에서 국제교류 현상을 진단하기 위해서는 기초 자료 자체가 초국적으로 수집되어야 하지만 현실적으로 이는 결코 쉽지 않은 일이다. 전 지구를 상대로 일거에 기초자료를 수집하는 방대한 작업을 수행해야 하기 때문이다. 따라서 여기에서는 현상 자체를 분석하는 데에 있어서는 초국적 접근전략을 채택하지만, 이를 위해 필요로 하는 기초 자료의 수집은 일종의 일국주의적인 접근전략에 의존하고자 한다. 그러니까 일국 NGO의 대외 활동에 대한 총합적 누적치가 초국적 교류를 국가 간의 관계에서 파악하는 범지구적 차원의 자료를 대체할 수 있다고 보고자 하는 것이다.

따라서 분석과 자료수집 단위상의 불일치가 발생할 것은 당연한 이치다. 아무리 분석단위를 초국적 관계로 설정한다고 하더라도 자료수집 과정이 일국주의에 기초하는 경우에는 일국주의에 부적합한 자료에 대해서는 이를 무시하는 "통계의 세계질서"에 기속될 것이기 때문이다. 지구적 관점에서 기초자료를 수집하지 못하는 데에서 오는 결과다. 그 결과 통계화 과정에서 국제 NGO 활동의 초국적 실체가 부분적으로 소실될 수 있다. 지구시민사회의 골간을 형성하는 네트워크의 과정과 윤곽을 있는 그대로 복원하거나 측정하지 못하고 그에 대한 근사치를 일국중심으로 추정하는 한계를 동반한다는 의미다.

이런 문제점에도 불구하고 연구과정상의 편의성과 경제성을 감안하여 자료수집상의 일국주의를 수용하는 것은 현실적으로 불가피한 선택지다. 여기에 더해 자료수집상의 일국주의는 이를 해석하는 과정상의 문제도 내포한다. 국가 간의 비대칭성이 야기하는 문제가 있기 때문이다. 국가를 기본단위로 수집된 자료들은 그의 범위와 질이 나라마다 균일하지 않다. 이런 기초 데이터상의 비일관성 문제는 당연히 비교과정에서의 비등가성 문제를 낳게 된다(안하이어 외, 2004:238). 어느 나라에는 있고 어느 나라에는 관련 자료가 없는 경우 비교 자체가 불가능할 뿐만 아니라 비교 작업을 시도한다고 하더라도 개별국가의 역사적, 문화적, 정치적, 사회적 차이를 반영하기가 어렵다는 문제에 봉착하게 된다(안하이어 외, 2004:240; Scholte, 2004:4).

더욱이 일국 수준의 자료 자체가 개별 NGO의 활동에 대한 관찰을 토대로 구축되는 경우, 관찰의 단위는 일국의 개별 조직체인데 분석의 단위는 초국적 현상이 되는 집합적 자료에 의한 분석전략상의 오류 문제가 야기된다(안하이어 외, 2004:239). 이는 개별 국가 중심의 관찰 정보를 토대로 지구시민사회를 분석하는 데에서 오는 문제와 함께, 그 개별 국가에 대한 정보 자체가 개별 국가 수준이 아니라 개별 NGO의 집합 자료에 의해 대치된다는 데에서 오는 자료수집 단위 성질상의 불일치라는 오류를 중복적으로 저지르는 것이다. 특히 항용 연구조사의 일상에서 벌어지고 있는 바와 같이, 그런 NGO 조직체에 대한 정보의 수집이 NGO 구성원 개개인에 대한 정보의 집합 자료로 대치되는 경우에는 삼중의 오류를 불러오게 되는 것이기도 하다.

그러나 워낙 기초 자료 수집과정상의 어려움이 크고, 무엇보다도 개인, 단체, 국가, 국제지역 내지는 지구시민사회 전체 간의 상호 경계 구분이 어려울 뿐만 아니라, 이런 경계 구분의 문제는 본래 분석적 차원에서 제기되는 것일 뿐이며 이를 현실 상황 속에서 볼 때는 상호 연계되어 있어 자료수집상의 분석 단위를 초월해서 관련 정보의 수집에 나서더라도 현상의 근사치를 파악하는 데 있어서는 크게 문제가 되지 않는다고 보고자 한다. 이는 일국의 지역 사회운동이 결과적으로 지구시민사회에 연계되어 있고 그렇기 때문에 사실상 국내 시민운동과 지구차원의 시민사회운동이 결코 단절되어 있는 것이 아니며, 그런 만큼 일국 내부의 시민사회운동 역량이 지구시민사회 구성을 좌우하는 결정적 변수 가운데 하나라는 인식을 반영한 결과이기도 하다.

바로 이런 초국적 현상에 대한 연구방법론상의 한계와 국수주의에 대한 반성 및 지구시민사회의 구조적 특성 등을 감안하여 안하이어와 카츠(Anheier & Katz, 2005:206)는 NGO의 국제교류를 분석하는 데 있어 초국적 관점에서 접근할 것을 고집하면서 네트워크 접근시각의 유용성을 강조한다. 이들에 따르면 NGO의 국제교류를 통해 구성되는 지구시민사회의 문화적, 규범적, 당위적, 가치지향적 요소를 배재한 가운데 있는 그대로의 경험적 실상을 규명하기 위해서는 국제교류에 참가하고 있는 NGO들의 상호작용적 관계의 규명에 초점을 맞추는 것이 타당하고 이를 위해서는 네트워크 분석시각(network analysis)의 유용성이 크다는 것이다.

그런데 네트워크의 분석에 의존하는 접근시각은 그것 자체가 하나의 완성된 이론은 아니며, 다만 어떤 현상을 서술하고 진단하는 데 필요한 일단의 관점이나 수단의 한 묶음이라고 해야 할 것이다. 그러니까 네트워크 접근시각은 전통적으로 사회현상의 기초구성요소로 간주되어 온 개인이나 조직의 인구사회학적 특성에 초점을 맞추는 것이 아니라 그의 사회적 관계를 측정하고 그로부터 어떤 시사점이나 의미를 도출해 보고자 한다는 데에 특징이 있다(Anheier & Katz, 2005:207). 분석의 초점이 개인이나 조직의 특성이 아니라 그 개인이나 조직의 외적 연결망에 놓여 있는 것이다.

이는 NGO의 국제교류를 분석하거나 지구시민사회의 구조적 특성을 포착하는 데 있어 매우 유용할 것으로 판단된다. 예르긴과 스테니스라프 (Yergin & Stanislav, 1998)는 이미 지구시민사회를 "짜여진 세계(woven world)"라고 표현한 바 있고, 키엔느(Keane, 2001:23-4)는 "상호연결되고 다층화되어 있는 사회적 공간(interconnected and mutilayered social space)" 으로 서술한 바 있다. 로젠느(Roseneau, 1999)도 글로벌 거버넌스를 "수평 적 관계의 구조물(framework of horizontal relations)"로 이해했으며, 특히 카스텔(Castells, 1996)의 경우에는 초국적 수준에서의 "초네트워크 (metanetworks)"라고 설명한 바 있다.

따라서 NGO의 국제교류나 그 결과적 산물이라고 해야 할 지구시민사 회 내지는 국제지역시민사회가 네트워크를 통해 분석적으로 해부 가능할 것은 틀림없는 일이다. 다만 이와 유사한 분석 틀을 제공해 온 기존의 구 조기능론 따위가 변수 A의 변화가 변수 B에 어떤 영향을 미치는 관계에 있는가에 초점을 맞추어 설명하고자 한 것이라고 한다면, 네트워크 접근 시각은 그런 영향의 주고 받음에는 여전히 평가과정의 편향성이나 객관 화를 방해하는 요소들이 내재되어 있다고 보고 이들 관계 그 자체를 보 다 객관화해서 볼 수 있는 중립적인 공간에서 설명하고자 노력한 결과물 이라고 이해해 볼 수 있다.

따라서 네트워크 접근시각은 NGO에 의한 초국적 교류와 소통의 현상 그 자체를 보다 객관적으로 서술하거나 이해하는 데에 도움을 주게 될지 는 모르지만 어째서 그런 네트워크의 양식이 등장하게 되었는지에 대해 서는 이를 설명하기 어렵다는 한계를 동반한다. 그러니까 어떤 개인이나 조직의 대외적 관계 양식과 그 개인이나 조직의 인구사회학적 특성을 지 나치게 구분해서 다룬 결과 그런 대외관계망이 형성되는 동기나 원인 따 위를 설명하는 데에는 취약할 수밖에 없다. 이는 또한 그런 관계망을 특 정의 것으로 변화시키거나 개선하고자 하는 경우에는 어떤 정책 대안의 수립이 필요한지를 알 수 없게 만드는 원인이 되기도 한다.

그런데 이 책은 단순히 지구시민사회의 실상을 평면적으로 서술하거나 평가하기 위한 것이 아니라, 그런 결과를 토대로 NGO의 대외 교류를 활성화하고 그 결과 지구시민사회나 국제지역시민사회 나아가서는 남북한 공동체의 형성을 보다 적극적으로 촉진하기 위한 전략적 대안을 모색해 보자는 것이다. 따라서 여기에서는 단순히 네트워크 접근시각을 통해 NGO의 국제교류 내지는 지구시민사회의 실상을 파악하는 데에 머무르는 것이 아니라 이를 구조기능론적인 접근시간과 접목시켜 그런 네트워크의 구성이 NGO의 어떤 개별적 특성과 관련되어 있는지를 밝히는 데에도 초점을 맞추어 보고자 한다.

이는 네트워크 접근시각이 기본적으로는 체제론의 연장선상에서 구축되는 분석 개념의 틀이며 그렇기 때문에 같은 체제론에서 출발하고 있는 구조기능론과 배타적 관계를 구성하기보다는 오히려 그의 일부를 형성하며 단지 그 가운데 네트워크에 초점을 맞추어 소통과 연대를 강조해서 보고자 한 차이가 있을 뿐이라고 생각되어지기 때문이다. 더 나아가 네트워크가 그를 통해 의사소통이 이루어진다는 점을 상정한다는 점에서는 의사소통론과도 보완적 관계를 형성하는 것이라고 하겠다.

따라서 NGO의 국제교류를 네트워크의 관점에서 분석한다는 의미는 일단의 교류 묶음을 네트워크로 보자는 것이며, 이때의 교류는 의사소통을 전제로 하는 것임으로 의사소통의 한 양식을 네트워크로 보자는 것과 다를 것이 없다. 그럼으로 의사소통론의 관점에서 NGO의 국제교류를 유형화하는 경우에는 NGO의 국제교류를 네트워크 관점에서 정리하는 결과를 가져올 것이다. 그런데 보드윅과 카암(Bordewijk and Kaam, 1996)에 의하면, 정치적 의사소통은 대체로 정치 정보의 배포(allocation), 전달(registration), 협의(consultation), 대화(conversation)의 4개 모형으로 구분된다고 보았다.

이때의 배포는 대중사회의 특징적인 정치 정보 유통양식으로서 주로 중앙에 의해 정보가 일방적으로 주변에게 일시에 살포되는 것을 의미한다. 이 경우 정보 유통의 주도권을 철저히 중앙이 쥐고 있으며, 주변은 이에 대해 수동적으로 반응하는 존재로만 인식된다. 이러한 의사소통의 양식은 북반부 NGO가 남반부 NGO에게 일방적으로 재원이나 정보를 배포하거나 공급하는 과정에서 주로 발견된다.

전달은 중앙이 주변에 대한 정보를 수집하는 과정의 이면에 내재되어 있는 정보 유통의 한 양식이다. 주변이 정치정보의 유통이나 전환의 필요성을 느끼고 생산해낸 정보를 중앙이 정보유통과정에 대한 주도권을 쥐고 수집해 나가는 경우 그 과정에서 발생되는 정보의 이동 현상이 여기에 해당된다. 이러한 양식은 인권 운동을 주도하는 일국의 NGO가 그의 피해 사례를 북반부 NGO나 INGO에게 보고하거나 활동결과물을 전달하는 경우에 해당할 것이다.

협의는 정치 정보의 주된 생산자인 중앙을 상대로 주변이 정보를 선택적으로 취득하는 경우다. 그러니까 중앙이 정치정보의 생산자인 점에서는 앞서의 배포와 같지만 소비의 선택권을 이 경우는 주변이 주도하는 것이다. 따라서 배포와 전달이 동시에 발생하는 것이라고 할 수 있다. 이 경우는 남반부 NGO가 여러 북반부 NGO가 구축해 놓은 정보 사이트에 들어가 자료를 수집하거나 의견을 구하고 그 가운데 자신이 필요하다고 생각되는 것을 취사선택하는 데에서 찾아 볼 수 있을 것이다.

대화는 주로 정보생산의 주체들이 서로 정보를 주고받는 관계에서 목격되는 유형이다. 그러니까 주변이 정보의 생산자이자 소비자인 것은 물론이고 정보 유통의 매개자로 중앙의 존재를 필요로 하지 않을 수도 있다. 따라서 NGO들 사이에서 대화나 접촉을 통해 의견 교환이 이루어지거나 병행회의 같은 공적 회합의 장소에서 전개되는 연대와 협력의 경우가 여기에 해당된다고 하겠다.

따라서 보드윅과 카암은 정치정보의 유통 양식을 정보 유통의 주도권을 누가 쥐느냐와 그 유통의 방향이 어느 쪽을 향하느냐에 따라 유형화한 셈이다. 그러나 보드윅과 카암은 이중 전달의 의미를 주변이 중앙에 정보를 전달하는 과정에서 발생하는 중앙의 주변에 대한 정보의 취합으

〈표 2〉 정치정보의 유통 양식

방향 ＼ 주도권	중앙	주변	혼합
중앙	수집	전달	
주변	배포	협의	
혼합			대화

로 단순화함으로써 중앙에 의한 주변의 정보 취합과 주변에 의한 중앙에의 정보 제공을 구분해서 다루지 않았다. 이점을 고려하여 여기에서는 전자를 "수집"이라고 보고 후자를 "전달"이라고 구분해서 다루고자 한다. 따라서 정치정보의 유통 양식을 정보유통의 주도권을 중앙이 쥐느냐 또는 주변이 쥐느냐와 그 유통의 방향이 중앙을 향한 것이냐 아니면 주변을 향한 것이냐를 기준으로 재분류해 보면 위의 <표 2>에 나타나 있는 바와 같다.

중앙이 주도해서 주변으로부터 정보를 취합하는 경우가 수집, 중앙이 주도해서 주변에게 정보를 제공하는 경우가 배포, 주변이 주도해서 정보를 중앙에 제공하는 경우가 전달, 주변이 주도해서 중앙으로부터 정보를 취합하는 경우가 협의, 중앙이나 주변의 구분 없이 서로 의사소통상의 주도권을 쥐고 정보를 교류하는 경우가 대화에 해당된다. 그런데 이를 NGO의 국제교류 현장에 대입해 보면 수집은 일방적 수수를, 배포는 일방적인 제공을, 전달과 협의는 양자간 교환을, 그리고 대화는 다자간 교환을 의미하는 것이라고 하겠다. 이를 그림으로 나타내 보면 <그림 1>과 같다.

그런데 NGO의 국제교류는 이를 통해 지구시민사회의 형성을 지향하는 작업이며 지구시민사회는 주변과 중앙의 구분 없이 동등한 참여와 대화가 가능할 때 평화와 안정을 기대할 수 있게 된다. 주변과 중앙의 구분이 없어진다는 것은 진정한 의미의 동등 참여권과 대표권 그리고 민주적

〈그림 1〉 NGO의 국제교류 유형

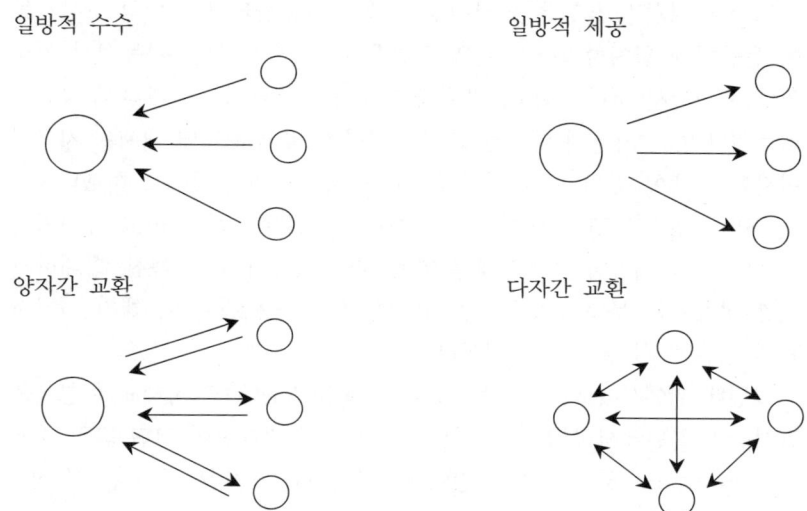

일방적 수수

일방적 제공

양자간 교환

다자간 교환

지도력을 배출하기 위한 정치적 토대가 구축되는 것으로 이해되기 때문이다.

그러나 일방적 제공이나 일방적 수수의 경우에는 중앙이나 중심부가 주변을 향한 주도권을 쥐게 됨으로 동등참여나 평등권의 향유가 근본적으로 침해되는 결과를 낳는다. 의사결정의 중추가 중앙이나 중심부로 집중되는 문제를 동반한다는 의미다. 따라서 민주적 시민사회의 형성에는 결정적인 취약점을 지니는 것이라고 하지 않을 수 없다.

그러나 양자간 교환의 경우에는 교환의 당사자간에 평등한 참여와 교류를 약속한다는 점에서 민주적 관계망 형성에 기여한다고 하겠다. 다만 이를 사회적 관계망 전체의 차원에서 보면 때로 편향화 하거나 편중되는 성질을 동반할 위험성이 내포된다는 점에서는 부분적인 한계를 동반한다. 바로 이런 점을 우려하는 교류 당사자들의 회피와 소극성이 교류 자체를 위축시키고 결과적으로 시민사회결성을 저어케 할 가능성도 있다. 그러나 여전히 교류 당사자 사이의 관계에서만 본다면 민주적 관계 형성에 기여할 것은 틀림없다.

그런데 다자간 교환은 의사결정의 중추가 분산되고 교류의 당사자들이 동등하게 참여하거나 권력의 집중을 견제할 수 있는 가능성이 열려 있다는 점에서 보다 수평적 관계의 형성을 가능케 한다. 따라서 교류의 네트워크 양식 가운데 다자간 교류가 남북한 및 국제지역 내지는 지구시민사회 구축에 있어 보다 이상적이며 당위적인 모형이라고 하겠다.

따라서 양자간 교환과 다자간 교환을 "민주적 교환"이라고 규정지어 본다면 이를 제약하는 요인에는 어떤 것이 있으며 이를 촉진, 확대하기 위한 과제에는 무엇이 있는지를 규명하고자 하는 것이 이 책의 실천적 과제 가운데 하나가 되는 셈이다.

그런데 위에서 살펴 본 네트워크의 유형들은 NGO의 국제교류 현상을 관계망의 차원에서 설명해주기는 하지만 그런 관계망이 어떤 범위 내에서 어떤 강도로 얼마나 자주 일어나고 있는지를 설명해 주지는 못한다. 이와 관련하여 헬드 등(Held et al, 17-27)은 NGO에 의한 국제교류를 교류의 범위, 교류의 강도, 교류의 빈도로 나누어 분석하고자 한 바 있다.

여기에 더해 안하이어 등(안하이어 외, 2004)은 교류의 분야(문화와 여가, 교육, 연구, 보건, 사회서비스, 경제발전, 종교, 국방, 정치, 환경, 정책주창 등), 교류의 양식(지부구성, 자매결연, 연대결성, 회합참여, 긴급지원 등), 교류의 대상(인적교류, 정보교류, 정책교류, 물자교류, 기술교류 등), 교류의 재원(자체예산, 사적기부금, 공공부문지원금, 외국기관지원금, 수익사업 등), 교류 비용의 규모, 교류의 연조 등을 NGO의 국제교류를 이해하는 주요 변수로 다루었다. 여기에 더해 김혜경(2001)은 교류의 방법(교육훈련, 자료발간, 공동행동, 노력봉사, 공동교역 등)을 추가한다. 여기에서는 이들 모두를 NGO의 국제교류 실태 파악을 위한 설명 변수로 다루고자 한다.

또한 앞서의 논의에서 이러한 NGO의 국제교류 활동은 그 활동이 일어나는 사회의 정치 환경, 경제 환경, 기관 환경에 의해 구속된다고 보았다. 그러나 정치 환경이나 경제 환경은 NGO의 활동에 영향을 미치는 사회

〈그림 2〉 연구의 개념도

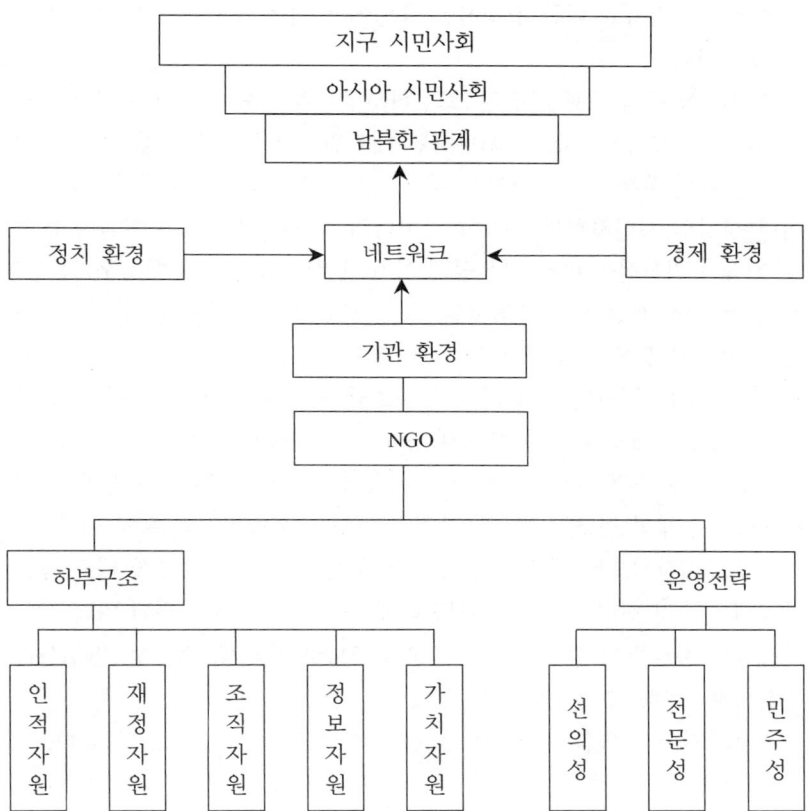

적 배경이나 상황조건에 해당하는 한편 NGO의 활동을 직접적으로 구속하는 요인이 아니며 기관 환경에 비해 조작적인 관리가 쉽지 않고 정책적 대응을 통해 어떤 변화나 효과를 기대하기에도 그의 회임기간이 상대적으로 길어 이를 중심으로 NGO 국제교류의 활성화 정책을 구상하기에는 적당하지 않다. 반면에 NGO의 기관 환경은 NGO의 활동을 직접 결정하는 요인일 뿐만 아니라 이에 대한 조작적 관리가 상대적으로 용이하고 개혁적 조치에 따른 회임기간도 상대적으로 짧다. 따라서 여기에서는

NGO의 기관 환경을 NGO의 국제교류 실태를 결정하는 가장 중요한 독립변수로 상정하고 이를 결정하는 요인에는 어떤 것들이 있는지를 찾아보고자 한다.

그런데 NGO의 기관 환경은 그의 하부구조와 이를 운영하는 전략에 의해 결정된다고 볼 수 있다. 왜냐하면 네트워크 자체의 밀도를 높이는 데에는 단체의 하부구조가 결정적 요인으로 작용하겠지만 그런 네트워크가 어떤 성질의 시민사회를 구성할 것이냐의 문제는 전적으로 이를 운영하는 전략적 지향점에 따라 좌우될 것이기 때문이다. 그런데 하부구조는 다시 인적자원, 재정자원, 조직자원, 정보자원 그리고 이를 관리하는 이들의 가치지원 등에 의해 결정된다고 할 수 있다.

따라서 여기에서는 NGO의 하부구조와 관련하여 1)인적자원으로, 상근자 규모, 국제교류 전담 상근자 규모를, 2)재정자원으로 단체 예산 규모, 국제교류 재정 규모, 재정 자원의 독립성 정도를, 3)조직자원으로 회원 규모, 단체의 연조를, 4)정보자원으로 영문 홈페이지의 운영 여부, 그리고 5)가치자원으로 세계화, 관용성, 민주성, 남북교류에 대한 태도 등을 파악해 보고자 한다. 그리고 운영전략에 대해서는 앞서 논의된 바와 같이 공동체적 윤리관의 형성과 직결된 과제임으로 선의성, 전문성, 민주성을 중심으로 살펴보고자 한다.

지금까지의 논의를 도식으로 표현해 보면 앞의 <그림 2>와 같다.

제3장

한국 NGO의 국제교류 환경

제1절 정치 환경

1. 범지구 차원

정치 환경은 NGO에 의한 국제교류가 활성화 될 수 있는 민주적 여건이 갖추어져 있는지의 여부를 판단하는 근거가 된다. 따라서 시민권의 보장 정도나 법치주의의 구현 정도, 나아가서는 국제사회에의 책임성 정도는 이를 구성하는 핵심적 요소일 것이다. 그런데 세계은행(World Bank)은 거버넌스 관련 프로젝트의 하나로 범지구 차원에서 시민의 발언권 정도와 책임성 정도를 측정하기 위한 지수를 개발한 바 있다. 이는 정부 선택 과정에 대한 시민의 참여 정도, 미디어의 독립성 정도 등을 평가하기 위한 것으로서 정치 과정, 시민의 자유, 정치적 권리 등 다양한 지표를 활용해서 만들어졌다.

이 조사에 따르면 유럽 및 북아프리카 지역과 고소득국가들은 매우 높

〈표 1〉 시민 발언권과 책무성 순위(voice and accountability ranking)

지역 \ 연도	1996년도	2002년도	변화추이
아시아 태평양	43.0	40.5	-2
유럽 및 중앙아시아	42.1	45.6	3
중남미	56.2	55.1	-1
중동 및 북아프리카	22.8	20.9	-2
남아시아	32.7	29.6	-3
아프리카	33.8	30.4	-3
고소득국가군	75.7	76.2	1
세계	48.1	47.1	-1

출처: The Center for the Study of Global Governance(2005:259-263)에서 발췌 작성

은 수준의 시민 발언권과 미디어 독립성을 유지하는 데 반해, 중·저소득 국가의 대부분은 1996년에서 2002년 사이에 그 수준이 오히려 하락한 것으로 나타났다. 이는 〈표 1〉에 잘 나타나 있다. 변화추이마저 고소득국가 군은 순증추세를 보이는 데 반해 세계 전역이 순감추세를 보이고 있어 가까운 미래에 있어서도 이런 현상은 시정되지 않을 것이며 오히려 그 격차가 심화될 것이라는 점을 시사하고 있다.

나아가 프리덤 하우스(Freedom House)는 정치적 권리와 시민의 자유 정도를 측정하기 위한 지표를 개발한 바 있다. "이는 세계 인권헌장을 기초로 하며, 국가와 비정부 행위자들의 활동 결과로서 개인이 향유하는 실질적인 권리이자 자유"의 정도를 알아 보기 위한 것이다. 이 지수에 의하면, 〈표 2〉에서 보는 바와 같이 유럽을 중심으로 하는 고소득국가들이 정치적 권리와 시민의 자유 수준에 있어 가장 높으며, 중·저소득국가들 사

〈표 2〉 정치적 권리와 시민자유(political rights and civil liberties)

지역＼지수	정치적 권리지수	시민 자유지수	평균지수*
아시아 태평양	3	4	3.5
유럽 및 중앙아시아	5	5	5
중남미	6	5	5.5
중동 및 북아프리카	2	3	2.5
남아시아	3	4	3.5
아프리카	4	4	4
고소득국가군	7	7	7
세계	5	5	5

* 1점~7점까지 등급을 나누어 점수를 매긴 것으로 점수가 많을수록 시민권과 자유의
향유 정도가 높다는 의미임
출처: The Center for the Study of Global Governance(2005:323-327)에서 발췌 작성

이에서는 중남미 지역 국가들이 뒤를 잇고 있다. 또한 대부분의 중동 지역
과 아프리카 지역에서는 민주주의와의 갈등이 심각한 수준에 이르러 있다.
    그런데 부패지수는 법규중심주의가 얼마나 잘 지켜지고 있는지를 알
려주는 간접지표 가운데 하나다. 민주주의의 전제 조건 가운데 하나가 법
규중심주의 내지는 법 앞의 평등일 것은 췌언을 요구하지 않는다. 따라서
부패는 단순히 경제적 불이익이나 기회균등의 원리를 침해하는 데에 끝
나는 것이 아니라 사회적 신뢰와 사회자본의 축적을 저해하는 주요 요소
로 작용하게 된다. 이에 따라 국제투명성협회(Transparency International)
가 개발한 부패인식지수, 관리개발원(Institute for Management Develop-
ment)이 고안한 뇌물과 부패 및 정부투명성지수, 그리고 세계은행(World
Bank)이 개발한 부패통제지수를 토대로 세계 여러 나라를 평가해 본 결

<표 3> 부패(corruption)

부패 정도\n\n지역	부패인식 지수		뇌물과 부패		정부 투명성 정도		부패통제 지수		
	2000	2003	2000	2003	2000	2003	1998	2002	변화 추세
아시아 태평양	3.0	3.1	2.1	2.4	5.1	4.2	37.9	32.3	-6
유럽 및 중앙아시아	3.3	3.3	2.7	2.5	3.9	4.2	42.4	41.1	-1
중남미	3.9	3.5	2.6	2.4	4.8	4.0	48.9	46.6	-2
중동 및 북아프리카	4.4	4.0					43.4	45.9	3
남아시아	2.8	2.5					45.9	47.0	1
아프리카	3.2	2.9					36.8	36.4	0
고소득국가군	7.7	7.6	6.8	6.8	5.5	6.0	88.9	88.4	0
세계	4.7	4.4	4.8	4.9	5.5	5.2	52.2	51.1	-1

출처: The Center for the Study of Global Governance(2005:276-280)에서 발췌 작성

과는 <표 3>에 나타나 있는 바와 같다.

대체로 핀란드, 덴마크, 네덜란드, 스웨덴 등과 같은 유럽 중심의 고소 득국가들이 고도의 투명성을 과시하는 데 반해, 라오스, 미얀마 같은 남아 시아 지역, 파라과이, 베네수엘라, 에콰도르 같은 중남미 지역, 앙골라, 카 메룬, 콩고 같은 아프리카 지역이 매우 부패정도가 높은 것으로 나타났다. 지구 전체의 부패지수가 악화일로에 있다는 사실도 주목되는 현상이다. 지구 주변부에서의 법규 중심주의가 취약할 뿐만 아니라 범지구적인 차 원에서의 법치주의도 쇠퇴하고 있다는 의미로 해석된다.

그런데 한 사회가 아무리 법치주의가 활성화되어 있고 나아가 민주적 이라고 하더라도 그런 민주성을 토대로 국제사회에 적극적으로 진출하고 교류하지 않을 경우 지구시민사회의 형성에 유리한 환경을 제공하기는

<표 4> 조약의 비준(ratification of treaties)

지역 \ 법안	인권관련법 (11)		인도주의 관련법(6)		환경관련법 (5)		총계 (22)		2000년 이후	
	법안수	%	법안수	%	법안수	%	법안수	%	법안수	평균
아시아 태평양	79	51.3	69	67.7	74	87.1	222	59.4	31	1.8
유럽, 중앙아	268	87.0	145	86.3	129	92.1	542	88.0	76	2.7
중남미	237	77.0	154	91.7	133	95.0	524	85.1	54	1.9
중동, 북아	99	60.0	64	71.1	60	80.0	223	67.6	26	1.7
남아시아	44	50.0	28	58.3	34	85.0	106	60.2	13	1.6
아프리카	344	70.0	229	84.8	178	79.1	751	75.9	121	2.7
고소득 국가군	286	78.8	176	88.9	150	90.9	612	84.3	55	1.7
세계	1,357	70.9	865	82.9	758	87.1	2,980	77.5	376	2.2

출처: The Center for the Study of Global Governance(2005:264-269)에서 발췌 작성

어렵다. 따라서 국제적 규범의 준수에 대한 의지나 국제사회에서의 규범 창출에 대한 적극적 태도를 견지하는 일은 지구시민사회의 건설과 관련하여 매우 중요한 의미를 지니게 된다. 이를 여기에서는 2000년 이후 세계 각국이 주요 국제법을 얼마나 많이 비준하였는가를 통해 알아보고, 이를 토대로 각국의 국제화 의지를 간접 측정해 보고자 한다.

그 결과 <표 4>에서 보는 바와 같이 대부분의 유럽 및 중앙아시아 지역과 중남미 지역에서는 보다 많은 법안이 비준된 데 비해 중동 지역과 남아시아 지역에서는 상대적으로 적은 수의 법안이 비준되었음을 알 수 있다. 이는 최근의 경향성에 있어서도 같다. 대체적으로 유럽 중심의 중심부 국가들이 적극적인 반면 제3세계의 주변부 국가들은 상대적으로 소

극적이다.

따라서 범지구 차원의 정치 환경은 크게 이원화되어 있음을 알 수 있다. 유럽을 중심으로 하는 고소득국가군에 있어서는 매우 높은 수준의 민주화가 이루어져 사회자본의 축적 정도가 높은 반면 아프리카 지역, 남아시아 지역, 중남미 지역 등을 중심으로 하는 주변부에서는 민주적 가치의 생활화가 아직 미진한 실정에 있음을 알 수 있다. 이런 양극화현상은 각국의 국제사회에 대한 적극성 정도에 있어서도 같다.

2. 아시아 지역 차원

아시아 지역은 국가 간 언어와 문화의 이질성, 민족과 종교의 다양성, 경제와 정치 체제의 상이성 등으로 인해 어떤 공통의 성질을 찾아 지역 중심의 공동체 의식을 함양해 나가기가 쉽지 않은 곳이다. 바로 이런 사회구조적 특성의 다원성과 상이성으로 인해 빈곤문제, 인구, 환경, 인권, 민족갈등, 여성과 원주민 문제 등 실로 다양한 과제가 분출하고 또 그에 대응해야 하는 곳이 이 지역이기도 하다(김혜경, 2001:64-65).

이런 다양성 때문에 이 지역을 지리적 근접성을 중심으로 동북아시아, 동남아시아, 서남아시아, 중앙아시아, 태평양권 등으로 나누는 것이 보통이다. 여기에서는 아시아 태평양 지역과 남아시아로 나누어 다루고 중앙아시아는 그의 문화적 특성과 역사적인 근린성 등을 고려하여 유럽과 함께 분류하고자 한다. 아시아 태평양 지역에는 캄보디아, 인도네시아, 북한, 라오스, 몽골, 미얀마, 파푸아 뉴기니아, 솔로몬 제도, 베트남, 중국, 피지, 말레이시아, 필리핀, 사모아, 태국, 통가, 바누아투, 오스트레일리아, 브루나이, 일본, 한국, 뉴질랜드 등이 속하는 것으로 보고, 남아시아에서는 아프가니스탄, 방글라데시, 부탄, 인도, 네팔, 파키스탄, 몰디브, 스리랑카 등을 다루고자 한다. 부언하면 아시아 태평양 지역과 남아시아 지역으로 아시아 지역을 대별해서 보자는 것이다. 이는 무엇보다도 아시아 태평양 지역과 남아시아 지역 사이에는 같은 아시아 지역이라는 지리적 근접성에도 불구하고 사회구조적인 차이가 매우 심하기 때문이다.

이런 현상은 도처에서 확인되고 있다. 먼저 아시아 지역의 정치적 민주성 정도를 알아보기 위해 1996년에서 2002년 사이에 시민 발언권과 책임성 지수가 어떻게 변하고 있는지를 알아보았다. 그 결과 <표 5>에서 보는 바와 같이 아시아 태평양 지역의 국가들이 남아시아 지역 국가들 보다 월등히 앞서 있음을 알 수 있다. 그리고 아시아 태평양 지역 국가들 가운데에서도, 국가의 경제수준에 따라 그 격차가 크게 나타나 있다. 그러나 전반적으로 봤을 때 일본과 마이크로네시아를 제외하면 유럽 선진국들에 비해 발언권과 책임성 순위가 그다지 높지 않다. 그나마 일본과

〈표 5〉 시민 발언권과 책무성 순위(voice and accountability ranking)

지역	연도	1996년도	2002년도	변화 추세
아시아 태평양	최고: 뉴질랜드	96.3	97.0	1
	최저: 미얀마	1.6	1.5	0
	평균	54.0	52.0	-2
남아시아	최고: 인도	60.7	60.6	0
	최저: 아프가니스탄	3.7	11.1	7
	평균	32.7	29.6	-3
세계	최고: 덴마크	99.5	100.0	1
	최저: 이라크*	1.0	0.5	-1
	평균	48.1	47.1	-1

* 북한을 제외하고 가장 낮은 나라
** 최고, 최저는 2002년도를 기준으로 선정하였음
출처: The Center for the Study of Global Governance(2005:259-263)에서 발췌 작성

〈표 6〉 정치적 권리와 시민자유(political rights and civil liberties)

지역 \ 지수		정치적 권리 지수	시민자유 지수	평균지수
아태	최고: 오스트레일리아	7	7	7
	최저: 미얀마	1	1	1
	평균	4	4.2	4.1
남아	최고: 인디아	6	5	5.5
	최저: 아프가니스탄	2	2	2
	평균	3	4	3.5
세계	최고: 오스트리아 외 대부분의 유럽 국가	7	7	7
	최저: 리비아, 쿠바 등	1	1	1
	평균	5	5	5

출처: The Center for the Study of Global Governance(2005:323-327)에서 발췌 작성

마이크로네시아의 경우에도 1996년과 2002년 사이에 그 지수가 감소추세를 보여 앞으로의 발전 가능성이 높지 않다.

그러나 태국, 싱가포르, 브루나이는 소폭 상승하고 있다. 남아시아의 경우 인도를 제외하고는 시민의 발언권과 책임성 순위가 지구 평균에도 크게 미치지 못한다. 방글라데시와 네팔의 경우 1996년에는 중간 정도의 평가를 받았으나 2002년에는 순위가 크게 떨어졌다. 아프가니스탄은 순위가 상승했으나 워낙 최하위의 평가를 받았던 터라 여전히 순위가 높지 않다. 아시아 지역 내에서도 아시아 태평양 지역과 남아시아 지역 사이에는 매우 현격한 차이가 있으며 범지구 차원과 비교해 보면 매우 낮은 수준에 있음도 알 수 있다.

　정치적 민주성 정도를 측정하는 또 다른 지표인 정치적 권리와 시민
자유의 수준을 점검해 보면, 국가마다 그 격차가 크며 이 역시 경제수준
에 따라 차이가 난다. <표 6>에서 보는 바와 같이 아시아 태평양 지역
국가 가운데 7점 척도의 평가에서 6점 이상의 높은 평가를 받은 국가는
한국, 일본 등이며, 다만 경제수준이 높은 국가들 중에서도 브루나이와
싱가포르는 상대적으로 낮은 평가를 받았다. 유럽 선진국들이 모두 7점을
받은 것과 비교하면 아시아 지역과 유럽 지역 간의 격차가 상당히 크다는
점을 알 수 있다. 가장 낮은 평가를 받은 국가는 북한, 중국, 라오스, 베트
남, 미얀마와 같이 사회주의 정권이나 군사 정권이 들어선 경우다. 남아시

〈표 7〉 부패(corruption)

지역	부패 정도	부패인식 지수		뇌물과 부패		정부투명성 정도		부패통제 지수		
		2000	2003	2000	2003	2000	2003	1998	2002	변화추세
아태	최고: 뉴질랜드	9.4	9.5	8.8	8.2	6.6	6.7	97.8	99.0	1
	최저: 인도네시아	1.7	1.9	1.3	0.8	5.0	2.1	6.6	6.7	0
	평균	5.0	5.3	4.4	4.9	5.5	5.1	52.3	48.0	-4
남아	최고: 스리랑카		3.4					57.4	54.6	-3
	최저: 방글라데시		1.3					43.7	7.7	-36
	평균	2.8	2.5					45.9	47	1
세계	최고: 핀란드	10.0	9.7	9.5	9.6	7.6	8.1	98.9	100.0	1
	최저: 방글라데시		3.4					43.7	7.7	-36
	평균	4.7	4.4	4.8	4.9	5.5	5.2	52.2	51.1	-1

* 최고, 최저는 2003년도 부패인식지수를 기준으로 함
출처: The Center for the Study of Global Governance(2005:276-280)에서 발췌 작성

아의 경우는 인도만이 5.5의 점수를 받았을 뿐 대체로 낮은 수준에 있다.

법치주의의 간접적 지표라고 할 수 있는 부패지수를 점검해 보면 대체로 아시아 태평양 지역이 남아시아 지역보다 높은 투명성 정도를 유지하고 있다. 그러나, 이는 주로 아시아 태평양지역의 고소득국가인 오스트레일리아, 뉴질랜드, 일본, 싱가포르 등에 기인한 바 크다. 유럽의 고소득국가들과 비교해보면 아시아 지역 전체가 현저히 낮은 수준에 있다. 변화의 추세 면에서는 남아시아 지역이 상대적으로 양호한 것으로 나타나 있지만, 이는 이 지역의 투명성 정도가 워낙 낮은 데에 기인한 결과다. 그러니까 투명성 정도에 있어서도 경제수준이 지역 간 격차를 결정하는 주요인자인 셈이다. 이는 <표 7>에 잘 나타나 있다.

국제 사회에 대한 참여의 적극성 정도를 알아보기 위해 2000년 이후의 국제법 비준 정도를 알아 본 결과는 <표 8>에 나타나 있다. <표 8>에 의하면 아시아 태평양 지역이나 남아시아 지역이 서로 큰 차이가 없으며 모두 유럽의 고소득국가들과 비교하면 매우 낮은 수준에 있다. 이는 아시아 지역이 국제 교류의 중심축으로부터 벗어나 있음을 시사해 주는 간접 자료라고 하겠다.

아시아 지역의 정치 환경은 그의 구조적 다양성으로 인해 전체적으로 일반화하기 어려운 점이 적지 않다. 그럼에도 불구하고 지역 평균값을 범지구 차원과 견주어 보면 매우 척박한 형편에 있음을 알 수 있다. 이는 역사 문화적 배경의 차이에서 오는 결과이기도 하지만 가장 크게는 경제적 격차 때문인 것으로 여겨진다. 나라의 소득수준에 따라 사회의 정치적 역동성 정도가 크게 다른 것으로 나타나고 있기 때문이다. 바로 이런 경제적 요소가 아시아 태평양 지역과 남아시아 지역 간의 정치적 격차를 빚어내는 가장 큰 요인이 되어 있다. 국제사회에 대한 참여의 적극성 정도도 이를 순수참여 의지만을 중심으로 본다면 아시아 지역은 전체적으로 볼 때 세계 평균수준에 미치는 것이기는 하지만 유럽의 고소득국가 수준에는 크게 미치지 못하는 것으로 나타나 있다. 그러나 보다 더 중요한 것은 아시아 태평양 지역과 남아시아 지역 간의 격차가 매우 심각한

〈표 8〉 조약의 비준(ratification of treaties)

지역	법안	인권관련법 (11)		인도주의 관련법(6)		환경관련법 (5)		총계 (22)		2000년 이후
		법안수	%	법안수	%	법안수	%	법안수	%	법안수
아 태	최고	11	100.0	6	100.0	5	100.0	21	95.5	4
	최저	0	0	1	16.7	2	40.0	7	31.8	0
	평균	5.1	46.4	4.4	73.3	4.3	86.0	13.7	62.3	1.1
남 아	최고	8	72.7	6	100.0	5	100.0	18	81.8	5
	최저	1	9.1	2	33.3	2	40.0	7	31.8	0
	평균	5.5	50,0	3.5	58.3	4.3	86.0	13.3	60.5	1.6
세 계	최고	11	100.0	6	100.0	5	100.0	22	100.0	8
	최저	0	0	1	16.7	1	0	7	31.8	0
	평균	7.2	70.9	4.6	82.9	4	87.1	15.7	77.5	2.2

출처: The Center for the Study of Global Governance(2005:264-269)에서 발췌 작성

수준에 이르러 있다는 점이다.

3. 남북한 관계 차원

남북한이 놓여 있는 동북아 지역은 미국의 아시아 정책이 기초하고 있는 미·일 동맹관계, 한·미 동맹 및 한-미-일 3각 협력체제, 미국의 중·러 견제 및 협력관계, 중·러 양국 간의 전략적 동반자 관계, 북-중-러 3국 간의 이완된 협력체제, 중국의 대북 정치·외교적 지원 및 남한과의 긴밀한 경제협력, 일본의 군사력 강화와 자위대 활동과 역할 확대, 러시아의 남북한에 대한 등거리 정책 지향, 남-북 관계의 변화 등이 교차하면서 매우 복잡

한 구조와 관계를 형성하고 있다(전인영, 2001:2).

이런 상황 속에서 미국은 최근 북한의 핵·미사일 개발을 중시하고 이의 중단을 촉구하고 있으며, 이를 위해 중국의 영향력 확대 견제와 북한의 안정적 관리를 중시하는 대외정책 기조를 표명해 왔다. 미국은 21세기에 미국의 전략적 우위에 도전할 수 있는 잠재력을 지닌 국가는 중국이라고 보고, 이를 견제하고자 하고 있으며 이를 위해 남한과의 전통적인 동맹관계를 중시하는 한편, 포괄적 협상을 통해 북한의 핵·미사일 문제를 해결하고자 한다.

반면에 일본은 국제사회에서 자신의 경제력에 상응하는 정치·외교적 역할의 수행을 희망하고 있으며, 한반도에 대해서는 남한과의 우호관계를 중시하는 한편, 북한과의 수교협상을 통해 이 지역에서의 영향력을 확대하고자 하는 의지를 지녔다.

중국은 한반도에 대한 등거리정책에 입각하여 남한과 정치·경제·외교 관계를 돈독히 하는 한편, 북한과도 관계증진을 추진하고 있다. 중국은 북한의 급격한 붕괴가 중국의 안보이익에 도움이 되지 않는다는 전제하에 북한체제의 안정과 점진적 개방을 지지한다. 중국은 한반도문제에 대한 미·일의 영향력 확대를 견제하는 일에 대외정책상의 우선순위를 두고 있다.

이에 반해 러시아는 한·소 수교이후 남한 위주였던 대한반도정책에서 벗어나 2000년 1월 조·러 우호협력조약 체결, 푸틴 러시아 대통령의 북한방문(2000. 7. 19) 등을 통해 북한과의 관계복원을 위해 노력하고 있다. 러시아는 한반도 평화·안보문제의 해결을 위해 러시아와 일본이 참여하는 6자회담이 최선이라는 입장을 견지한다.

이런 상황 속에서 한반도 냉전구조를 해체하고 평화를 정착시키기 위해서는 먼저 한·미·일을 한 축으로 하고 러·중·북을 다른 축으로 하는 신냉전적 대립구도가 발생하는 것을 미연에 방지하는 한편, 한반도 평화체제에 대한 국제적 보장 장치의 마련을 위해 적극적으로 노력해야 한다. 그런데 이를 촉구하고 평화체제 구축에 앞장서기 위해서는 남북한 차원에서의 긴장완화 및 신뢰구축 작업을 진행하는 일이 필수적이다.

이를 위해 남북한 간의 화해와 협력의 관계를 개척하고 확대해 나가는 일이 절체절명의 과제일 것은 물론이다. 이는 한반도에서의 무력충돌을 방지하는 데에 기여할 뿐만 아니라 통일 비용의 최소화를 선취하는 전략적 대안이 될 것이며 급격한 상황 변화를 초래하지 않는다는 점에서는 주변 강대국의 현상유지적 이해관계(임현진, 정일준, 2005:14)에도 충실하게 되는 효과를 동반한다.

그런데 북한은 관료체제의 경직성, 사회주의 경제체제의 비효율성, 개인주의의 억압 등 사회주의체제의 구조적 문제를 지니고 있어 쉽게 대화와 협력의 관계 개척에 나서기가 어렵게 되어 있다. 사회주의권의 붕괴로 원조제공자이자 시장이던 사회주의 경제망을 상실한 바 있으며, 1990년대 중반이후 계속된 자연재해로 인해 식량난이 가중되고 있다. 이런 환경은 북한의 체제적 특성을 보다 더 은둔적이며 폐쇄적인 방향으로 유인하는 한 원인이 되고 있다.

이러한 구조적 문제에도 불구하고 북한은 이념적 특수성과 정치·사회적 통제장치로 인해 겨우 자신의 체제를 유지하고 있는 형편이다. 북한의 주체사상은 사회주의권의 붕괴에도 불구하고 북한 체제의 존속을 가능하게 하는 이념적 기반이 되고 있으며, 엄격한 정치 사회적 통제장치는 북한체제를 유지시키는 가장 비중 큰 요소 가운데 하나다.

이러한 북한의 폐쇄성과 억압성은 다음의 <표 9>에 나타나 있는 세계 각국의 시민 발언권 정도와 언론의 독립성 정도를 비교 평가해 주는 지표에 의해서도 확인된다. 세계은행 연구소(World Bank Institute)가 각국 시민이 자신의 정부 선택과정에 참여하는 정도, 언론의 독립성 정도 등을 추적해서 정치과정의 다양한 측면 즉, 시민자유권이나 정치권리의 행사 정도 등을 측정한 바에 따르면 북한은 지구촌에서 가장 폐쇄적이고 비민주적인 국가 가운데 하나다.

1996년도 현재 지표 0.5로 세계 최저 시민발언권 보장 국가일 뿐만 아니라 그 5년 후인 2002년도에는 지표 0.0으로 오히려 상황이 더 악화되고

〈표 9〉 시민 발언권과 책무성 순위(voice and accountability ranking)

지역 \ 연도		1996년도	2002년도	변화 추세
남한		68.1	67.7	0
북한		0.5	0.0	-1
아태	최고: 뉴질랜드	96.3	97.0	1
	최저: 미얀마	1.6	1.5	0
남아	최고: 인도	60.7	60.6	0
	최저: 아프가니스탄	3.7	11.1	7
세계	최고: 덴마크	99.5	100.0	1
	최저: 이라크*	1.0	0.5	-1

* 북한을 제외하고 가장 낮은 나라
** 최고, 최저는 2002년도를 기준으로 선정하였음
출처: The Center for the Study of Global Governance(2005:259-263)에서 발췌 작성

있다(변화지표-1). 이런 현상은 아시아 태평양 지역이나 남아시아 지역에서 조차 그 유례를 찾아보기 어려울 정도이며, 범지구적으로는 전쟁에 시달리고 있는 이라크에 비견되는 정도이나 오히려 이보다도 상황이 더 나쁜 것으로 평가된다. 반면에 남한은 영국식 민주주의를 전수받았다고 평가되는 남아시아의 인도보다 상황이 호전되어 있으며, 아시아 태평양 지역의 경우 오스트레일리아, 뉴질랜드, 일본의 뒤를 잇고 있고, 비록 서유럽 여러 나라에는 비견할 수 없지만 불가리아, 루마니아 같은 동유럽 국가의 수준에 근접한다.

이런 현상은 프리덤 하우스가 개발한 민주주의 지표 그러니까 개인의 인권을 보장하려는 정부의 노력 정도와 그에 따른 시민의 정치적 권리 내지는 자유의 정도에 의해서도 확인된다. <표 10>에 따르면 북한은 정

〈표 10〉 정치적 권리와 시민자유(political rights and civil liberties)

지역 \ 지수		정치적 권리 지수	시민자유 지수	평균
남한		6	6	6
북한		1	1	1
아태	최고: 오스트레일리아	7	7	7
	최저: 미얀마	1	1	1
남아	최고: 인도	6	5	5.5
	최저: 아프가니스탄	2	2	2
세계	최고: 오스트리아 외 대부분의 유럽국가	7	7	7
	최저: 리비아, 쿠바 등	1	1	1

출처: The Center for the Study of Global Governance(2005:323-327)에서 발췌 작성

치적 권리 및 시민자유의 지표에 있어 전 세계 최하위이며 이는 리비아나 쿠바의 수준에 해당된다. 반면에 남한(지표 6점)은 서유럽 국가들(지표 7점)에 매우 근접하고 있으며 아시아 지역에서는 상당히 높은 수준에 해당된다.

한 사회의 법치주의 구현 정도를 간접적으로 나타내 주는 부패지수에 있어서도 북한은 세계 최하위급에 속해 있다. <표 11>에 따르면 부패통제지수 그러니까 사적 이익의 증대를 위해 공적 권한을 행사하는 정도의 측정 결과, 북한은 1998년도 현재 남아시아의 방글라데시보다 부패한 곳이며 특히 2002년도 기준으로 보면 세계에서 가장 부패한 곳 가운데 하나로 지목되어 있다. 더 나아가 최근에는 급격히 부패의 강도가 심화되는 추세에 있다.

반면에 남한은 1998년 현재 브라질, 수리남, 트리니다드토바고 등과 비

〈표 11〉 부패(corruption)

지역 / 부패 정도		부패인식지수		뇌물과 부패		정부 투명성 정도		부패통제지수		
		2000	2003	2000	2003	2000	2003	1998	2002	변화 추세
남한		4.0	4.3	2.6		3.7		69.9	66.5	-3
북한								33.9	5.7	-28
아태	최고: 뉴질랜드	9.4	9.5	8.8	8.2	6.6	6.7	97.8	99.0	1
	최저: 인도네시아	1.7	1.9	1.3	0.8	5.0	2.1	6.6	6.7	0
남아	최고: 스리랑카		3.4					57.4	54.6	-3
	최저: 방글라데시		1.3					43.7	7.7	-36
세계	최고: 핀란드	10.0	9.7	9.5	9.6	7.6	8.1	98.9	100.0	1
	최저: 방글라데시		3.4					43.7	7.7	-36

* 최고, 최저는 2003년도 부패인식지수를 기준으로 함
출처: The Center for the Study of Global Governance(2005:276-280)에서 발췌 작성

숫한 수준을 유지해 오다가 2002년도에는 피지, 브루나이, 남아프리카 등
과 비슷한 수준이 되었다. 서유럽 국가들과는 아직 비교할 수 없는 정도
이지만 적어도 북한과의 관계에서 보면 압도적으로 반부패 여건이 개선
되어 있음을 알 수 있다.

　그런데 남북한의 개방성 정도 내지는 국제사회에 대한 참여 정도 또는
국제 규범에 대한 수용성 정도를 알아보기 위해 주요 국제법에 대한 비
준 정도를 알아 본 결과는 <표 12>에 나타나 있는 바와 같다. 북한의 경
우 세계 평균의 절반 정도 수준을 유지하고 있으며 특히 인권관련법과
인도주의적 성격의 법안에 대한 비준 동의 정도는 매우 낮다. 반면에 남
한은 모든 분야에서 세계 평균 수준을 크게 상회하고 있다. 이는 서유럽

〈표 12〉 조약의 비준(ratification of treaties)

지역 \ 법안	인권관련법 (11)		인도주의 관련법(6)		환경관련법 (5)		총계 (22)		2000년 이후	
	법안수	%	법안수	%	법안수	%	법안수	%	법안수	평균
남한	9	81.8	5	83.3	5	100.0	19	86.4	2	2
북한	4	36.4	3	50.0	3	60.0	10	45.5	1	1
아태	118	46.4	104	73.3	98	86	320	62.3	37	1.1
남아	44	50.0	28	58.3	34	86	106	60.5	13	1.6
세계	1,357	70.9	865	82.9	758	87.1	2,980	77.5	376	2.2

출처: The Center for the Study of Global Governance(2005:264-269)에서 발췌 작성

국가들보다는 크게 뒤지는 것이지만 브라질, 니콰라과, 과테말라, 온두라스 등과는 비슷한 수준에 해당된다. 남북한 관계에서 보면 대체로 남한이 북한의 두 배 정도 보다 더 개방적이고 국제적이라고 하겠다.

그러나 이런 남북한 간에 설정되어 있는 정치적 환경의 차이와 북한 사회의 극단적인 폐쇄성 및 비민주성에도 불구하고 최근 남북한 간에는 비교적 활발한 대화와 교류가 진행되고 있다. 지난 15년간의 접촉을 통해 주민 접촉은 연간 2배 이상 증가하였고 북한을 방문하는 남한 주민의 수는 100배 이상 증가하고 있다. 2004년도에는 남북한 간의 주민 접촉이 전년도 대비 거의 50%나 급증하고 있으며 북한방문 남한 주민의 수가 폭발적으로 증가하고 있다. 다만 북한 주민의 남한 방문은 오히려 줄어드는 경향이 있어 교류에 따른 북한 쪽의 부담과 경계를 드러내 주고 있다.

현재 남북한 주민의 왕래 경로는 판문점을 통한 왕래와 제3국을 통한 왕래가 있는 바, 이제까지 판문점을 통한 왕래는 주로 당국간 회담을 위한 왕래 또는 당국의 주선에 의한 민간인들의 왕래이고 민간인들은 대부분 제3국을 통해 왕래해 왔다. 정주영 현대그룹 명예회장이 1998년 6월과

10월에 걸쳐 소떼 1,001마리를 이송한 것이 판문점을 통과한 최초의 민간인 왕래였다. 남북한 간의 인적교류는 당국간 합의에 의한 단체교류가 대부분이며 민간인의 개별적 교류는 기대에 미치지 못하고 있다. 그러나 1998년 현대그룹의 금강산 관광사업 성사로 남한주민의 북한방문이 대

〈표 13〉 남북한 인적 교류의 추이

교류 형태 / 연도	주민접촉		북한 방문 인원	남한 방문 인원
	성사	승인		
1991	1173	2047	237	175
1992	1015	2250	257	103
1993	707	2182	18	6
1994	691	2673	12	0
1995	1222	2703	536	0
1996	1003	2029	146	0
1997	1191	2850	1015	0
1998	1890	6623	3317	0
1999	1698	8890	5599	62
2000	2469	4859	7280	706
2001	1879	2283	8551	191
2002	1981	3367	12825	1052
2003	1964	3994	15280	1029
2004	5385	6736	26213	321

출처: 통일부<http://www.unikorea.go.kr>에서 발췌 작성

규모로 이루어지고 있으며, 이는 인적교류의 새로운 전기를 마련한 것으로 평가된다.

 이런 현상은 남북한 이산가족의 상봉에서도 나타나 있다. 이산가족의 생사확인이나 직접적인 상봉 모두가 그동안 주로 민간 수준에서 비공식 또는 공식적인 통로를 통해 추진되어 오던 것이 보다 정부 중심으로 이동하면서 생사확인이나 상봉의 규모가 확대되는 추세에 있다. 이런 현상은 <표 14>에 나타나 있는 바와 같다. 이산가족의 상봉 문제는 처음 민간 수준에서 추동되기 시작했지만 이를 정부가 받아 공식적인 통로를 통해 확대하는 과정에 있다.

 남북한 간의 접촉이 확대되는 현상은 탈북자의 남한 입국 추이에서도

〈표 14〉 이산가족 교류

교류 \ 기간		1990~1998.2	1998.3~2003.2	2003.3~2004.12
이산가족 생사확인	민간	1038	1747	537
	정부	0	1995	1318
이산가족 상봉	민간	163	873	430
	정부	0	1202	800

출처: 통일부<http://www.unikorea.go.kr>에서 발췌 작성

〈표 15〉 탈북자 입국 현황

연도	90	91	92	93	94	95	96	97	98	99	00	01	02	03	04
탈북자	9	8	8	8	52	41	56	85	71	148	312	583	1139	1281	1894

출처: 통일부<http://www.unikorea.go.kr>에서 발췌 작성

〈표 16〉 병력 규모(military personnel)

지역		병력(2001)
남한		683,000
북한		1,082,000
아태	최고: 중국	2,310,000
	최저: 피지	3,500
남아	최고: 인도	1,263,000
	최저: 네팔	46,000
세계	최고: 중국	2,310,000
	최저: 감비아	800

출처: The Center for the Study of Global Governance(2005:286-290)에서 발췌 작성

확인된다. <표 15>에서 보는 바와 같이 시간이 경과하면서 탈북자의 입국이 기하급수적으로 증가하고 있다. 이는 비록 남북한 간의 교류와 접촉을 제도화 한다는 측면에서는 역기능적인 요소를 동반하는 것이 사실이지만 여전히 남북한 간의 정보나 인적 연결망을 비록 비공식적인 차원에서나마 확대해 나가는 데에 기여하는 것임에는 틀림없다.

그러나 이런 접촉과 교류의 공간이 확대되는 것과는 달리, 여전히 군사적인 대치와 긴장의 관계는 또 다른 축을 형성한다. 이는 남북한이 보유하고 있는 병력의 규모가 전체 인구와의 구성비율면에서 볼 때 지구촌 최대이고 특히 북한의 경우는 가히 병영국가라고 할 수 있을 만큼 대규모적이라는 데에서 확인된다. 이는 <표 16>에 나타나 있는 바와 같다.

따라서 정치 환경면에서 본 남북한 관계 내지는 북한사회의 경직성, 폐쇄성, 비민주성 등을 감안해 보면 NGO의 활성화와 이를 통한 양자간의 교류를 촉진하기에는 매우 부정적인 환경이 조성되어 있음을 알 수

있다. 무엇보다도 남북한 간의 이질성과 민주성 정도의 격차가 문제의 심
각성을 더 하는 주요 요인이다. 다만 최근에 들어서면서 양자간의 교류와
접촉이 확대되고 있는 상태다.

제2절 경제 환경

1. 범지구 차원

경제 환경은 NGO의 국제교류를 촉진, 조장할 수 있는 경제적 여건이
갖추어져 있는지의 여부를 살펴 보자는 것이므로, 대외무역거래의 규모,
무역거래의 집중도, 인구의 대외 이동성 정도, 통신장비의 보급 정도, 나
아가서는 민주적 생활을 영위하는 데 필요한 최소한의 경제적 자원이 공
급되고 있는지의 여부를 확인해 보는 일이 긴요하다. 이런 맥락과 관점에
서 우선 1991년에서 2001년 사이에 있었던 세계 경제동향을 살펴보면,
<표 17>에서 보는 바와 같이 중동 및 북아프리카 지역을 제외하고는 대
부분의 국가에서 무역과 직접투자가 급속히 증가했다. 특히 유럽 및 중앙
아시아 지역의 무역거래 신장세는 매우 괄목할 만하다. 소위 경제활동의
범지구화 현상이 대두된 것이다. 그러나 대외 개발원조는 급속히 감소했
다. 특히 중동 및 북아프리카 지역, 아시아 태평양 지역, 남아시아 지역에
서의 개발원조 감소 추세는 매우 현격하게 나타나고 있다. 지구 전체가
범지구적인 경제활동의 급속한 신장세를 보이면서도 대외개발원조는 급
속히 감소하고 있어 경제 환경의 냉혹성과 치열성이 심화되고 있음을 목
격하게 된다.

이는 세계 무역거래동향에서도 잘 나타나 있다. 세계의 무역거래를 거
래 발생의 핵심지역과 주변지역으로 구분하는 경우 양자간의 격차가 매
우 분명하게 드러나고 있다. <표 18>에 나타나 있는 바와 같이 유럽연합,
미국, 일본, 아시아 태평양 지역 등이 무역 거래의 중심부를 형성하는 반

〈표 17〉 경제의 지구화 지표(global economy)

대외관계 \ 지역	대외무역			대외 개발 원조		
	국내총생산 대비(%)		변화추이	국민총소득 대비(%)		변화추이
	1991	2001		1991	2001	
아시아 태평양	52.7	77.2	46	1.0	0.5	-57
유럽 및 중앙아시아	44.9	78.8	75	0.8	1.0	31
중남미	25.7	35.9	40	0.4	0.3	24
중동 및 북아프리카	66.7	60.3	-10	2.6	0.7	-72
남아시아	21.3	31.2	45	2.2	1.0	-57
아프리카	50.3	62.2	24	6.2	4.6	-25
세계	38.1	57.0	49	0.3	0.2	-38

출처: The Center for the Study of Global Governance(2005:230)에서 발췌 작성

면, 남아시아 지역, 아프리카 지역, 중남미 지역 등은 주변부를 형성한다.

그러나 유럽 및 중앙아시아 지역의 거래 중심성이 급속히 신장하고 있는 데 반해 남아시아 지역과 일본의 거래 중심도는 급속히 퇴조하고 있다. 이는 세계의 무역 거래가 부유한 지역 중심으로 재편되고 있음을 보여주는 것이며, 중심부와 주변부의 격차가 심화되고 있음을 시사한다. 전반적으로 봤을 때 세계 무역거래에 있어 가장 큰 비중을 차지하는 곳은 미국과 유럽이며, 이는 100대 초국적 기업 가운데 대다수가 북미 지역과 서유럽에 위치한 사실에 의해서도 확인된다.

이런 현상은 인구의 지구적 이동에 있어서도 나타나 있다. 인구의 이동을 나타내는 지표로서 해외여행자들의 출입국 통계를 분석해 보면, <표 19>에서 보는 바와 같이 입출 인구의 절대값이나 인구 대비 입출 인

〈표 18〉 무역거래 집중도(changes in trade network centrality)

집중도 지역	네트워크 집중도		변화 추이 (%)
	2000년도	2001년도	
아시아 태평양	13.0	13.3	3
유럽 및 중앙아시아	9.5	10.5	11
중남미	9.5	9.7	2
중동 및 북아프리카	12.0	11.6	-3
남아시아	9.5	8.0	-16
아프리카	7.7	8.0	3
일본	13.0	12.3	-5
유럽연합	13.0	13.3	3
미국	13.0	13.3	3
세계	2.1	2.5	19

출처: The Center for the Study of Global Governance(2005:233)에서 발췌 작성

구의 비율면 모두에 있어 가장 높은 곳은 유럽 및 중앙아시아 지역이다. 반면에 남아시아 지역, 아프리카 지역, 중남미 지역 등은 이동 인구의 절대값이나 인구 대비 비율 면 모두에서 주변부에 해당된다. 다만 변화의 추세에 있어서는 아시아 태평양 지역이 매우 빠른 속도로 증가하고 있어 급속히 범지구적 네트워크의 중심축으로 편입되고 있음을 알 수 있다. 전체적으로 볼 때 인구의 세계적인 이동은 매우 낮은 수준에 머물러 있다.

범지구적 교류의 물적 토대라고 할 수 있는 미디어 및 커뮤니케이션 장비의 보급률 면에서 보면, <표 20>에 나타나 있는 바와 같이 TV 수상기의 경우 유럽 및 중앙아시아 지역에 절대 수가 보다 많이 보급되어 있으나, 보급률의 신장세에서는 남아시아 지역, 아프리카 지역, 아시아 태

〈표 19〉 국제관광 지표(international tourism)

인구이동 / 지역	유입관광객				변화 추세	유출관광객				변화 추세
	1991		2001			1991		2001		
아시아 태평양	28,717	0.02	67,815	0.04	136	24,324	0.01	61,131	0.03	157
유럽 및 중앙아시아	43,753	0.09	71,430	0.15	63	97,997	0.19	183,289	0.38	108
중남미	29,943	0.07	45,612	0.09	52	17,667	0.04	29,057	0.06	64
중동 및 북아프리카	14,952	0.06	26,209	0.08	75	16,002	0.06	21,501	0.07	34
남아시아	3,096	0.00	4,494	0.00	48	3,261	0.00	6,721	0.00	106
아프리카	9,134	0.02	18,388	0.03	126			495	0.16	
세계	452,465	0.08	674,985	0.11	49	400,769	0.07	691,330	0.11	73

* 기본 단위를 1,000명으로 계산한 것임
출처: The Center for the Study of Global Governance(2005:250)에서 발췌 작성

평양 지역이 앞서고 있다. 케이블 TV의 경우도 절대 보급 대수는 유럽 및 중앙아시아 지역이 가장 많으나 신장 비율 면에서는 남아시아 지역과 아시아 태평양 지역이 압도적인 성장 추세를 보여주고 있다. 전화도 절대 보급 대수는 유럽 및 중앙아시아 지역이 가장 앞서지만 신장세에 있어서는 아시아 태평양 지역이 단연 앞서 있다. 휴대폰의 절대 숫자도 유럽 및 중앙아시아 지역이 단연 압도적이며 다만 성장세에 있어서는 유럽 및 중앙아시아 지역이 아프리카 지역에 뒤지고 있다. 이는 아프리카 지역의 보급상태가 워낙 열악한 데에서 오는 결과다.

국제전화를 거는 비율도 유럽 및 중앙아시아 지역이 가장 앞서 있으며 다만 아시아 태평양 지역의 경우 매우 빠르게 통화율이 개선되고 있다. 개인 컴퓨터나 인터넷 라인의 보급률에 있어서도 유럽 및 중앙아시아 지

〈표 20〉 미디어 및 커뮤니케이션(media and communication)

구분	TV 수상기*			케이블 TV*			전화*			휴대폰*			발신국제전화 체증 정도			개인 컴퓨터*	인터넷라인*
	1991	2001	변화추세	1996	2001	변화추세	1992	2002	변화추세	1997	2002	변화추세	1992	2002	변화추세	2002	2002
아태	141	265	88	33	54	63	11.3	131.2	1,065	2.1	23.8	1,037	188.5	44.5	-76	26.3	43.7
유럽	290	407	40	59	46	-23	140.6	228.0	62	5.5	196.3	3,457	30.9	64.5	109	73.4	87.1
중남미	168	289	72	24	34	42	70.3	168.4	138	11.2	126.0	1,030	146.1	172.5	18	67.4	91.7
중동	125	200	61				44.3	107.3	139	1.8	51.3	2,760	147.8	212.9	44	38.2	36.6
남아	31	84	173	15	37	142	7.3	33.8	364	0.6	8.3	1,361	53.2	68.3	29	6.8	13.7
아프리카	27	69	156				10.1	15.0	49	0.3	15.9	6,268	216.5	208.2	-4	11.9	16.4
세계	191	275	45	53	65	24	105.7	175.9	66	7.1	109.7	1,442	153.6	155.3	1	100.8	130.7

* 인구 1,000명당 보급대수임
출처: The Center for the Study of Global Governance(2005:256)에서 발췌 작성

역과 중남미 지역이 가장 앞서 있다. 이는 통신과 정보의 교류에 있어서도 유럽 및 중앙아시아 지역이 중심축을 이루고 있으며 다만 아시아 태평양 지역의 신장세가 아주 가파르다는 점을 시사해 준다. 이렇게 남아시아 지역, 아프리카 지역, 중남미 지역이 주변부를 형성하는 현상은 여전

〈표 21〉 사회 정의(social justice)

지역 \ 지수	인간 개발지수 2001	개인 총소득 2001	유아 사망률 2001	기대 수명 2001	초등학교 입학률		
					1990~ 1991	2000~ 2001	변화추세
아태	0.722	4.233	3.2	69.5	96	93	-3.1
유럽	0.787	6,598	1.8	69.3	88	91	3.4
중남미	0.777	7,050	2.8	70.3	87	97	11.5
중동	0.662	5,038	4.9	66.0	73	77	5.5
남아	0.582	2.730	6.9	62.8	73	79	8.2
아프리카	0.468	1,831	10.7	46.3	58	59	5.4
세계	0.722	7.376	5.6	66.7	82	82	2.4

출처: The Center for the Study of Global Governance(2005:275)에서 발췌 작성

하다. 이는 구미디어 보다 뉴미디어에서 보다 더 심화되어 나타나 있다. 따라서 이런 격차와 차이는 앞으로 오히려 더 벌어질 개연성이 크다.

그런데 경제적 공간이란 결국 한 사회에서 인간이 차지하는 경제적 가치 내지는 비중 정도에 의해 영향 받는다고 할 수 있다. 이런 관점에서 개발되는 인간개발지수는 개인총소득, 유아사망률, 태어날 당시의 기대수명 등을 토대로 구축된다. 바로 이 인간개발지수에 따르면 〈표 21〉에서 보는 바와 같이 유럽 및 중앙아시아 지역과 중남미 지역이 선두를 달리고 아프리카 지역과 남아시아 지역이 최저 수준임을 알 수 있다. 나아가 미래사회에 있어서의 인간개발 비중을 간접 측정하기 위해 초등학교 입학률을 비교해 본 결과 아시아 태평양 지역이 선두를 달리고 있으며 그 뒤를 유럽 및 중앙아시아 지역이 잇고 있다. 교육열의 개선 비율 면에서는 중남미 지역이 앞서 있고 아프리카 지역은 최하위를 기록한다.

결국 범지구 차원의 경제 환경은 유럽 및 중앙아시아 지역을 중심으로 하는 중심부와 아프리카 지역, 남아시아 지역, 중남미 지역 등을 중심으로 하는 주변부로 크게 이원화 되어 있으며, 아시아 태평양 지역의 중심부 진입이 매우 빠른 속도로 진행되고 있음을 알 수 있다. 그리고 이런 중심부와 주변부 사이의 격차는 미래 사회로 갈수록 보다 더 확대될 것으로 관측된다. 특히 주변부의 경제적 토대가 매우 척박하다는 사실은 범지구 차원의 연대와 결속을 저해하는 주요 요인으로 작용하게 될 가능성이 크다.

2. 아시아 지역 차원

세계 각국의 경제수준을 상, 중, 하로 분류했을 때, 한국, 일본, 싱가포르 등 몇몇 동아시아 국가들을 제외하면 거의 모든 아시아 국가들은 중 또는 하에 해당된다. 그러나 <표 22>에서 보는 바와 같이 국내총생산 규모에 대비한 대외 무역 총량에 있어서는 유럽 중심의 고소득국가군을 앞

〈표 22〉 경제의 지구화 지표(global economy)

대외관계 지역	대외무역			대외 개발 원조		
	국내총생산 대비(%)		변화추이	국민총소득 대비(%)		변화추이
	1991	2001		1991	2001	
아시아 태평양	52.7	77.2	46	1.0	0.5	-57
남아시아	21.3	31.2	45	2.2	1.0	-57
고소득국가군	37.3	48.2	28	0.0	0.0	
세계	38.1	57.0	49	0.3	0.2	-38

출처: The Center for the Study of Global Governance(2005:230)에서 발췌 작성

서고 있으며 세계 평균에도 앞선다. 그러니까 적어도 경제적인 차원의 국
제교류에 대한 의지는 아시아 지역이 상대적으로 높은 수준에 있는 셈이
다. 그러나 개발원조의 규모나 국민총소득과의 비율 면에서 보면 유럽 중
심의 고소득국가군에 미치지 못하며 세계 평균 수준에도 미치지 못한다.
아시아 태평양 지역과 남아시아 지역을 비교해 보면 아시아 태평양 지역
이 대외무역의 규모나 성장률에 있어 앞서 있다. 그러나 대외개발 원조에
있어서는 남아시아 지역에 비해 상대적으로 약간 뒤져 있다. 그러니까 아
시아 태평양 지역이 남아시아에 비해 보다 냉혹한 경제 경쟁의 원리가
작용하는 곳이라고 하겠다.

그런데 이를 세계무역체제에서 차지하는 비중도를 중심으로 점검해
보면 <표 23>에 나타나 있는 바와 같이 일본을 위시한 아시아 태평양 지
역이 핵심적인 역할을 수행하고 있는 데 반해, 남아시아의 경우는 주변부
적인 위치에 머물러 있다. 또한 2000년과 2001년 사이에 무역네트워크
내에서 차지하는 중심성의 정도가 감소한 국가들은 거의 대부분 아시아

〈표 23〉 무역거래 집중도(changes in trade network centrality)

집중도 지역	네트워크 집중도		변화 추이 (%)
	2000년도	2001년도	
아시아 태평양	13.0	13.3	3
남아시아	9.5	8.0	-16
일본	13.0	12.3	-5
유럽연합	13.0	13.3	3
미국	13.0	13.3	3
세계	2.1	2.5	19

출처: The Center for the Study of Global Governance(2005:233)에서 발췌 작성

〈표 24〉 국제관광 지표(international tourism)

지역＼인구이동	유입관광객				변화추세	유출관광객				변화추세
	1991		2001			1991		2001		
아시아 태평양	28,717	0.02	67,815	0.04	136	24,324	0.01	61,131	0.03	157
남아시아	3,096	0.00	4,494	0.00	48	3,261	0.00	6,721	0.00	106
세계	452,465	0.08	674,985	0.11	49	400,769	0.07	691,330	0.11	73

* 기본 단위를 1,000명으로 계산한 것임
출처: The Center for the Study of Global Governance(2005:250)에서 발췌 작성

지역 국가들이다. 그 가운데에서도 남아시아(-16)가 가장 큰 폭으로 감소
했고, 그 다음이 일본(-5)이다.

수출입 동향을 보면, 아시아 태평양 지역의 경우 유럽, 미국, 일본 등
선진국에 대한 수출이 가장 큰 비중을 차지하고, 수입보다는 수출이 더
큰 비중을 지녔다. 무엇보다도 남아시아 지역의 전 세계 무역에서 차지하
는 비중이 매우 낮다는 사실은 크게 주목된다. 아시아 지역은 전체적으로
볼 때 경제적 국제관계 망에서 중심축을 형성하지 못하고 있으며 그나마
퇴조하는 경향을 보여준다. 다만 아시아 태평양 지역 내의 일부 고소득국
가들은 중심부에 보다 가까이 다가가고 있음을 알 수 있다.

국제경제교류의 또 다른 지표라고 할 수 있는 해외관광객의 입출 현황
을 점검해 보면, 아시아 지역은 <표 24>에서 보는 바와 같이 세계 전체와
비교해 볼 때 매우 격리되어 있다. 이 지역의 인구 입출 횟수가 세계 평
균에 턱없이 부족하기 때문이다. 다만 지난 10년간의 변화 추세에 있어서
는 이 지역의 인구 입출입이 급속히 증가하고 있음을 알 수 있다. 특히
아시아 태평양 지역과 남아시아 지역을 비교해 보면 아시아 태평양 지역
은 남아시아 지역에 비해 월등히 입출 현황이 빈번하고 또 성장 추세에
있어서도 압도적이다.

〈표 25〉 미디어 및 커뮤니케이션(media and communication)

구분	TV 수상기*			케이블 TV*			전화*			휴대폰*			발신국제전화 체증정도			개인컴퓨터*	인터넷라인*
	1991	2001	변화추세	1996	2001	변화추세	1992	2002	변화추세	1997	2002	변화추세	1992	2002	변화추세	2002	2002
아태	141	265	88	33	54	63	11.3	131.2	1,065	2.1	23.8	1,037	188.5	44.5	-76	26.3	43.7
남아	31	84	173	15	37	142	7.3	33.8	364	0.6	8.3	1,361	53.2	68.3	29	6.8	13.7
세계	191	275	45	53	65	24	105.7	175.9	66	7.1	109.7	1,442	153.6	155.3	1	100.8	130.7

* 인구 1,000명당 보급대수임
출처: The Center for the Study of Global Governance(2005:251-256)에서 발췌 작성

오늘날 국내외 교류와 소통은 의사소통의 매개수단에 따라 결정적인 영향을 받게 된다. 이에 따라 아시아 지역의 미디어 및 의사소통 장치 분포 현황을 알아 본 결과는 다음의 <표 25>와 같다. 즉, 아시아 태평양 지역의 경우 TV 수상기, 케이블 TV, 전화 등과 같은 구미디어에 있어 세계 평균값에 가깝다.

그러나 휴대폰, 해외로 거는 국제전화, 개인 컴퓨터, 인터넷 라인 등과 같은 뉴미디어에 있어서는 아직 세계 수준에 미치지 못한다. 그러나 남아시아의 경우에는 구미디어나 뉴미디어 가릴 것 없이 세계 평균 수준에 크게 미치지 못하는 실정이다. 다만 성장의 추이에 있어서는 아시아 지역 전체가 지구 수준을 크게 앞서 나가고 있다. 따라서 매우 빠르게 대외 교류와 소통을 확대해 나가고 있으나 소수의 고소득국가들을 제외하고는 아직 주요 지구 네트워크로부터 크게 소외되어 있음을 알 수 있다.

〈표 26〉 사회 정의(social justice)

지수\지역	인간 개발지수	개인 총소득	유아 사망률	기대 수명	초등학교 입학률		
	2001	2001	2001	2001	1990~ 1991	2000~ 2001	변화추세
아시아 태평양	0.722	4.233	3.2	69.5	96	93	-3.1
남아시아	0.582	2.730	6.9	62.8	73	79	8.2
세계	0.722	7.376	5.6	66.7	82	82	2.4

출처: The Center for the Study of Global Governance(2005:275)에서 발췌 작성

개인총소득과 유아사망률 그리고 기대수명과 같은 인간의 사회경제적 기초 자료를 토대로 구축되는 인간개발지수에 따르면, 아시아 지역은 <표 26>에서 보는 바와 같이 대체로 세계수준에 미치지 못한다. 다만 아시아 태평양 지역의 교육열은 세계 수준을 크게 앞서 있다. 따라서 아시아 태평양 지역의 미래 상황은 오히려 지금보다 개선될 소지가 높다. 그러나 남아시아의 경우에는 매우 열악한 상태에 있다. 민주주의의 기초가 되는 인간의 자유나 권리 따위가 기본적으로 충족되기 위해서는 최소한의 경제사회적 조건이 충족되어야 한다. 바로 이 점에서 볼 때 남아시아 지역의 경우에는 보다 많은 개선을 필요로 한다.

아시아 지역 전체의 경제 환경은 지역 시민사회 형성에 필요한 최소한의 여건을 조성하는 데 있어 크게 문제될 수준은 아니라고 보아진다. 특히 일본, 한국, 싱가포르 등과 같은 고소득국가들에 있어서는 하등 문제될 것이 없다. 그러나 남아시아의 경우에는 매우 열악한 환경에 처해 있으며 그렇기 때문에 아시아 태평양 지역과 남아시아 지역 사이의 격차가 크고, 따라서 이들 양극화되어 있는 경제 환경을 관통해서 사회문화적 동형화를 이루고, 그 결과 아시아 지역이라는 단일 시민사회 형성이 가능할 것인지에 대해서는 보다 면밀한 검토를 필요로 한다.

3. 남북한 관계 차원

남북한 간의 주요 경제지표를 보면 <표 27>에 나타나 있는 바와 같이 남한이 북한보다 인구수에서 2배일 뿐만 아니라 대외무역 총액이 156배 (2003년 기준), 국민총소득이 33배, 자동차 보유대수가 60배, 에너지 소비량이 13배, 쌀 생산량이 2.6배에 이른다. 그리고 이런 격차는 그 전해에 비해 보다 더 늘어나는 추세에 있다. 다만 석탄, 철광석, 옥수수 등의 생산에 있어서는 북한이 남한보다 앞서 있어 기초 천연자원이 남한보다 유리함에도 불구하고 전체 경제력에 있어서는 매우 현격한 격차로 뒤지고 있음을 알 수 있다. 이는 경제 체제 능력상의 격차가 그만큼 크다는 점을 시사하는 것이라고 하겠다.

그런데 보다 더 심각한 과제는 북한 경제의 절대값이 세계 최빈국 수준에 해당된다는 점이다. 국민총소득이 184 달러이고, 1인당 국민총생산이 818 달라 수준에 머물러 있다. 경제의 대외 개방성 정도를 나타내는 무역총액에 있어서도 23.9억 달러에 이를 뿐이다. 그나마 경제성장률이 1.8%에 그치고 있어 당분간 큰 변화를 기대하기도 어려운 실정이다. 근 10년 이상 외국의 무상 지원에도 불구하고 연간 식량이 200만 톤 내지 100만 톤 씩 부족하고 그 결과 굶주림을 피해 탈북하는 사람들이 속출하고 있다.

북한 경제의 문제점은 여러 요인에 기인하는 것이지만 가장 크게는 경제의 폐쇄성에서 비롯된다. 이는 경제의 개방성 정도를 나타낸다고 할 수 있는 대외무역 총액에 있어 남한이 연간 3,146억 달러(2002년)에서 3,276.4억 달러(2003년)로 증가하는 데 반해 북한은 22.6억 달러(2002년)에서 겨우 23.9억 달러(2003년)로 순증하고 있을 뿐이라는 사실에 의해 확인된다. 수출 총액에 있어서도 2003년 현재 남한이 1,938억 2천만 달러 인데 반해 북한은 겨우 7억 8천만 달러에 머물러 있다.

이는 기본적으로 북한 사회가 대외교류활동을 추진할 수 있는 공간적 조건이 갖추어져 있지 않다는 사실을 시사해 주는 것이다. 이런 북한의

<표 27> 주요 경제지표의 남북한 비교(2004.12)

주요지표	단위	2002년			2003년		
		남한	북한	남/북(배)	남한	북한	남/북(배)
인구	천명	47,640	22,369	2.13	47,925	22,522	2.13
농가인구	천명	3,591	8,232	0.44	3,530	8,288	0.43
식량작물재배면적	천ha	1,300	1,569	0.83	1,236	1,595	0.77
쌀생산량	천톤	4,927	1,734	2.8	4,451	1,720	2.6
옥수수 생산량	〃	73	1,636	0.05	70	1,710	0.04
수산물 어획량	〃	2,476	805	3.1	2,487	835	3.0
철광석 생산량	천톤	157	4,078	0.04	174	4,433	0.04
석탄 생산량	〃	3,318	21,900	0.15	3,298	22,300	0.15
시멘트 생산량	〃	55,514	5,320	10.4	59,194	5,543	10.7
화학비료 생산량	〃	1,262	503	2.5	1,271	416	3.1
자동차 생산량	천대	3,147.6	4.8	655.8	3,177.9	4.8	662.1
조강 생산량	천톤	45,390	1,038	43.7	46,310	1,093	42.4
무역총액	억 달러	3,146.0	22.6	139.2	3,726.4	23.9	155.9
수출액	〃	1,624.7	7.4	221.0	1,938.2	7.8	248.5
수입액	〃	1,521.3	15.3	99.8	1,788.3	16.1	111.1
국민총소득(GNI)	〃	5,475	170	32.1	6,061	184	32.9
1인당 국민총소득	달러	11,493	762	15.1	12,646	818	15.5
경제 성장률	%	7.0	1.2	-	3.1	1.8	-
자동차 보유대수	천대	13,949.4	247.9	56.3	14,586.8	242.2	60.2
에너지 총소비량	천TOE	208,636	15,638	13.3	215,067	16,079	13.4
발전량	억kWh	3,065	190	16.1	3,224	196	16.4
원유 도입량	천배럴	790,992	4,376	180.8	804,809	4,207	191.3

출처: 통계청 홈페이지(www.nso.go.kr)에서 발췌 작성

〈표 28〉 항공여행 및 국제관광 지표(air travel and international tourism)

구분	항공여행자					해외관광객										
						유입관광객(inbound)					유출관광객(outbound)					
	1991년		2001년		변화추세	1991년		2001년		변화추세	1991년		2001년		변화추세
	총계	%	총계	%		총계	%	총계	%		총계	%	총계	%	
남한	16,908*	0.39	33,710*	0.71	99	3,196*	0.07	5,147*	0.11	61	1,856*	0.04	6,084*	0.13	228
북한	223	0.01	79	0.00	-65	116	0.01								
아태						28,711	0.02	67,815	0.04	136	24,324	0.01	61,131	0.03	151
남아						3,096	0.00	4,494	0.00	45	3,261	0.00	6,721	0.00	106
세계						452,465	0.08	674,885	0.11	49	400,769	0.07	691,330	0.11	73

* 기본 단위를 1,000명으로 계산한 것임
출처: The Center for the Study of Global Governance(2005:245-250)에서 발췌 작성

공간적 폐쇄성은 〈표 28〉의 항공여행자나 해외관광객 유출입 현황에 의해서도 극명하게 드러나 있다. 남한이 연간 1,690.8만 명의 비행기 여행자(1991년)에서 10년 만에 3,371만 명으로 늘어나(2001년) 99%의 신장세를 보이고 있는 데 반해 북한은 22만 3천 명에서 7만 9천 명으로 오히려 65% 줄어드는 변화를 보이고 있다. 북한을 방문하는 해외관광객도 남아시아의 평균 수준 정도이며 세계 평균과 비교해 보면 크게 미치지 못하는 것임을 알 수 있다.

　대내외 교류 및 네트워크 구축의 또 다른 물적 토대라고 할 수 있는 TV 수상기, 케이블 TV, 전화, 휴대폰, 해외로 거는 국제전화의 체증정도,

<표 29> 미디어 및 커뮤니케이션(media and communication)

구분	TV 수상기*			케이블 TV*			전화*			휴대폰*			발신국제전화 체증 정도			개인컴퓨터*	인터넷라인*
	1991	2001	변화추세	1996	2001	변화추세	1992	2002	변화추세	1997	2002	변화추세	1992	2002	변화추세	2002	2002
남한	208.6	363.3	74	148.2	132.0	-11	355.6	488.6	37	152.5	679.5	346	3.2	46.4	1,363	555.8	551.9
북한	16.5	55.9	239				23.3	21.1	-3	0.0	0.0		326.0	393.9	21		
아태	141	265	88	33	54	63	11.3	131.2	1,065	2.1	23.8	1,037	188.5	44.5	-76	26.3	43.7
남아	31	84	173	15	37	142	7.3	33.8	364	0.6	8.3	1,361	53.2	68.3	29	6.8	13.7
세계	191	275	45	53	65	24	105.7	175.9	66	7.1	109.7	1,442	153.6	155.3	1	100.8	130.7

* 인구 1,000명당 보급대수임

출처: The Center for the Study of Global Governance(2005:251-256)에서 발췌 작성

개인 컴퓨터, 인터넷 라인 등의 보급 현황을 보더라도 북한의 폐쇄성은 여지없이 드러난다. <표 29>에 따르면 남한이 2001년 현재 인구 1,000명 당 363대의 TV 수상기를 보급하고 있는 데 반해 북한은 겨우 16대를 보급하고 있을 뿐이다. 전화에 있어서도 2002년 현재 남한은 인구 1,000명 당 488대를 보급하는 데 반해 북한은 21대를 보급하고 있다. 휴대폰의 경우는 더욱 격차가 심해서 남한이 2002년 현재 679대 보급하는 데 비해 북한은 거의 없는 실정이다. 해외로 거는 국제전화의 1분당 체증 정도도 남한은 46인데 반해 북한은 393에 이른다. 남북한의 격차가 매우 심한 것

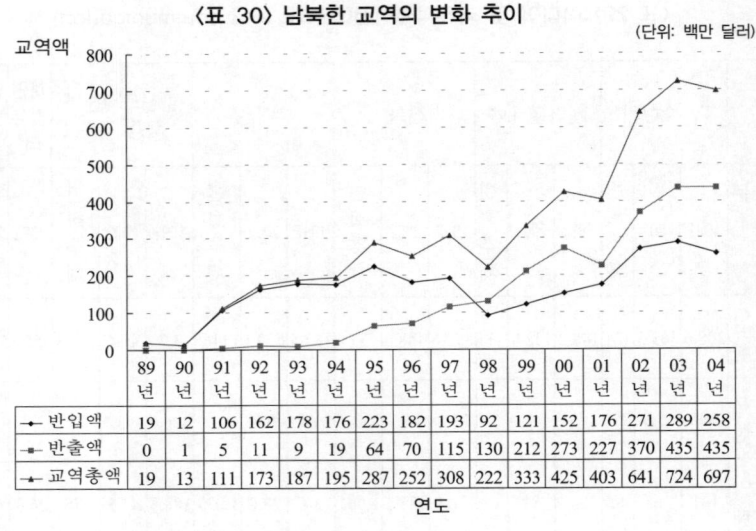

〈표 30〉 남북한 교역의 변화 추이

(단위: 백만 달러)

	89년	90년	91년	92년	93년	94년	95년	96년	97년	98년	99년	00년	01년	02년	03년	04년
→ 반입액	19	12	106	162	178	176	223	182	193	92	121	152	176	271	289	258
■ 반출액	0	1	5	11	9	19	64	70	115	130	212	273	227	370	435	435
▲ 교역총액	19	13	111	173	187	195	287	252	308	222	333	425	403	641	724	697

연도

출처: 통계청 홈페이지(www.nso.go.kr)에서 발췌 작성

은 물론이고 아시아 지역이나 세계의 보급률과 비교해 보아도 매우 저조한 실정에 있다.

그러나 1988년 10월부터 시작된 남북한 간의 교역은 정부의 노력과 민간업계의 적극적인 참여 및 북한의 경제난 타개를 위한 실리적 목적 때문에 비교적 활발하게 진행되고 있다. 1988년 교역이 시작된 이래 1990년까지 3년간은 실적이 저조했으나 남북교류·협력 관계 법령이 제정·시행된 1991년에는 전년에 비해 8배 이상 급신장했다. 2000년에는 4억 2,515만 달러의 기록을 세웠으며 2001년에는 인천-남포항의 운항차질과 남북관계 소강상태, 국내경기 침체 등의 상황 속에서도 4억 296만 달러 수준을 유지했고 급기야 2003년에는 7억 2천만 달러 수준을 돌파했다. <표 30>에서 보는 바와 같이 급격한 교역 신장세가 자리잡고 있다.

교역의 질적 변화도 있어 개성공단을 통한 협업 체제가 순조롭게 진행되고 있고 2004년 6월의 제9차 경추위 합의에 따라 철도연결을 위한 관련 공사가 진행 중에 있다. 도로는 경의선·동해선 모두 연결구간 공사가

완료되어 인원·차량·물자의 원활한 왕래가 이루어지고 있다. 금강산관
광 사업도 2003년 9월부터 육로관광이 정례화 되면서 활성화 추세에 있
다. 1998년 11월 관광개시 이후 총 관광인원 91만 3,991명(2005년 3월 말
기준)이 금강산을 다녀갔다.

　남북한 경제는 서로의 격차가 매우 심할 뿐만 아니라 북한 경제의 열
악함이 극한 수준에 있어 상호간의 교류를 위한 경제 환경이 극히 나쁜
상태에 있다. 다만 매우 급격하게 신장하고 있는 남북한 간의 교역과 물
자지원 등이 양자간의 교류와 네트워크 구축 가능성을 열어두고 있는 상
태다.

제3절 기관 환경

1. 범지구 차원

　정치적 역동성이나 경제적 공간성이 보장된다고 하더라도 결국은 제3
섹터가 어떤 구조를 이루느냐에 따라 교류의 실체가 구체화 될 것은 당
연한 이치다. NGO에 의한 국제교류는 기본적으로 제3섹터를 중심으로
전개될 것이기 때문이다. 이에 따라 우선 범지구 차원의 NGO 분포를 점
검해 본 결과 <표 31>에서 보는 바와 같이 대부분의 NGO가 고소득국가
군에 편중되어 있음을 알 수 있다. 이는 전 세계의 인구 1백만 명당 국제
교류에 가담하는 NGO의 숫자가 1만 2,547개소인데 비해 고소득국가군
가운데 그런 NGO의 숫자는 1만 414개소로서 무려 83%에 해당된다는 사
실에 의해 확인된다. 다만, 중저소득국가군 가운데에서는 중남미 지역 및
아프리카 지역의 NGO 밀도가 높다.

　인구 1인당 NGO 밀도의 성장 속도 면에서 보더라도 여전히 유럽 및
중앙아시아 지역이 선두를 달린다. 반면에 중동 및 북아프리카 지역은 오
히려 NGO의 숫자가 감소하고 있어 앞으로의 사회에 있어서도 유럽 중

〈표 31〉 NGO 수(number of NGOs)

사무국 수 \ 지역	사무국 수	조직밀도*	사무국 수	조직밀도*	사무국 증가비율(%)	밀도 증감 비율(%)
	1993		2003		1993~2003	1993~2003
아시아 태평양	283	0.2	440	0.2	55	39
유럽 및 중앙아시아	226	0.5	435	0.9	92	90
중남미	692	1.5	874	1.6	26	8
중동 및 북아프리카	217	0.8	237	0.8	9	-11
남아시아	190	0.2	288	0.2	52	26
아프리카	525	1.0	739	1.1	41	10
고소득 국가군	10,414	11.5	14,939	15.4	43	34
세계	12,547	2.3	17,952	2.9	43	25

* 조직밀도는 인구 백만 명당 국제 교류하는 N GO 사무국의 숫자를 지칭함
출처: The Center for the Study of Global Governance(2005:302)에서 발췌 작성

심의 고소득국가가 NGO 활동의 중심부를 형성할 것임을 강력히 시사해 준다.

이를 INGO를 중심으로 살펴보아도 상황은 대체로 비슷하다. <표 32>에 따르면 1993년 현재 인구 1백만 명당 INGO의 숫자가 고소득국가군의 경우 9만 2,900개소로서 지구 전체에 포진되어 있는 18만 8,381개소의 49.3%를 차지한다. 이런 현상은 10년 후인 2003년에도 큰 차이가 없다. 전세계의 INGO 28만 2,851개소 가운데 고소득국가군이 13만 4,285개소를 차지해 전체의 47.5%를 구성한다. 중저소득국가들 가운데에서는 유럽

〈표 32〉 국제 NGO 수(participation in INGOs)

사무국 수 / 지역	사무국 수	조직밀도*	사무국 수	조직밀도*	사무국 증감비율(%)	밀도 증감비율(%)
	1993		2003		1993~2003	1993~2003
아시아 태평양	10,869	6.6	16,806	9.1	55	38
유럽 및 중앙아시아	15,992	34.0	41,111	86.3	157	154
중남미	27,502	60.4	36,151	67.3	31	12
중동 및 북아프리카	9,497	37.1	12,464	39.5	21	7
남아시아	6,306	5.4	8,708	6.3	38	15
아프리카	25,306	47.1	33,321	48.5	32	3
고소득 국가군	92,900	102.7	134,285	138.5	45	35
세계	188,381	34.6	282,851	45.4	50	31

* 조직밀도는 인구 백만 명당 국제교류를 목적으로 설립된 NGO 사무국의 숫자를 지칭함
출처: The Center for the Study of Global Governance(2005:309)에서 발췌 작성

및 중앙아시아 지역과 중남미 지역의 밀도가 가장 높다. 신장비율 면에서도 유럽 및 중앙아시아 지역이 압도적으로 앞서있고 그 뒤를 아시아 태평양지역이 잇고 있다.

이런 INGO의 분야별 분포상황을 알아보면, <표 33>에 나타나 있는 바와 같이 경제개발문제를 다루는 경우가 압도적으로 우세하고 연구조사 사업에 치중하는 단체가 그 뒤를 잇고 있다. 이 두 분야가 전체 INGO의 46.7%를 구성한다. 그러나 이를 성장비율 면에서 보면 국방 문제나 정책

〈표 33〉 INGO의 분야별 분포와 변화추세

연도 분야	2002년도	2003년도	변화추세(%) 2002/2003
문화 및 여가	3,531	3,668	3.8
교육	3,077	3,212	4.4
조사연구	12,161	12,387	1.9
보건	2,869	2,925	2.0
사회개발	6,303	6,434	2.1
환경	1,740	1,781	2.4
경제개발	14,880	15,221	2.3
법, 정책 주창	6,713	7,090	5.6
종교	2,945	3,082	4.7
국방	394	425	7.9
정치	2,983	2,780	-6.8
세계	57,596	59,003	2.4

출처: The Center for the Study of Global Governance(2005:320)에서 발췌 작성

주창 기능을 담당하는 INGO가 보다 가파른 신장세를 보이고 있고, 경제
개발이나 조사연구, 사회개발, 보건, 환경 문제를 다루는 곳은 느린 성장
세를 보이고 있으며, 정치문제를 다루는 곳은 오히려 급격한 감소 추세에
있다. 전체적으로는 INGO가 전 분야에서 신장추세에 있다.

또한 NGO에 의한 국제교류의 또 다른 축이라고 할 수 있는 TNGO의
활동 가운데 새롭게 주목되는 현상은 범지구적 회합이 증가추세에 있다
는 점이다. TNGO에 의한 관련 회합이 2003년에 24건 그리고 2004년에는
상반기에만 19건 개최된 바 있다. 이들 TNGO에 의한 범지구적 회합은

크게 두 가지로 분류할 수 있는데 그 하나는 시민사회 네트워크에 의해 독립적으로 조직되는 모임이고, 다른 하나는 국제기구나 정부 간 공식회의와 동시에 개최되는 병행회의(Parallel Summits)이다.

1980년대 지구적 이슈에 대한 정부 간의 의사결정양식이 폐쇄적이라는 사실에 반발하여 시작된 병행회의는 참여의 규모면에서 그리고 공식적인 정책에 대항하고 대안을 제시하는 능력 면에서 급진적인 성장을 거듭해 왔다. 병행회의는 1988년 이래로 UN 회의, IMF나 세계은행(World Bank) 회의, G7/G8 회담, 기타 지역수준의 정상회담 등과 병행하여 지속적으로 개최되어 왔다. 특히 2000년을 기점으로 폭발적인 증가추세를 보여 왔다. 이는 <그림 1>에 나타나 있는 바와 같다.

반면에 독자적인 지구시민사회의 회합은 수적으로 매우 한정되어 있

<그림 1> 병행회의 개회 수

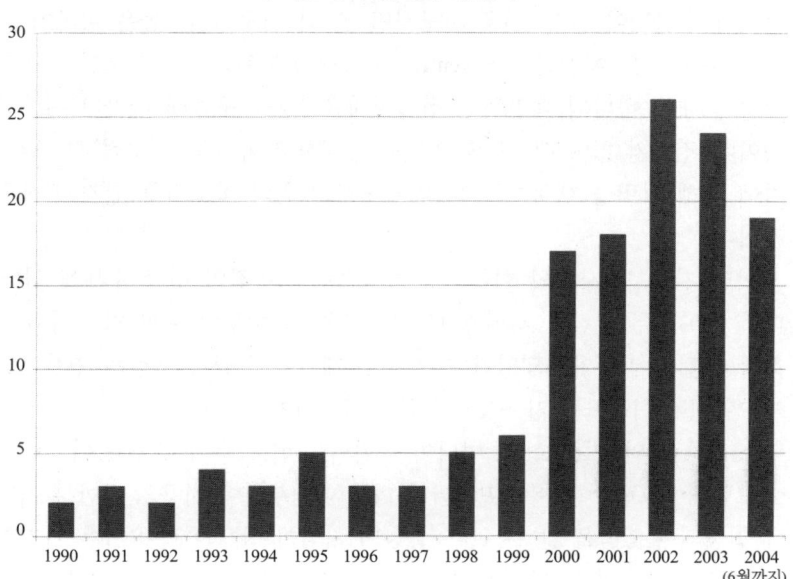

출처: Pianta et al(2005:8)에서 발췌 작성

다. 그렇지만 2001년 제1회 세계사회포럼(World Social Forum)을 기점으로 크게 증가하기 시작하여 2003년에는 독자적인 회합의 수가 전체 행사의 40%를 차지하게 되었다. 2004년 5월 20일에는 새로운 형태의 지구시민사회 회합이 개최되었는데, 이는 이라크 전쟁에 반대하여 전 세계 수백 개의 도시에서 수백만 명이 시위와 반전 행사에 참여하는 지구 행동의 날(Global Day of Action) 행사를 진행한 것이다.

이에 앞서 2003년 2월 15일에는 전쟁 준비에 반대하는 선도적 행사가 개최되었는데, 뉴욕타임즈는 이를 "제2의 슈퍼파워로서 지구 여론과 시민 사회가 탄생한 날"이라고 칭한 바 있다. 이 두 회합은 매우 새로운 양식의 것으로서 대단히 성공적이었으며, 다양한 문화·정치적 지향성·계급·인종적 배경을 가진 모든 대륙의 사람들과 시민사회집단을 한데 모으는 계기가 되었다.

이러한 지구 행동의 성공은 세계 대다수인의 여론을 대변할 수 있는 능력과 연관되어 있다. 이제 지구시민사회와 지구시민운동은 미국에 의해 주도되어 온 예방전쟁(preventive war)과 신자유주의에 기초한 지구화 현상에 대해 하나의 대안적인 정치경제관계망을 구축해 나가기 시작한 것이다. 전례가 없이 대규모의 인원을 동원하고 국가적·지구적 의사결정자에 대해 압력을 행사하는 등 범지구적 차원의 목소리를 내기 시작한 것이다.

이런 지구시민사회의 회합은 전반적으로 지속적인 성장 추세에 있다. 다만 2003년부터 감소 추세를 보이는 것은 이 해부터 여러 일국 수준의 회합이 집계에서 제외되었기 때문이다. 제1회 세계사회포럼의 영향으로 2002년에는 이러한 전지구적인 회합이 급격하게 퍼져나갔으며, 국제 컨퍼런스, 가두시위, 민중 회의, 미디어 중심의 이벤트 등이 주류를 이루었다.

그런데 <그림 2>에서 보면, 이런 회합의 대부분이 지구의 남반부 지역에 집중되어 있음을 알 수 있다. 중남미 지역이 전체의 3분의 1을 차지하고, 유럽이 4분의 1, 아시아 태평양 지역이 5분의 1, 북미 지역이 12%, 아프리카가 7%를 차지한다. 중남미 지역과 아시아 지역이 큰 비중을 차

〈그림 2〉 지구시민사회 회합의 개최지 분포

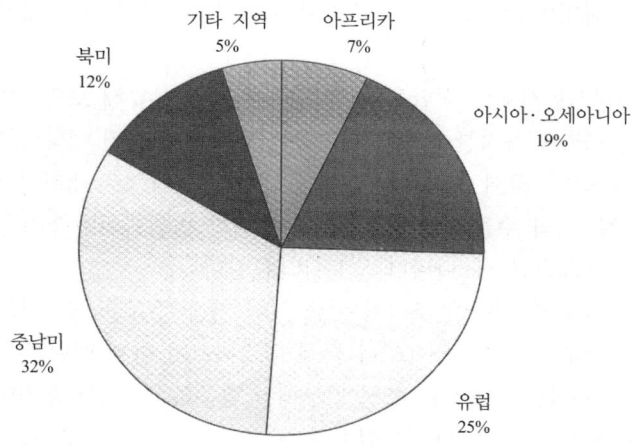

출처: Pianta et al(2005:9)에서 발췌 작성

〈그림 3〉 지구시민사회 회합의 유형

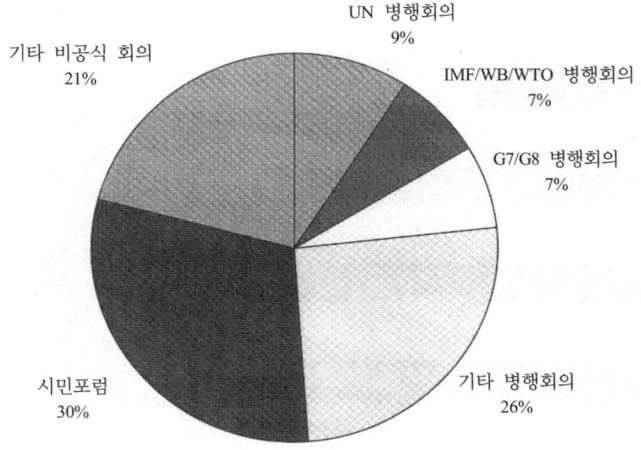

출처: Pianta et al(2005:10)에서 발췌 작성

지하는 것은 2003년 브라질의 포르토 알레그레(Porto Alegre) 그리고 2004
년 인도의 뭄바이(Mumbai)에서 개최된 세계사회포럼에 따른 영향의 결
과이다.

또한 지구시민사회의 회합을 그의 유형에 따라 분류해 보면 시민포럼
이 전체의 30%를 차지한다. 공식회의와는 별개로 조직된 여타 회의들이
21%를 차지하며, 국제 공식회의에 대한 대응적 양식으로 개최되는 병행
회의가 23%, 지역 수준의 개별정상회의에 대한 병행회의가 26%를 차지
한다. 이는 <그림 3>에 나타나 있는 바와 같다.

지구시민사회의 회합이 조직되는 데 있어 가장 주요한 행위자는 국내
NGO이며, 대부분의 경우 INGO나 국제 네트워크가 함께 협력한다. 지구
시민사회의 회합을 조직하는 조정 기구에서 활동하는 시민사회집단의 네
트워크는 매우 다양한 형태를 취한다. 세계사회포럼의 경우에는 400개

〈그림 4〉 지구시민사회 회합의 참가단체 수

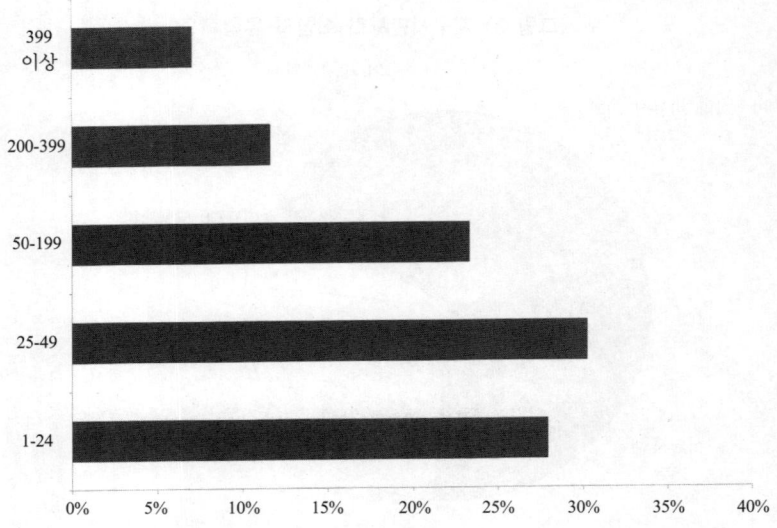

출처: Pianta et al(2005:12)에서 발췌 작성

이상의 단체가 관련되었다. 그러나 일반적으로 함께 일하는 단체의 수는 좀 더 관리하기 쉬운 수준으로 조정하려는 경향이 있다. 이에 따라 전체의 4분의 1 정도에서 24개 이하의 단체가 참여하는 것으로 나타났으며, 전체의 30% 정도가 25개 내지 49개 단체의 참여를 통해 유지되었고, 전체의 23%가 50개 내지 199개의 단체 참여를 통해 이루어졌다. 이는 <그림 4>에 나타나 있는 바와 같다.

지구시민사회의 회합을 주도적으로 조직하고 관리하는 단체들의 활동분야를 보면, 개발 문제를 다루는 단체가 전체의 3분의 2, 경제 문제를 다루는 단체가 전체의 56%, 민주주의 발전 문제를 다루는 단체가 전체의 40%로 계속해서 큰 비중을 차지해 왔다(이는 단체의 성격에 따라 복수 평가를 한 결과다). 그 뒤를 노동·노조·환경·인권·평화·갈등관리 문제

〈그림 5〉 지구시민사회 회합 참여단체의 활동분야

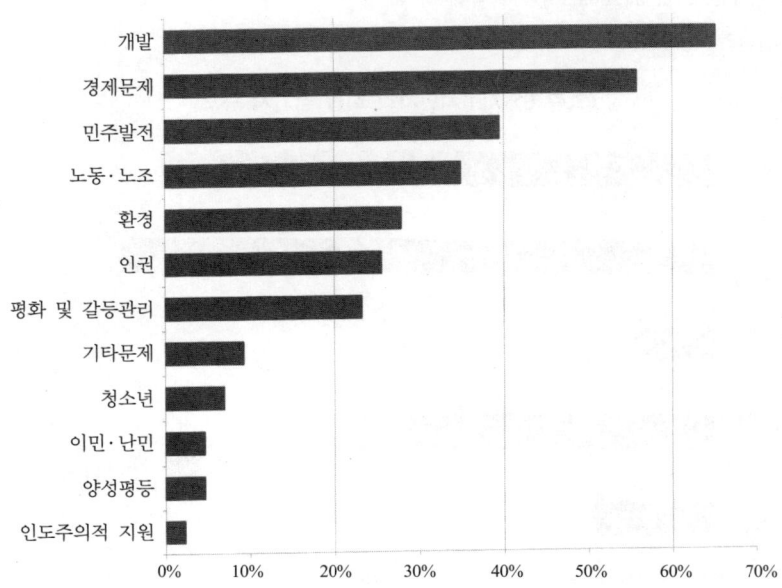

출처: Pianta et al(2005:13)에서 발췌 작성

〈표 34〉 병행회의 개최지 분포

개최지 참가자 규모	아시아	중남미	북미	아프리카	유럽	범지구	총계
50~200	4.7*	2.3					7.0
200~500	7.0	4.7	2.3	7.0			20.9
500~1,000		2.3	2.3				4.7
1,000~10,000	2.3	14.0	4.7		14.0		34.9
>10,000	4,7	9.3	2.3		11.6	4.7	32.6
총계	18.6	32.6	11.6	7.0	25.5	4.7	100.0

* 전체 참가자 수에 대한 백분율(%)로 표시되어 있음
출처: Pianta et al(2005:20)에서 발췌 작성

〈그림 6〉 지구시민사회 회합 참가자 규모

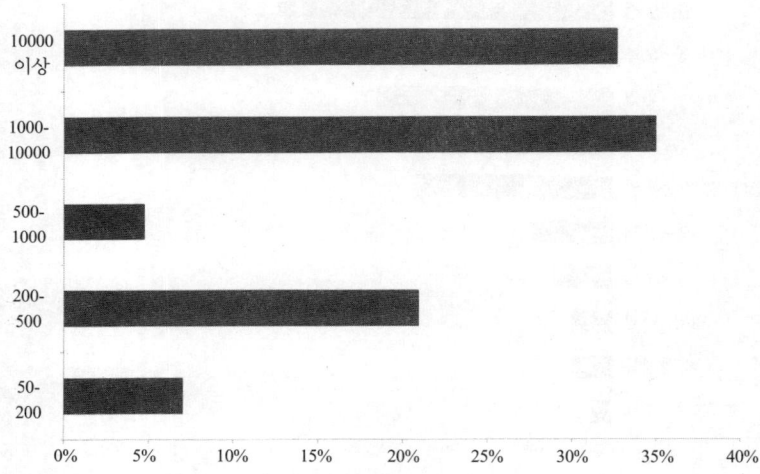

출처: Pianta et al(2005:14)에서 발췌 작성

등을 다루는 단체가 25% 내지 40%의 범위에서 차지하고 있다. 이는 <그림 5>에 나타나 있는 바와 같다. 원래 평화문제를 직접적인 과제로 다루는 단체가 별로 없었으면서도 불구하고 이라크 전쟁에 반대하는 지구시민사회 행동의 날 행사에 실로 많은 단체와 참가자들이 동원되었다는 사실은 눈여겨보아야 할 대목이다. 이는 비록 평소에는 주요관심사가 아니더라도 경우에 따라서는 지구시민사회의 여러 상이한 단체들이 협동하거나 연대할 수 있다는 사실을 시사해 주는 것이기 때문이다.

지구시민사회의 회합에 참여하는 사람들의 규모를 살펴보면, 수백만 명이 참여한 두 번의 "행동의 날" 외에도 1만 명 이상이 참여한 모임이 전체의 3분의 1정도를 차지하고 있으며 1천 명에서 1만 명 사이의 사람들이 참여한 모임이 이보다 좀 더 많은 비중을 차지하고 있다. 이는 <그림 6>에 나타나 있는 바와 같다. 흥미롭게도 200명에서 500명 정도가 참여한 간소한 모임이 증가하고 있는데, 이러한 경우는 좀 더 특정한 이해관계를 갖거나 지역적 범위가 좁은 경우로서 주로 남반부를 중심으로 개

〈표 35〉 지구시민사회 회합의 유형별 참가자 수

회합유형 참가자수	UN 병행회의	IMF/WB/ WTO 병행회의	G7/G8 병행회의	기타 지역 병행회의	사회포럼	병행회의 외 회합	총계
50~200						7.0	7.0
200~500	2.3		4.7		9.3	4.7	20.9
500~1,000				2.3	2.3		4.7
1,000~10,000	7.0	4.7		16.3	4.7	2.3	34.9
>10,000		2.3	2.3	7.0	14.0	7.0	32.6
총계	9.3	7.0	7.0	25.6	30.2	20.9	100.0

출처: Pianta et al(2005:21)에서 발췌 작성

최되고 있다.

회합의 지역에 따른 참가자 수를 보면, <표 34>에 나타나 있는 바와 같이 유럽에서 개최되는 회합의 경우 1만 명 이상이 참여하는 사례가 거의 절반을 차지하며, 이는 전체 회합의 11%에 해당된다. 중남미 지역에서 개최되는 회합은 전체의 3분의 2를 차지하고 있지만, 1,000명 이상이 참여하는 사례는 전체의 23%정도다. 아프리카에서 개최되는 회합의 경우 규모가 매우 작은 것으로 나타나고 있으며, 500명 이상이 참가하는 사례가 전혀 없었다. 따라서 지구 행동을 중심으로 하는 전 지구적인 모임도 유럽 중심성을 벗어나지 못하는 것이라고 하겠다.

회합의 유형에 따른 참가자 수를 보면, <표 35>에 나타나 있는 바와 같이 일반적으로 사회포럼에는 병행회의보다 많은 사람들이 참여한다는 사실을 알 수 있다. 따라서 조사대상 사회포럼의 반 정도(전체의 14%)가 1만 명 이상의 사람들이 참여한 사례다. G8 회담과 IMF/WB/WTO 회의에 대한 병행회의의 경우는 참여규모가 이보다 작다. 전자의 경우 3분의 2 정도가 500명 미만이 참여하였고, 후자의 경우는 참가자 수가 조금 더 많았다. 사회포럼에 대한 높은 참여도는 지구시민사회의 기반 강화, 공유된 아이덴티티와 비전, 행동을 위한 네트워크와 공동의 정책 기준 확립 등을 목표로 하여 회합이 성공했음을 보여주는 것이다.

이제 시민사회 활동가들이 국제기관의 정책에 저항하고 도전하기 위하여 그 기관들과 대결하는 것보다 이러한 회합에 더 큰 관심을 가지게 되었음을 보여주는 것이다. 그러나 이는 또한 시민사회 영역에서 민주적 참여와 대화를 촉진하고 확대시키는 시민포럼방식의 존재이유가 성공적임을 보여주는 것이기도 하다. 저항에서 대안 제시로의 발전적 변화는 지구시민사회 회합의 주요 목표에서도 나타나고 있다. <그림 7>에서 보는 바와 같이 90% 이상의 사례에서 대안적 정책이 모색되고 있고, 시민사회 조직 간의 네트워킹과 선전 및 의식제고활동 등이 그 뒤를 잇고 있다. 정치적 저항은 전체 사례수의 40%를 차지하는 반면, 공식회의의 대표자에 대한 로비는 아주 작은 비중을 차지한다.

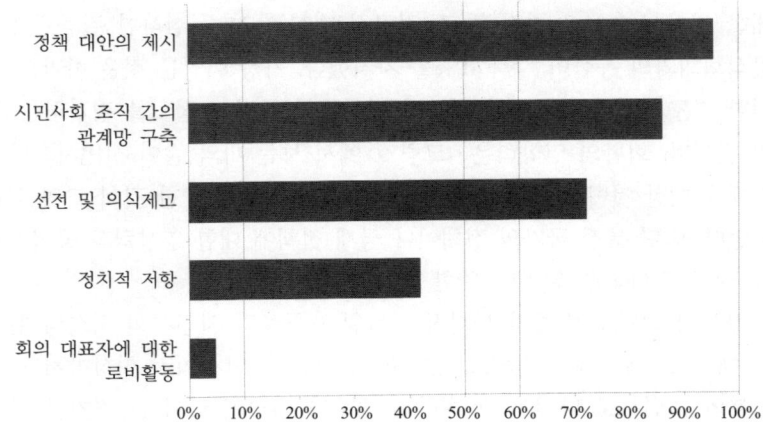

〈그림 7〉 지구시민사회 회합의 목표

출처: Pianta et al(2005:15)에서 발췌 작성

〈그림 8〉 공식회의와의 관계

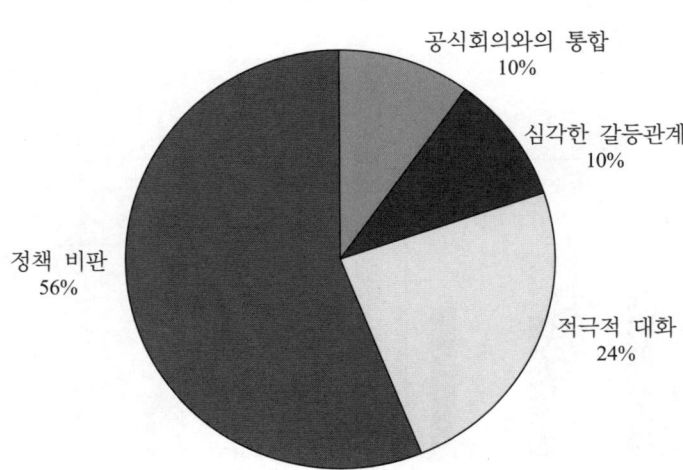

출처: Pianta et al(2005:16)에서 발췌 작성

공식회의와의 관계를 보면, <그림 8>에 나타나 있는 바와 같이 정책에
대한 비판이 56%로 가장 많고, 적극적 대화는 24%, 심각한 갈등관계와
공식회의와의 통합이 각각 10%를 차지했다. 가장 어려운 것은 아마도 이
러한 지구시민사회에 의한 회합이 미치는 영향력의 정도를 평가하는 일
일 것이다. 회합의 영향력은 <그림 9>에서 보는 바와 같이 시민사회단체
자체에 대한 것이 가장 컸고 여론 및 국제 미디어에 대한 것이 그의 뒤를
이었다. 반면 특정 국가의 정책이나 국제 정책에 대한 영향력과 공식회의
에 대한 영향력은 없거나 약한 것으로 평가되었다.

따라서 범지구 수준의 사회적 네트워크 구축과 시민사회 의식의 형성
이 매우 발 빠르게 진전되고 있다고 하겠다. 그러나 이런 현상마저도 중
심부와 주변부로 나뉘어 그 현상의 범주나 비중에 있어 큰 격차를 보이
고 있다. 따라서 범지구 차원의 연대와 교류를 겨냥하는 관점에서 보면
현재의 범지구 차원에서 목격되는 실천적 환경은 긍정적 요소와 부정적

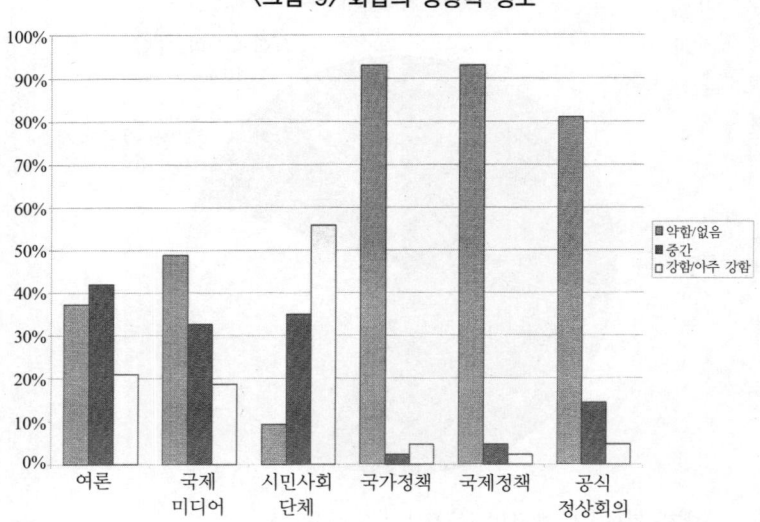

〈그림 9〉 회합의 영향력 정도

출처: Pianta et al(2005:17)에서 발췌 작성

요소를 함께 동반하고 있는 셈이다.

지구시민사회가 북반부와 남반부 내지는 고소득국가와 중저소득국가 또는 유럽 및 중앙아시아 지역 중심의 중심부와 남아시아 지역, 아프리카 지역 중심의 주변부 사이에서 격차와 차이가 심각한 수준이라는 점은 부정적 요소다. 그러나 범지구 수준의 병행회의나 각종 회합이 보다 빈번히 개최되고 자신들의 메시지 전달에 성공하고 있다는 사실은 지구 차원의 정서와 가치관 등이 확산되고 있음을 보여주는 것이라는 점에서 긍정적 요소라고 하겠다. 특히 아시아 태평양 지역에서 지구 중심부로의 편입 현상이 급속히 진행되고 있다는 사실은 주목해 볼 만한 일이다.

2. 아시아 지역 차원

아시아 지역에는 <표 36>에서 보는 바와 같이 대외 교류에 나설 수 있는 NGO의 숫자 자체가 매우 적다. 이는 인구 1백만 명당 국제교류에 나설 수 있는 NGO의 수를 기준으로 마련된 NGO 조직밀도 지수에 의해 확

〈표 36〉 NGO 수(number of NGOs)

사무국 수 지역	사무국 수	조직밀도*	사무국 수	조직밀도*	사무국 증감비율 (%)	밀도 증감비율 (%)
	1993		2003		1993~ 2003	1993~ 2003
아태	283	0.2	440	0.2	55	39
남아	190	0.2	288	0.2	52	26
세계	12,547	2.3	17,952	2.9	43	25

* 조직밀도는 인구 백만 명당 국제 교류하는 N GO 사무국의 숫자를 지칭함

출처: The Center for the Study of Global Governance(2005:297-302)에서 발췌 작성

인되고 있다. 세계평균이 1993년 현재 2.3인 데 반해 아시아 태평양 지역은 0.2이고 남아시아 지역도 0.2이다. 이는 지구촌 전체의 관점에서 볼 때 NGO의 결성 비율이 10배 이하로 낮다는 의미다. 그만큼 지역 시민사회 형성의 토대가 매우 취약하다는 뜻이기도 하다. 이런 상황은 그 10년 후인 2003년에도 크게 달라지지 않고 있다. 다만 조직밀도의 증가 추세에 있어서는 지구 평균을 상회하고 있어 앞으로의 발전 가능성을 시사해 준다. 그러나 그마저 남아시아 지역의 경우에는 지구 표준에 근접할 뿐 크게 앞서지 못하고 있다.

INGO의 경우에도 사정은 크게 다르지 않다. <표 37>에 나타나 있는 바와 같이 인구 1백만 명당 가입되어 있는 INGO의 숫자로 표시되는 INGO의 조직밀도에 따르면 1993년 현재 세계 평균이 34.6인 데 반해, 아시아 태평양 지역은 6.6 이고 남아시아 지역은 5.4 이다. 거의 6배 정도로 적은 숫자다. 이런 현상은 그 10년 후인 2003년에도 크게 변하지 않고 있다. 다만 아시아 태평양 지역의 경우 INGO의 숫자나 조직밀도 성장 추세에 있어 세계 평균을 앞서고 있어 앞으로의 성장 가능성을 시사해 준다.

〈표 37〉 국제 NGO 수(participation in INGOs)

사무국 수 지역	사무국 수	조직밀도*	사무국 수	조직밀도*	사무국 증감비율 (%)	밀도 증감비율 (%)
	1993		2003		1993~ 2003	1993~ 2003
아태	10,869	6.6	16,806	9.1	55	38
남아	6,306	5.4	8,708	6.3	38	15
세계	188,381	34.6	282,851	45.4	50	31

* 조직밀도는 인구 백만 명당 국제교류를 목적으로 설립된 N GO 사무국의 숫자를 지칭함

출처: The Center for the Study of Global Governance(2005:259-263)에서 발췌 작성

〈표 38〉 INGO/TNGO 회합 개최지 분포

지역 \ 회합수	회합의 수	전체에서 차지하는 비율
아시아 태평양	1,411	12.8
남아시아	137	1.2
세계	10,729	97.5

출처: The Center for the Study of Global Governance(2005:312-314)에서 발췌 작성

그러나 원래 INGO의 기본 숫자가 적어 아무리 급속히 성장하더라도 당분간은 지구 평균 수준에 이르기 어려운 형편에 있다.

이런 INGO 또는 TNGO의 활동이 주로 어느 곳을 중심으로 이루어지고 있는지를 알아보기 위해 ING O 또는 TNGO에 의한 회합의 개최 장소를 지역별로 분류해 본 결과, <표 38>에 나타나 있는 바와 같이 아시아는 전 세계의 14% 정도를 차지한다. 그러니까 아시아가 INGO 내지는 TNGO 활동의 중심지가 되는 경우는 범지구 차원에서 볼 때 그의 14%에 해당한다는 의미다. 이는 아시아 지역에서의 TNGO와 INGO의 인구 대비 구성 비율이 10% 내외였던 점을 상기해 보면 결코 놀랄 일이 아니다. 여하튼 아시아 NGO가 국제교류에 있어 매우 극단적으로 주변부에 머물러 있다는 사실만큼은 간접 확인된다. 특히 남아시아 지역의 경우에는 크게 소외되어 있어 매우 심각한 지경에 있다.

이런 지역 NGO의 대외 교류를 나타내는 지표로는 병행회의의 개최지 분포를 검토해 볼 필요가 있다. 왜냐하면 INGO나 TNGO의 회의는 개별 단체 중심의 회합일 가능성이 높은 데 반해서 병행회의는 그것 자체가 일종의 지구시민의식 내지는 지역시민의식을 토대로 구성되고 운영된다고 할 수 있기 때문이다. 그런데 아시아 지역은 <표 39>에서 보는 바와 같이 지구 전체 병행회의 가운데 참가자 인원을 기준으로 볼 때 18.6%를 소화하는 것으로 나타났다. 그 나마 참가자가 1천 명 이상 되는 회의는

〈표 39〉 병행회의 개최지 분포

참가자 규모 \ 개최지	아시아	중남미	북미	아프리카	유럽	범지구	총계
50~200	4.7*	2.3					7.0
200~500	7.0	4.7	2.3	7.0			20.9
500~1,000		2.3	2.3				4.7
1000~10,000	2.3	14.0	4.7		14.0		34.9
>10,000	4.7	9.3	2.3		11.6	4.7	32.6
총계	18.6	32.6	11.6	7.0	25.5	4.7	100.0

* 전체 참가자 수에 대한 백분율(%)로 표시되어 있음
출처: Pianta et al(2005:20)에서 발췌 작성

대개가 유럽이나 중남미에서 개최되고 있으며 아시아 지역의 경우는 참가자 200명 이상 500명 이하의 소규모 회합이 대종을 이루는 것으로 나타났다.

이런 지역시민사회 내부의 균열과 지구적 네트워크로부터의 소외 그리고 사회자본의 저급성은 아시아 지역이 NGO의 국제교류를 활성화하기 어려운 환경에 처해 있음을 보여준다. 기본적으로 아시아 지역이 지역 구성원간의 정치, 경제, 사회, 문화적 배경의 이질성을 소화하거나 조율할 수 있는 이념적 배경이나 철학적 원리를 공유하지 않는 데에서 오는 협력과 연대의 어려움에 연유하는 바가 크다. 당면하고 있는 사회정책과제의 상이성과 우선순위의 차이도 지역 내 협력을 어렵게 하는 또 다른 차원의 과제일 것이다. 그러나 이보다 더 심각한 과제는 아시아 지역 내의 NGO들이 서로 다른 성격과 정체성을 지니고 있다는 점이다.

예컨대 한국의 NGO는 독재타도의 기치아래 강한 사회운동의 전통을 유지하는 가운데 1990년대의 민주화 이행기를 통해 크게 발흥하게 되었

다. 그렇기 때문에 중앙정부와 맞설 수 있는 강하고 적극적인 성격의 시
민운동을 탄생시켰다. 그리고 이렇게 기업과 국가에 저항하는 가운데 성
장해 왔기 때문에 이들과 협력하면 운동의 순수성이 훼손될 것이라는 우
려가 상존해 있다(김혜경, 2001:67).

반면에 일본은 이미 1970년대에 NGO의 활동이 소강상태에 들어갔으
며, 경제성장을 토대로 국제 활동을 펴는 가운데 1990년대를 맞이한 바
있다. 그 결과 NGO 활동이 주로 지역사회에서 새로운 동네를 만드는 일
에 주목하는 경향이 있고 기업이나 정부와 협력하는 데 있어 자유롭다는
특징을 지닌다. 전국 수준의 정치 투쟁에 나서기 보다는 공적 서비스의
보완자 기능을 강조하는 것이 한국과 크게 다른 점이다(김혜경, 2001:67).

그러나 중국의 경우에는 1990년대까지 NGO가 전무했으며 아직도 진
정한 의미의 NGO가 있는지에 대해서는 논란의 여지가 적지 않다. 그러
나 현재 정부에 등록된 NGO만 약 28만개에 이르는 것으로 보고되고 있
으며 비록 공산당에 직접적으로 저항하거나 도전하지는 않지만 환경,
AIDS, 교육, 사법제도 개혁 등에 초점을 맞추어 비교적 낮은 수준에서나
마 제 목소리를 내고자 하는 것으로 알려져 있다. 따라서 자생적 성장의
결과물이라기보다는 관주도하에서 관의 입장을 대변하기 위해(안형기
외, 2000:351) 만들어졌다는 평가가 적지 않다. 그러나 이들의 자생적 노
력을 중시하는 이들은 마오쩌둥의 공산당 혁명 이후 새롭게 등장한 현상
이라는 점에서 "신혁명"이라고 부르기도 한다(조선일보, 2005.6.21). 중국
의 NGO는 중국적인 시각에서 평가하고 이해할 필요가 있음을 시사해 주
는 셈이다.

그나마 이들을 중심으로 하는 지역 NGO 간의 교류 자체가 매우 늦게
시작되어 지역 역내 교류에 대한 경험의 축적 정도가 매우 낮다. 따라서
아시아 지역 내외에서의 교류와 협력을 추동하기 위한 실천 역량은 그의
축적 정도가 매우 낮은 수준에 놓여 있는 셈이다. 그러니까 아시아 지역
전체를 관통하는 국제지역시민사회 의식이나 가치관을 배양하고 심화해
나가기가 쉽지 않은 실정이라고 하겠다. 이 지역에서의 시민사회의식 자

체의 구축정도가 매우 낮은 수준이라는 점도 문제다. 그나마 아시아 태평양 지역과 남아시아 지역 간의 차이가 심해 문제의 심각성을 더한다. 다만 동아시아와 태평양 연안의 고소득국가들이 지구 중심부에 급속히 편입되어 가고 있다는 사실이 아시아 지역 전체의 긍정적 변화 가능성을 시사해 주고 있을 뿐이다.

3. 남북한 관계 차원

전반적으로 볼 때 남한의 NGO는 매우 다양한 분야에서 활동하고 있다. 전체적인 숫자에 있어서는 폭발적인 증가 추세에 있는 것이 사실이지만 각 단체의 기관능력이나 제도화 수준에서는 아직도 더 발전해야 할 소지가 적지 않다. 원래 많은 NGO가 정책 주창 활동에 치중하는 경향이 있어서 서비스 제공 단체는 그의 숫자가 적다는 지적도 있었으나 최근에는 오히려 후자가 더 많아지는 추세에 있다. 여기에서는 김혁래 교수가 2000년판 <한국민간단체총람> 가운데 NGO의 성격이 강한 846개의 단체를 뽑아 분석한 결과에 따라 활동영역, 기능, 설립연도, 회원수, 상근자수, 예산규모 등을 알아보고자 한다(이하 박상필, 2005:18-25에서 전재).

활동영역별로는 <표 40>에 나타난 바와 같이, 사회적 약자의 이익과 관련된 NGO가 전체의 46%로 가장 많다. 개별 영역별로는 환경 NGO가 가장 많고, 그 다음으로 장애인, 자원봉사/구호, 시민사회일반, 여성, 사회복지일반 등에서 활동하는 NGO가 많은 것으로 나타나 있다. 무엇보다도 사회적 약자의 이익을 추구하는 단체가 과반수에 이른다는 점이 주목된다.

기능별로는 현장활동(operational), 교육/상담(educational), 선전/정책주창(advocacy) 등 3가지로 나누었을 때(Gordenker and Weiss, 1996), <그림 10>에서와 같이, 현장 활동에 주력하는 NGO가 전체의 50%를 차지한다. 일반적인 인식과는 달리 서비스 전달 NGO가 상대적으로 많다는 의미다.

설립연도를 기준으로 구분해 보면 <그림 11>에 나타난 바와 같이, 설립연도를 정확하게 알 수 있는 830개 NGO 가운데 78%가 1987년 이후에 설

〈표 40〉 남한 NGO의 활동영역 분포(1999)

대분류	소분류	단체수(개)	비율(%)
일반영역	정치/행정/법률	9	14.2
	교육	30	
	경제	4	
	의료/보건	30	
	소비자	44	
	기타	3	
	소계	120	
특정공공재 추구	시민사회일반	71	40.1
	환경	121	
	인권/추모사업	33	
	자원봉사/구호	71	
	평화/통일/민족	43	
	소계	339	
사회적 약자 이익추구	사회복지일반	63	45.7
	여성	63	
	빈민	28	
	아동	17	
	청소년	54	
	장애인	88	
	노인	26	
	노동	31	
	농어민	17	
	소계	387	
계		846	100.0

〈그림 10〉 남한 NGO의 기능 분포(1999)

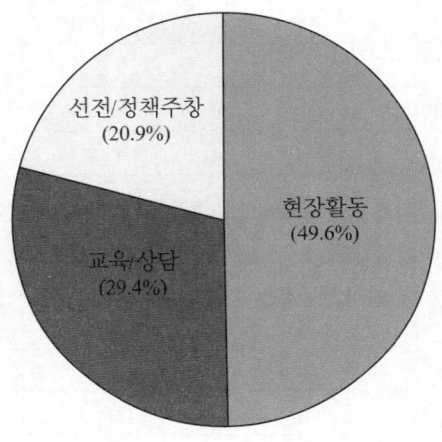

〈그림 11〉 남한 NGO의 설립연도 분포(1999)

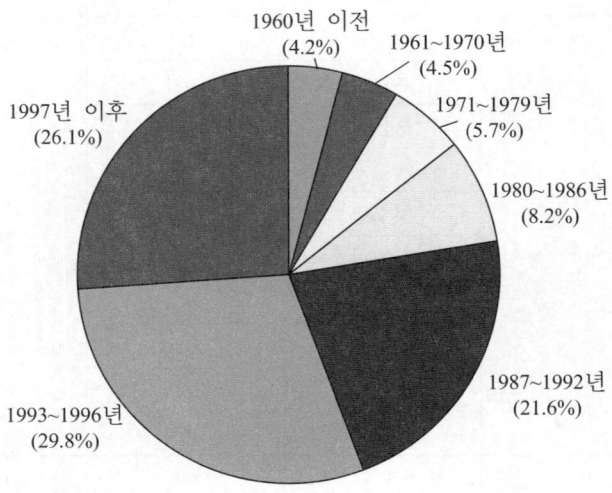

립되었다. 이는 1999년에 조사한 것이기 때문에 2005년 현재를 기준으로 한다면 1987년 6월항쟁 이후에 설립된 단체가 90%를 넘을 것으로 추산된다. 2004년 현재 행정자치부에 등록된 NGO도 2000년 이후에 설립된 단체가 전체의 40%를 넘는다. 그만큼 남한의 경우 NGO의 역사가 긴 것은 아니지만, 6월 항쟁이 전환점이 되어 NGO의 확산을 불러 왔다. 1970년 이전에 설립되어 역사가 35년 이상 되는 단체는 전체의 9%에 해당된다.

회원 수 분포에서는 <그림 12>에서 보는 바와 같이, 회원 수를 알 수 있는 전체 631개 NGO 가운데 회원 수 1,000명 이하의 단체가 전체의 56%를 차지한다. 그리고 회원이 100명 이하인 단체도 16%에 달한다. 회원이 1만 명이 넘는 단체는 전체의 19%에 해당된다. 실제로 비공식적인 단체까지 포함하면 소규모의 NGO가 차지하는 비율은 이보다 더 높게 나타날 것이다. 그만큼 회원 규모가 작다는 의미다.

상근자 수는 <그림 13>에 나타난 바와 같다. 상근자 수를 알 수 있는

〈그림 12〉 남한 NGO의 회원 수 분포(1999)

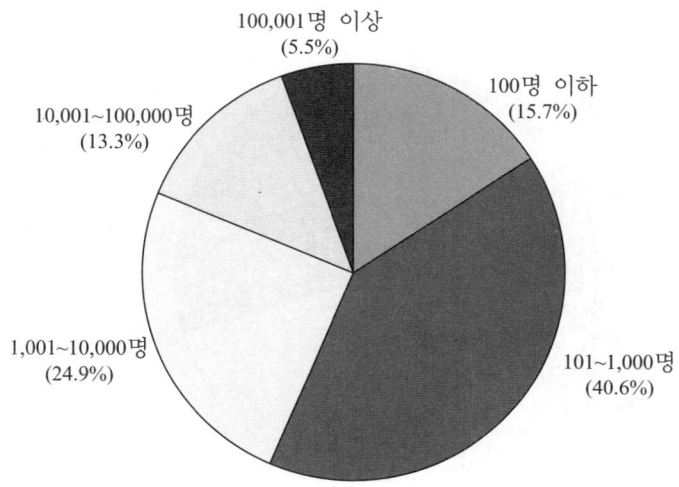

〈그림 13〉 남한 NGO의 상근자 수(1999)

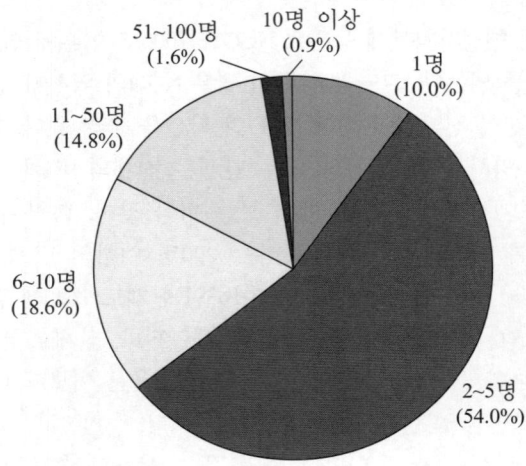

51~100명
(1.6%)

10명 이상
(0.9%)

1명
(10.0%)

11~50명
(14.8%)

6~10명
(18.6%)

2~5명
(54.0%)

〈그림 14〉 남한 NGO의 예산규모(1999)

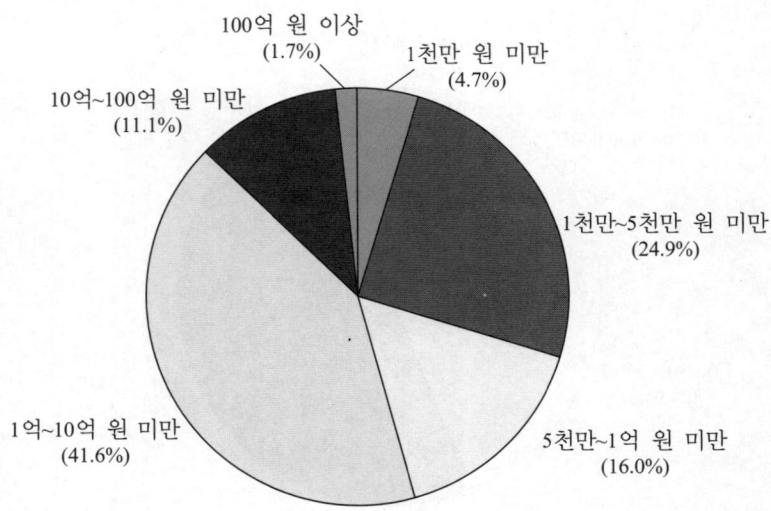

100억 원 이상
(1.7%)

1천만 원 미만
(4.7%)

10억~100억 원 미만
(11.1%)

1천만~5천만 원 미만
(24.9%)

1억~10억 원 미만
(41.6%)

5천만~1억 원 미만
(16.0%)

633개 NGO 중에서 상근자 수가 10명 이하인 단체가 83%를 차지한다. 심지어 상근자 수가 1명밖에 없는 단체도 전체의 10%에 달한다. 상근자 수가 50명이 넘는 단체는 전체의 3%에 미치지 못한다. 실제로 비공식적인 소규모 NGO나 온라인 NGO는 상근자가 없는 단체도 적지 않다.

예산규모 면에서는 <그림 14>에서 보는 바와 같이, 예산을 밝힌 594개 NGO 가운데 연간예산이 10억 원을 넘는 단체가 전체의 13%밖에 되지 않는다. 연간 예산이 1억 원 미만인 단체가 46%에 달하고 있다. 실제로 비공식적인 소규모단체와 사이버 상에서 활동하는 단체까지 포함하면 작은 예산규모를 가진 단체의 비율은 더 높아질 것이다. 그만큼 남한의 NGO가 재정 면에서 영세하다는 의미다(박상필, 2005).

따라서 남한 NGO는 87년 체제 이후 급속한 성장 추이를 보이고 있는 것이 사실이지만 아직 기관능력이나 동원 자원 및 회원 참여 등에 있어서는 일천한 수준에 있다고 하겠다. 그러나 북한과의 비교 차원에서 보면 비교 자체가 어려울 만큼 남한의 NGO가 크게 활성화되어 있음도 알 수 있다. 아시아 전역과의 비교에서 보더라도 남한 NGO의 정치적 비중이나 사회적인 영향력과 지도력 등은 월등히 앞서 있다.

그러나 사실상 북한에는 순수한 의미의 NGO가 존재한다고 할 수 없다. 정부의 통제에 의해서 관리되는 의제적 형태의 NGO가 일부 구성되어 있을 뿐이다. 따라서 이들은 남한 NGO와의 접촉에 있어 철저히 일관성과 통일성을 유지하면서 전략적 접근 태도를 견지하는 특성이 있다. 당연히 관민 간의 갈등이 외부로 노출되는 일이 없으며 일사분란한 공조체제를 유지한다. 그나마 <표 41>에서 보는 바와 같이 전세계적으로 유례가 없을 정도로 그 수가 적으며 성장 변화의 추이에 있어서도 10년 만에 겨우 1백만 명당 한 곳이 생겨나는 정도다.

반면에 남한의 NGO는 인구 1백만 명당 NGO의 숫자 면에서 비록 서유럽을 비롯한 세계평균에는 미치지 못하지만 아시아권에서는 압도적인 우위를 보이고 있다. 내용상의 다양성과 자율성 정도도 높아 북한과의 접촉에 있어서도 민간단체 내부의 분열과 갈등이 적지 않을 정도다. 대북

〈표 41〉 NGO 수(number of NGOs)

사무국 수 지역	사무국 수	조직밀도*	사무국 수	조직밀도*	사무국 증감비율 (%)	밀도 증감비율 (%)
	1993		2003		1993~ 2003	1993~ 2003
남한	43	1.0	61	1.3	42	30
북한	0	0.2	1	0.0		
아태	283	0.2	440	0.2	55	39
남아	190	0.2	288	0.2	52	26
세계	12,547	2.3	17,952	2.9	43	25

* 조직밀도는 인구 백만 명당 국제 교류하는 N GO 사무국의 숫자를 지칭함
출처: The Center for the Study of Global Governance(2005:297-302)에서 발췌 작성

접촉 NGO는 대체로 그 기관 목표에 따라 교류 NGO(예를 들자면, 민화협), 지원 NGO(예를 들자면, 우리민족서로돕기운동본부), 평화 NGO로 구분해 볼 수 있는 데 이들은 문제의식의 차이, 현실인식의 차이, 당면상황의 차이 등으로 인해 상호 협조와 연대가 쉽지 않은 실정에 있다.

특히 INGO의 경우는 남북한이 현격한 격차를 보이고 있으며 그 차이나 증가 추이에 있어 비교하기 마저 어려운 실정이다. <표 42>에서 보는 바와 같이, 남한의 경우는 아시아 지역 수준을 넘어 세계 평균을 상회하고 있고 증가 추이에 있어서는 더욱 더 앞서 나간다. 그러나 북한의 경우는 인구 1백만 명당 구축되어 있는 INGO의 숫자에 있어서는 아시아권의 평균을 앞서지만 그의 성장 추이에 있어서는 최하위 수준을 맴돌고 있다.

이런 현실에도 불구하고 남한의 시민사회는 저항의 힘, 헌신적인 활동가, 세대를 초월한 생동감 있는 운동 전술, 인터넷을 통한 창조적 운동 전략, 장기간의 민주화 투쟁을 통해서 얻은 강한 끈기 등으로 인해 생동

〈표 42〉 국제 NGO 수(participation in INGOs)

사무국 수 ＼ 지역	사무국 수	조직밀도*	사무국 수	조직밀도*	사무국 증감비율 (%)	밀도 증감비율 (%)
	1993		2003		1993~ 2003	1993~ 2003
남한	1,468	33.5	2,335	48.7	59	45
북한	223	10.8	271	12.2	22	13
아태	10,869	6.6	16,806	9.1	55	38
남아	6,306	5.4	8,708	6.3	38	15
세계	188,381	34.6	282,851	45.4	50	31

* 조직밀도는 인구 백만 명당 국제교류를 목적으로 설립된 NGO 사무국의 숫자를 지칭함
출처: The Center for the Study of Global Governance(2005:259-263)에서 발췌 작성

성, 헌신성, 역동성으로 무장되어 있으며, 이런 능력을 토대로 인도주의적 차원의 남북한 교류와 대북 지원 사업을 견인해 오고 있다.

그 결과 <표 43>에서 보는 바와 같이 1995년 6월 이후 2005년 5월 현재까지 10년에 걸쳐 이루어진 정부차원의 인도주의적 대북 지원이 총 7억 3,668만 달러(7,910억 원)에 이르는 데 비해 순수 민간단체에 의한 지원이 총 4억 5,624만 달러(5,437억 원)에 이르는 성과를 보이고 있다. 매년 참여단체와 지원 금액이 증가 일로에 있어 보다 더 활성화 될 것으로 관측된다. 초기에는 대한적십자사를 통한 지원활동이 주류를 이루었으나 최근에는 단체의 독자적인 경로를 통해 지원하는 경향이 늘어나고 있다. NGO의 대북 활동이 다원화되고 있다는 증거다.

특히 최근에는 NGO를 비롯한 민간부문의 대북지원 규모가 정부 차원의 대북 지원 규모를 상회하고 있다. <표 44>에서 보는 바와 같이 2004년

〈표 43〉 대북 지원의 경로와 규모

기간 \ 지원내용	경로 및 내역	지원 규모
1995.9~1997.5	• 한적, 국적 경유	496만 달러(40억 원)
1997.6~1997.7	• 한적 1차 지원	850만 달러(76억 원)
1997.8~1997.10	• 한적 2차 지원	890만 달러(81억 원)
1998.3	• 한적 2차 추가 지원	17만 달러(3억 원)
1998.4~1998.6	• 한적 3차 지원	935만 달러 (131억 원)
1998.9~12	• 한적 3차 추가 지원	1,133만 달러(142억 원)
1999	• 한적창구: 24개 단체 157억원 　－비료지원: 4만 톤, 123억원 포함 • 독자창구: 10개 단체 67억 원	1,863만 달러(224억 원) * 1$당 1,200원 환율 적용
2000	• 한적창구: 113억 원 • 독자창구: 12개 단체 308억 원	3,513만 달러(421억 원) * 1$당 1,200원 환율 적용
2001	• 한적창구: 286억 원 • 독자창구: 19개 단체 558억 원	6,494만 달러(844억 원) * 1$당 1,300원 환율 적용
2002	• 한적창구: 90억 원 • 독자창구: 25개 단체 551억 원	5,117만 달러(641억 원) * 1$당 1,300원 환율 * 6,7,9,10,11월(1,250원) 8,12월(1,200원) 월평균환율 적용
2003	• 한적창구: 13차 70억 원 • 독자창구: 29개 단체, 252회, 777억 원	7,061만 달러(847억 원) * 1$당 1,200원 환율 * 3월: 1,230원, 7월: 1,180원
2004	• 한적창구: 35차, 441억 원 • 독자창구: 33개 단체, 423회, 1,220억 원	14,108만 달러(1,661억 원) * 1$당 1,200원 환율 11월,12월: 1,100원
2005	• 한적창구: 6차, 10억 원 • 독자창구: 27개 단체, 177회, 318억 원	3,147만 달러(328억 원) * 1$당: 1$당 1,000원 * 1월, 2월: 1$당 1,100원 환율

출처: 통일부<http://www.unikorea.go.kr/>에서 발췌 작성

〈표 44〉 인도적 대북지원 현황(정부·민간)

연도 \ 차원	정부차원	민간차원	합계
2001	7,045만 달러 (913억 원)	6,494만 달러 (844억 원)	13,539만 달러 (1,757억 원)
2002	8,375만 달러 (1,075억 원)	5,117만 달러 (641억 원)	13,492만 달러 (1,716억 원)
2003	8,702만 달러 (1,041억 원)	7,061만 달러 (847억 원)	15,763만 달러 (1,888억 원)
2004	11,512만 달러 (1,323억 원)	14,108만 달러 (1,661억 원)	25,620만 달러 (2,984억 원)
2005 (4월)		2,725만 달러 (286억 원)	2,75만 달러 (286억 원)

출처: 최대석(2005:9)에서 발췌 작성

〈표 45〉 사회문화협력사업의 승인 추이(누계)

연도	91	92	95	96	97	98	99	00	01	02	03	04
명 (승인자수)	2	2	2	2	3	8	13	18	24	31	43	58

출처: 통계청 홈페이지(www.nso.go.kr) 에서 발췌 작성(2004.12)

도 하반기 남북한 관계가 급속히 경색되면서 정부 차원의 지원 사업이 감소하는 가운데에서도 만간부문의 지원 사업은 오히려 전년도에 비해 증가하는 추세를 보였다. 이런 NGO를 비롯한 민간부문의 대북지원 활동은 북한 측의 신뢰와 지지를 획득하기에 충분한 근거가 되고 있다. 이는 나아가 북한 사회의 남한 사회에 대한 이해력을 높이는 계기로 작용할 만한 일이다.

그러나 사회문화 분야의 교류와 협력은 <표 45>에서 보는 바와 같이 아직도 매우 저급한 수준에 머물러 있다. 1991년 세계탁구선수권대회 및 세계청소년축구대회에 단일팀을 구성하여 참가했고, 평양교예단의 서울 공연(2000.6.1~10), 언론사 사장단의 방북(2000.8.5~12, 56명), 남북교향악단(KBS교향악단, 조선국립교향악단) 합동연주회 개최(2000.8.20~22, 서울), 춘향전 평양공연(2001.1.30~ 2.3), 8·15남북공동행사(2001.8.15~21, 평양) 등을 통해 점차 다양화하고 규모면에서도 증가하는 추세에 있기는 하지만(박하진, 2002), 전체적으로 보면 가장 부진한 분야가 바로 이 분야라고 하겠다. 그러나 인도주의적인 긴급구호나 접촉이 결과적으로는 남북한 간의 정서적 이질성이나 정체성 차이를 극복하고 일종의 문화적 동형화를 이루자는 것이라고 한다면 앞으로 보다 더 확장되어야 할 분야가 바로 이 사회문화 분야일 것은 췌언을 필요로 하지 않는다.

종합해 보면 실천적 차원의 기관 환경 면에서도 남북한은 매우 심각한 격차를 보이고 있으며 특히 북한의 시민사회적 기초는 절대적 취약상태에 있다. 따라서 NGO간의 균형 있는 교류나 협력의 관계를 구축한다는 것 자체를 기대하기가 어려울 정도이며, 북한의 유사정부조직(QUANGO) 내지는 유사 NGO와 남한의 NGO 사이에서 접촉과 교류를 개척하는 노력이 시도되는 단계에 있다. 그럼에도 불구하고 남북한 간의 인도주의적인 접촉과 지원이 남한 NGO를 중심으로 지속적으로 유지되고 있어 남북한의 민간차원을 통한 교류와 협력의 단초가 계속 열려 있으며 이는 그나마 매우 다행스러운 일이라고 하겠다.

|제4장|
한국 TNGO의 국제교류 실태

TNGO(초국적 비정부기구, Transnational Non-Governmental Organizations)란 국내 활동에 토대를 두고 일상의 과제를 다루다가 자신의 업무와 관련하여 초국적 활동에 나서는 경우를 일컫는 것이므로 국내 활동을 적극적으로 펼치는 단체일수록 국제교류에 나설 개연성이 높아진다고 할 수 있다. 그런데 국내 NGO 가운데 보다 적극적으로 활동하는 단체들이 모여 결성한 연대 기구 가운데 하나가, 바로 한국시민사회단체연대회의이므로 이 기구에 소속되어 있는 단체들을 대상으로 그들의 국제교류 실태를 조사해 보았다. 이를 위해 2005년 7월 15일부터 8월 15일까지 한국시민사회단체연대회의 소속 단체 전부를 대상으로 416통의 설문지를 전자우편을 통해 발송하고 일일이 전화를 걸어 설문지 회수에 나섰다.

그 결과 모두 146매가 수집되었으며 이 가운데 자료 분석이 적절치 않다고 판단되는 응답지 16매를 제외한 130매를 SPSS를 통해 전산처리하여 빈도수와 상관계수를 구했다. 수집된 자료는 범지구 차원, 아시아 지역 차원, 남북한 관계 차원으로 재분류했으며, 각각의 차원에서 국제교류의 현황, 국제교류에 나서는 NGO의 하부구조, 교류현황과 하부구조 간의 상관계수를 구해 양자간의 상호관계를 연계시켜주는 변수에는 무엇이 있는지를 찾아보고자 했다. 그런데 국제교류의 현황은 교류의 범위, 교류의 빈도, 교류의 강도, 교류의 내용, 교류의 자원 등을 중심으로 그리고 하부구조에 대해서는 인적자원, 재정자원, 조직자원, 정보자원, 가치자원 등을 중심으로 살펴 보았다.

제1절 범지구 차원

1. 교류현황

얼마나 많은 단체들이 국제교류에 나서고 있는지를 알아보기 위해 지금까지 국제교류에 나선 일이 있었는지의 여부를 설문해 본 결과, 다음의 <표 1>에 의하면 국제교류의 경험이 있는 경우가 54.6%, 그렇지 않은 경우가 45.4%로 나타나 있어 이들 가운데 교류의 경험이 있는 단체를 "교류단체"로 교류의 경험이 없는 단체를 "비교류 단체"로 구분할 경우 교류단체가 전체 응답자 가운데 두 곳 중 한 곳에 해당된다. 이는 한국의 NGO들이 대개 국내문제에만 집중하고 대외문제에 대해서는 지나칠 정도로 무관심하다는 일반적인 평가와는 달리 기본적으로 초국적인 관계에

〈표 1〉 국제교류 여부

교류여부 / 빈도	교류 단체	비교류 단체	총계
빈도	71	59	130
%	54.6	45.4	100.0

〈표 2〉 지역별 국제교류 범위

빈도＼지역	아시아	유럽 및 중앙아시아	중남미	중동 및 북아프리카	북미	아프리카	북한	총계
빈도	63	14	8	5	18	1	11	120
%	52.5	11.7	6.7	4.2	15.0	0.8	9.2	100.0
교류단체 대비(%)	88.7	19.7	11.3	7.0	25.4	1.4	15.5	

대해서도 이를 유의하는 경향이 적지 않음을 보여주는 것이다.

그런데 교류단체의 경우 그 교류의 지리적인 범위가 어디까지인지를 알아보기 위해 지난 1년 동안 교류한 횟수를 지역별로 표시해 주기를 설문한 뒤 해당 지역을 표시한 단체의 수를 중심으로 자료를 정리해 본 결과는 <표 2>에 나타나 있는 바와 같다.

위의 <표 2>에 따르면 교류단체의 대외교류 대상국 가운데 과반수이상(52.5%)이 아시아 지역이며, 북미 지역(15.0%)과 유럽 및 중앙아시아 지역(11.7%)이 그 뒤를 잇고 있다. 이는 한 단체가 여러 지역을 상대로 교류활동을 펴는 경우 이를 그대로 반영한 결과이므로 교류단체의 단순 총수인 71개소를 상회하는 지역 총수(120개소)를 나타낸다. 따라서 이를 지역중심의 관점에서 살펴보면 아시아 지역의 경우 교류단체 71개소 가운데 88.7%에 해당하는 63개소가 교류 관계를 맺고 있는 것으로 나타났다. 그러니까 거의 모든 교류단체가 아시아 지역과는 최소한 1회 이상의 교류관계를 맺고 있다는 의미다. 반면에 북미지역의 경우는 전체 교류단체의 25.4%, 유럽 및 중앙아시아 지역은 19.7%, 북한은 15.5%가 교류하는 것으로 나타나 있다.

그런데 세계 여러 나라의 NGO 규모를 사무국의 수를 기준으로 지역별로 조사해 본 자료에 의하면 지역별 NGO의 수는 <표 3>에 나타나 있는 바와 같다.

〈표 3〉 NGO의 지역별 규모

지역 빈도	아시아	유럽 및 중앙아시아	중남미	중동 및 북아프리카	북미	아프리카	북한	총계
빈도	1,561	10,543	902	374	3,767	741	1	17,889
%	8.7	58.9	5.0	2.1	21.1	4.1	0.0	100.0

* 2003년도 기준 자료임
출처: The Center for the Study of Global Governance(2005:297-301)에서 발췌 작성

위의 〈표 3〉에 따르면 세계의 NGO는 유럽 및 중앙아시아 지역(58.9%)과 북미 지역(21.1%)에 집중되어 있으며, 아시아 태평양 지역은 8.7% 수준에 이른다는 사실을 알 수 있다. 북한에는 거의 존재하지 않는다고 하여도 과언이 아니다. 그런데 해당 지역의 NGO 수가 많아질수록 NGO 간의 대외교류 대상국이 될 개연성이 상대적으로 높아질 것은 당연한 이치다. 바로 이런 관점에서 볼 때 현재 한국의 NGO가 국제교류의 최우선적인 대상 지역으로 아시아 지역을 삼고 있다는 사실은 아시아 지역에 대한 상대적인 편향성이 매우 높다는 사실을 웅변한다. 이는 현재 한국의

〈표 4〉 지역별 국제교류 편향도

지역 비중	아시아	유럽 및 중앙아시아	중남미	중동 및 북아프리카	북미	아프리카	북한	총계
교류의 비중도(a)	52.5	11.7	6.7	4.2	15.0	0.8	9.2	100.0
NGO의 분포도(b)	8.7	58.9	5.0	2.1	21.1	4.1	0.0	100.0
교류의 편향도 (a/b)	6.0	0.2	1.3	2.0	0.7	0.2	0.0	1.0

NGO가 교류하는 지역별 비중도와 세계 NGO의 지역별 배분비를 비교해 본 <표 4>에 잘 나타나 있다.

<표 4>에 따르면 아시아(태평양) 지역에 대한 한국 NGO의 교류는 이를 이 지역의 NGO 숫자가 지구촌 전체의 NGO 숫자에서 차지하는 비중과 견주어 볼 때 6배 이상의 비중으로 확대 전개되고 있음을 알 수 있다.

한국 NGO의 국제교류가 "아시아 중심적"이라는 사실을 증명해주는 명백한 지표다. 반면에 유럽 및 중앙아시아 지역과의 교류는 비록 교류에 참여하는 한국 NGO의 숫자에 있어서는 전체 NGO의 11.7%에 이르지만 이 지역의 NGO 규모와 견주어 보면 오히려 5배 이상 확대되어야 할 실정에 있으며, 북미지역과의 교류도 교류에 참여하는 단체의 숫자 면에서는 전체의 15.0%에 이르러 매우 활성화되어 있는 것 같이 보이지만 이 지역의 NGO 규모와 상대적인 비교를 해보면 오히려 현재보다 1.5 배 이상 보다 더 강화되어야 할 형편임을 알 수 있다. 중남미 지역이나 중동 및 북아프리카 지역과의 교류는 교류 단체의 단순 숫자 면에서는 매우 열악한 것처럼 보이지만 이를 이 지역의 NGO 규모와 견주어 보면 오히려 상대적으로 활성화되어 있다는 평가가 가능하다.

그런데 이런 교류가 이루어지는 영역별 범위를 알아보기 위해 지난 1년 동안 주로 어느 분야에서 교류가 이루어졌는지를 설문하고 관련 분야 3곳을 표시해 주도록 요구한 결과는 아래의 <표 5>에 나타나 있는 바와 같다.

다음의 <표 5>에 따르면 사회 서비스 분야가 23.2%로 가장 많고, 교육

〈표 5〉 영역별 국제교류 범위

분야 빈도	문화 여가	교육	연구	보건	사회 서비스	경제 개발	종교	국방	정치	정책 주창	총계
빈도	21	29	9	6	32	7	9	0	4	21	138
%	15.2	21.0	6.5	4.4	23.2	5.1	6.5	0.0	2.9	15.2	100.0

〈표 6〉 영역별 국내활동 범위

구성비＼분야	문화여가	교육	연구	보건	사회서비스	경제개발	종교	국방	정치	정책주창	총계
%	11.8	5.9	30.7	5.9	8.5	13.7	5.2	1.3	5.2	11.8	100.0

출처: The Center for the Study of Global Governance(2005:317)에서 발췌 작성

분야가 21.0%, 문화 및 여가 관련 분야가 15.2%, 정책주창 분야가 15.2%로 그의 뒤를 잇고 있다. 그런데 2003년도 현재 한국 NGO들의 국내활동 분야를 그들의 성명서 발표 횟수를 기준으로 구분해 본 한 조사결과에 따르면 한국 NGO의 국내활동 분야별 구성비는 위의 <표 6>에 나타나 있는 바와 같다.

위의 <표 6>에 따르면 국내활동의 비중이 가장 높은 분야는 연구(30.7%), 경제개발(13.7%), 문화 및 여가(11.8%), 정책주창(11.8%), 사회서비스(8.5%) 분야 순인 것으로 나타났다. 그런데 TNGO는 INGO와는 달리 그의 국제교류 활동이 기본적으로 국내활동의 연장선상에서 추동되거나 고안되는 성질을 지녔으므로 국내활동과 국제교류 간에는 일정 정도

〈표 7〉 영역별 국제교류 편향도

비중＼분야	문화여가	교육	연구	보건	사회서비스	경제개발	종교	국방	정치	정책주창	총계
국제교류정도(a)	15.2	21.0	6.5	4.4	23.2	5.1	6.5	0.0	2.9	15.2	100.0
국내활동정도(b)	11.8	5.9	30.7	5.9	8.5	13.7	5.2	1.3	5.2	11.8	100.0
교류의편향도(a/b)	1.3	3.6	0.2	0.7	2.7	0.4	1.3	0.0	0.6	1.3	1.0

의 순비례 관계가 형성된다고 상정해 볼 수 있다. 이에 따라 교류단체의 분야별 국제교류 비중과 국내활동 비중을 비교해 본 결과는 앞의 <표 7>에 나타나 있는 바와 같다.

앞의 <표 7>에 의하면 교육(3.6)과 사회 서비스(2.7) 분야에 있어서는 국제교류가 국내활동의 여력보다 훨씬 더 활발하게 이루어지고 있으며, 문화여가(1.3), 종교(1.3), 정책주창(1.3) 분야에 있어서는 국제교류가 국내활동 여력보다 약간 더 활성화되어 있지만 대체적으로 자기 여력 수준에서 전개된다고 할 수 있다. 그러나 국방(0.0), 연구(0.2), 경제개발(0.4), 정치(0.6), 보건(0.7) 분야에서는 국내활동 여력과 견주어 볼 때 훨씬 미진한 수준에서 국제교류가 이루어지고 있음을 알 수 있다. 특히 연구 및 경제개발 분야에서의 국제교류는 매우 부진한 실정에 있다.

그런데 이런 국제교류가 실제로 얼마나 높은 수준에서 구체화되고 있는지를 알아보기 위해서는 교류의 빈도를 확인해 보아야 할 것이다. 이에 따라 우선 "교류단체"로 확인된 71개 단체가 지난 1년 동안 얼마나 자주 대외교류에 나섰는지를 설문해 본 결과는 아래의 <표 8>에 나타나 있는 바와 같다.

아래의 <표 8>에 의하면 대부분의 단체(81.7%)가 10번 미만 교류에 나섰던 것으로 나타나고 있어 비록 국제교류에 나서는 단체라고 하더라도 매우 빈번하게 교류하고 있는 것은 아니라는 사실을 알 수 있다. 이런 점에서 보면 한국의 NGO가 "밀집형 지구화" 형성에 기여하는 정도는 아직 미미한 수준에 머물러 있다고 해도 과언이 아니다.

<표 8> 교류 빈도

빈도\횟수	10번 미만	10번 이상 20번 미만	20번 이상 30번 미만	30번 이상 40번 미만	40번 이상	총계
빈도	58	8	1	0	4	71
%	81.7	11.3	1.4	0.0	5.6	100.0

〈표 9〉 지역별 교류 빈도

지역 빈도	아시아	유럽 및 중앙아시아	중남미	중동 및 북아프리카	북미	아프리카	북한	총계
빈도	480	56	8	5	34	1	27	609
%	78.8	9.2	1.3	0.8	5.6	0.2	4.4	100.0

그런데 이를 지역별로는 얼마나 자주 교류했는지를 설문해 본 결과에 따라 정리해 보면 위의 <표 9>에 나타나 있는 바와 같다.

위의 <표 9>에 의하면 지역별 교류의 횟수 면에서도 아시아 지역 (78.8%)이 압도적이며, 유럽 및 중앙아시아 지역(9.2%)과 북미지역(5.6%) 이 그 뒤를 잇고 있다. 그런데 이는 교류에 참여하는 단체의 숫자를 기준 으로 한 경우(52.5%)보다도 교류의 횟수를 기준으로 하는 경우(78.8%) 아 시아 지역 편향성이 훨씬 더 심하다는 사실을 보여준다. 그러니까 교류의 빈도 면에서 보면 한국 NGO에 의해서 수행되는 거의 대부분의 국제교류 가 아시아 지역을 상대로 한 것이라고 하여도 과언이 아니다.

한번 국제교류가 이루어지는 경우 얼마나 높은 강도로 전개되는지를 알아보기 위해 교류의 강도를 측정해 보기로 하고, 우선 전자우편의 접속 이 지속되는 시간을 설문해 본 결과는 아래의 <표 10>에 나타나 있는 바 와 같다.

아래의 <표 10>에서 보면 3분 미만 접속하는 경우가 32.7%이고 6분 미

〈표 10〉 전자우편의 접속기간

기간 빈도	3분 미만	3분 이상 6분 미만	6분 이상 9분 미만	9분 이상 12분 미만	12분 이상	총계
빈도	16	12	3	7	11	49
%	32.7	24.5	6.1	14.3	22.4	100.0

〈표 11〉 전화통화의 지속기간

기간 / 빈도	5분 미만	5분 이상 10분 미만	10분 이상 15분 미만	15분 이상 20분 미만	20분 이상	총계
빈도	15	16	3	0	6	40
%	37.5	40.0	7.5	0.0	15.0	100.0

만인 경우가 전체의 57.2%를 구성하고 있어 대부분의 교류가 간단한 정보 공유 수준임을 알 수 있다. 그러나 12분 이상 지속하는 경우도 22.4%나 되고 있어 실질적인 협의나 진지한 대화가 진행되는 사례도 적지 않다는 사실을 알 수 있다. 이는 국제교류가 집중적이고 실체적인 교류와 단순 정보 공유 수준의 교류로 양분되어 있음을 보여주는 것이라고 하겠다.

같은 맥락에서 전화를 통한 국제교류는 얼마나 높은 강도로 전개되고 있는지를 알아 본 결과는 위의 <표 11>에 나타나 있는 바와 같다.

일단 전화로 외국과 통화를 시작하면 5분 이내에 끝내는 경우가 37.5%이고 10분 이내에 끝내는 경우는 모두 77.5%가 되는 것으로 나타나 있다. 대부분의 경우가 10분 이내에 끝냈다는 의미다. 그런데 20분 이상 계속되는 경우도 15.0%나 나타나고 있어 의례적인 교류를 넘어 매우 심각한 현안과제를 가지고 접촉하는 경우도 적지 않음을 알 수 있다. 특히 전화를 통한 교류의 경우에는 외국어 구사가 전제되어야 한다는 점에서 15.0%가 20분 이상 전화 교류에 나서고 있다는 사실은 매우 고무적이라고 하겠다.

인적교류의 경우도 어떤 강도로 전개되는지를 알아보기 위해 직접 만남을 통한 교류가 일단 이루어지는 경우 그것이 지속되는 기간이 얼마나 되는지를 설문한 결과는 <표 12>에 나타나 있는 바와 같다.

<표 12>에 의하면 외국의 관계자와 직접 대면하는 경우 지속되는 기일은 3일 미만이 30.9%, 6일 미만이 모두 73.5%나 되고 있어, 대개의 경우 1주일 이내의 기간에서 접촉하는 것으로 나타나 있다. 그러나 12일 이상 지속되는 경우도 7.4%로 나타나 있어 앞서의 전자우편이나 전화를 통한

〈표 12〉 인적교류의 지속기간

기간 빈도	3일 미만	3일 이상 6일 미만	6일 이상 9일 미만	9일 이상 12일 미만	12일 이상	총계
빈도	21	29	9	4	5	68
%	30.9	42.6	13.2	5.9	7.4	100.0

접촉에서와 같이 일종의 양분화 현상이 유지되고 있음을 알 수 있다. 따라서 한국 NGO의 국제교류는 단기적이고 단순한 교류 유형과 장기적이고 심층적인 교류로 구분해 볼 수 있다.

그런데 이런 교류가 궁극적으로는 어떤 내용의 것으로 진행되느냐에 따라 교류의 영향이나 결과가 달리 나타나게 될 것은 자명한 이치다. 이에 따라 교류의 양식, 방법, 대상, 형태, 연조 등을 살펴 본 결과는 다음과 같다. 우선 교류의 양식이 일회적이냐 또는 일상적이냐의 기준, 그러니까 교류의 제도화 정도에 따라 단순접촉, 긴급지원, 회합참여, 연대결성, 자매결연, 지부구성 등으로 구분해 보고자 한다.

그런데 국제교류에 참여하는 단체가 단순접촉과 같은 TNGO 활동에서 출발하여 궁극적으로 지부구성의 단계에까지 이르는 경우에는 이를 INGO라고 규정해 볼 수 있을 것이므로 결국 교류의 다양한 양식은 대외교류의 제도화 정도에 따라 단계적으로 TNGO와 INGO를 양축으로 하는 연속선상에 정렬된다고 할 수 있다. 이에 따라 지난 1년 동안 외국과 맺

〈표 13〉 국제교류의 양식

양식 빈도	지부구성	자매결연	연대결성	회합참여	긴급지원	단순접촉	총계
빈도	4	22	40	31	24	22	143
%	2.8	15.4	28.0	21.7	16.8	15.4	100.0

어 온 교류의 양식 가운데 가장 대표적인 곳 3곳에 표시해 주기를 요청해 본 결과는 <표 13>에 나타나 있는 바와 같다.

앞의 <표 13>에 따르면 연대를 결성하는 경우가 28.0%, 회합에 참여하는 경우가 21.7%, 긴급지원 관계가 16.8%, 자매결연이 15.4%, 단순접촉이 15.4%를 구성하는 것으로 나타나 있다. 그러나 지부구성과 같이 TNGO가 INGO로의 전환을 완료했다고 할 수 있는 경우는 2.8%에 지나지 않는다. 전체적으로 볼 때 연대결성과 회합참여가 중심축을 이루는 가운데 자매결연과 긴급지원 및 단순접촉이 균형을 이루고 있어 TNGO가 INGO로 전환하는 과정의 관점에서 보면 그의 중간 단계쯤에 이르러 있으며, 교류의 일상화나 지속성 정도 면에서 볼 때도 중간 정도에 이르러 있다고 할 수 있다.

그런데 이런 교류가 어떤 방법을 통해 수행되느냐에 따라 교류로 인한 영향 내지는 궁극적으로 달성하고자 하는 목표가 달라질 것이므로 지난 1년 동안 채택했던 교류의 양식에 따라 그 횟수를 표시하도록 설문해 본 결과 각각의 양식을 채택한 일이 있었던 단체의 숫자는 아래의 <표 14>에 나타나 있는 바와 같다.

아래의 <표 14>에 의하면 교육훈련 및 연수를 채택한 일이 있었던 단체가 41.6%, 공동행동이 28.3%, 자료발간 및 배포가 18.6%, 노력봉사가 6.2%, 공동교역이 5.3%를 차지한다. 그러니까 교육 훈련 및 연수의 경우

〈표 14〉 국제교류의 방법

빈도＼방법	교육훈련	자료발간	공동행동	노력봉사	공동교역	총계
빈도	47	21	32	7	6	113
%	41.6	18.6	28.3	6.2	5.3	100.0
교류단체 대비(%)	66.2	29.6	45.1	9.9	8.5	

는 교류단체 71개소 가운데 47개소가 채택함으로써 전체의 66.3%가 이런 목적으로 교류하고 있을 뿐만 아니라 교류단체가 채택하는 교류방법의 총수에서는 41.6%를 점하고 있어 단일 교류 방법으로는 가장 큰 몫을 점하고 있으며 그 규모에 있어서도 거의 절반에 육박한다는 사실을 알 수 있다.

이는 아직 한국 NGO의 국제교류가 정책공동체의 형성이나 지구시민운동론의 관점에서 시사하는 바와 같이 어떤 구체적인 이슈나 과제 중심의 네트워크 구축보다는 그의 전단계라고 할 수 있는 단순한 네트워크 자체의 개척 내지는 관계자 상호간의 인간적인 신뢰 구축, 나아가서는 경험과 전문지식의 공유와 같은 기관능력 확장 수준에서 이루어지는 것이 절반 정도를 차지한다는 의미로 이해된다.

그러나 다른 한편에서 보면 공동행동(28.3%)의 방법을 채택한 단체의 수가 전체 교류단체의 45.1%에 이르고 자료발간 및 배포(18.6%)의 방법을 채택했던 단체도 전체의 29.6%에 이르며 이들이 각각 교류단체가 채택한 교류방법의 연횟수에서 차지하는 비중이 28.3%와 18.6%라는 점을 상기할 때, 이 둘을 합칠 경우 전체의 거의 절반에 이름으로 어떤 특정의 정책적 이슈나 목적가치를 위해 국제교류에 나서는 경우도 전체의 다른 반쪽을 이룬다고 하겠다.

그러나 같은 이슈중심의 교류라고 하더라도 노력봉사나 공동교역과 같이 보다 서비스지향적인 방법은 채택률이 매우 저조한 실정이다. 그러니까 NGO의 자체 기관능력 제고를 위한 것이 절반 그리고 이슈중심의 단순 정책 공조가 다른 절반을 구성한다고 하겠다.

이런 교류의 과정에서 구체적으로 교류의 대상으로 삼고 있는 것이 무엇인지를 알아보기 위해 지난 1년 동안 교류의 대상으로 삼았던 것에 그 교류의 횟수를 기입해 주도록 요청한 결과 밝혀진 교류대상별 간여 단체의 수는 다음의 <표 15>에 나타나 있는 바와 같다.

<표 15>에 의하면 정보교류가 36.4%, 인적교류가 31.8%, 정책교류가 22.5%, 물자교류가 9.3%로 나타나 있다. 정보교류에는 전체 교류단체 71

<표 15> 국제교류의 대상

대상 / 빈도	인적교류	정보교류	정책교류	물자교류	기술교류	총계
빈도	41	47	29	12	0	129
%	31.8	36.4	22.5	9.3	0.0	100.0
교류단체 대비(%)	57.7	66.2	40.9	16.9	0.0	

개소 가운데 47개소가 참여하여 전체의 66.2%가 간여한 것으로 드러난다. 그런데 정책교류도 광범위한 의미의 정보교류라고 본다면 정보교류는 정책교류를 합쳐 전체 교류단체 연산 총수의 근 60%를 구성하는 셈이다. 반면에 인적교류는 31.8%를 차지하면서, 교류단체 71개소 가운데 41개소가 나서고 있어 전체 교류단체 연산 총수의 57.7%가 간여하는 것으로 나타나 있다.

그러나 물자교류와 기술교류는 매우 저조한 것으로 나타나 있다. 이런 사실의 발견은 앞서 밝혀진 교류방법의 분포와 같은 맥락하에 있음을 시사한다. 인적교류의 비중이 높은 것은 교육훈련 및 연수를 중시하는 경향과 맥을 같이하며, 정보교류와 정책교류의 비중이 높은 것은 자료발간과 배포 및 공동행동을 중시하는 경향과 연계되어 있고, 나아가 물자교류와 기술교류의 비중이 저조한 것은 노력봉사나 공동교역과 같은 서비스지향적인 요소를 경시하는 경향과 유관되어 있다고 보여지기 때문이다. 교육훈련과 연수가 인적교류를 전제로 하는 것이라면, 자료발간 및 배포나 공동행동은 일의 성질상 정보나 정책의 발간 및 행동을 상정하는 것이며, 노력봉사나 공동교역은 물적 자원이나 기술자원의 공유를 전제로 하는 것이라는 의미다.

이런 교류를 위해서 실제 어떤 형태의 의사소통 내지는 네트워크가 구축되느냐에 따라 그것이 지구시민사회의 형성에 미치는 영향이나 의미는

〈표 16〉 국제교류의 형태

형태 빈도	일방적 수수	일방적 제공	양자간 교환	다자간 교환	총계
빈도	6	6	37	20	69
%	8.7	8.7	53.6	29.0	100.0

사뭇 다를 것이다. 이는 네트워크의 양식이 지구시민사회 구성원 간의 관계를 구속하는 효과를 동반하기 때문이다. 이런 문제의식을 토대로 실제 한국의 NGO들이 어떤 형태의 의사소통 내지는 네트워크를 구축해 오고 있는지를 알아보기 위해 지난 1년 동안의 대외교류 형태 가운데 자신의 경우를 가장 잘 대표하는 유형 하나를 골라 표시하도록 주문해 본 결과는 위의 <표 16>에 나타나 있는 바와 같다.

위의 <표 16>에 따르면 절반 이상(53.6%)이 양자간 교환의 양식을 취하고 있으며 다자간 교환의 경우도 29.0%를 점하고 있다. 특히 일방적 수수나 일방적 제공의 경우가 매우 낮은 수준에 머물러 있어 매우 고무적이다. 일방적 수수나 일방적 제공이 교류 간여자들 간의 관계를 수직적으로 구조화하고 그 결과 비민주적인 권력관계를 형성하게 될 위험성이 있는 데 반해서, 양자적 교환과 다자간 교환의 경우는 교류 간여자들의 관계를 보다 수평화, 평등화하면서 민주적 관계로 유도하는 성질이 있다고 보아지기 때문이다. 그러니까 대부분(82.6%)의 교류형태는 범지구적 관

〈표 17〉 국제교류의 연조

연조 빈도	1년 내외	5년 내외	10년 내외	15년 내외	20년 이상	총계
빈도	13	18	20	9	10	60
%	18.6	25.7	28.6	12.9	14.3	100.0

계망의 수평화, 평등화에 기여하는 "민주적 교환"의 양식으로 전개되고
있다는 의미다.

그런데 이런 교류가 단체 수준에서 얼마 동안이나 지속되고 있느냐는
교류의 안정성이나 제도화와 관련하여 시사하는 점이 적지 않을 수밖에
없다. 이런 관점에서 국제교류의 경험 정도가 얼마나 되는지를 알아보기
위해 외국 NGO와의 교류를 시작한지는 얼마나 되었는지를 설문해 본 결
과는 앞의 <표 17>에 나타나 있는 바와 같다.

<표 17>에 의하면 10년 정도 된 경우가 28.6%로 가장 많고, 5년 내외
가 25.7%, 1년 내외된 경우도 18.6%나 되었다. 이는 한국 NGO의 대외교
류가 최근 10년 사이에 급진적인 신장세를 보이고 있다는 의미로 해석된
다. 그러나 20년 이상 된 경우도 14.3%나 있어 일부의 NGO는 오랜 동안
대외교류를 지속해 왔으며, 그 결과 교류의 안정화 단계에 들어가 있다고
할 수 있다.

그런데 이런 국제교류를 가능케 하는 교류 지원 자원은 어떻게 조달되
고 있는지를 알아보기 위해서 교류재정의 출처와 규모를 파악해 본 결과
는 아래의 <표 18>에서 보는 바와 같다. 아무리 국제교류에 대한 수요가
크고 필요성을 절감한다고 하더라도 그에 필요한 재정자원이 조달되지
않고서는 실제 대외교류에 나서기 어려운 일이며 설혹 재정자원이 조달
된다고 하더라도 그 재원의 성질에 따라 교류의 내용과 성격이 적지 않
게 영향을 받을 것은 자명한 일이다. 바로 이런 점을 감안하여 대외교류
에 필요한 재정자원을 어떻게 조달하고 있는지를 알아보기 위해 대외 교

〈표 18〉 교류비용의 출처

출처 빈도	자체예산	사적 기부금	공공부문 지원금	외국기관 지원금	수익사업	총계
빈도	56	21	35	5	12	129
%	43.4	16.3	27.1	3.9	9.3	100.0

<표 19> 교류비용의 규모

유효사례수	최소값	최대값	평균	표준편차
60	100,000원	1,000,000,000원	44,311,667원	159937155

류과정에서 지난 1년 동안 가장 의존도가 높았던 재정자원 공급처 3곳을 지적해달라는 설문을 했으며, 이에 대한 응답 결과를 정리해 보았다.

<표 18>에 따르면 자체예산이 대종을 이루고(43.4%) 공공부문 지원금 (27.1%)과 사적 기부금(16.3%)이 그 뒤를 잇고 있다. 외국기관의 지원 (3.9%)이나 자체 수익사업(9.3%)을 통한 재정조달은 매우 일천한 수준에 있다. 그런데 외국기관의 지원이나 교류 자체를 위한 수익사업을 통해 재정자원을 조달하는 경우는 그것 자체가 초국적 시각을 필요로 하다는 점에서 볼 때 앞으로 보다 더 활성화되어야 할 것으로 평가된다. 그러나 자체 예산이 차지하는 비중이 43.4%나 된다는 사실은 국제교류가 이를 실천하는 단체의 일상적 과제로 정착해 나가는 증거의 하나라고 해석해 볼 수 있을 것이다.

실제로 국제교류를 하는 데 소요되는 비용의 규모가 얼마나 되는지를 알아보기 위해 지난 1년 동안 대외교류를 위해 지출한 비용이 얼마인지를 설문해 본 결과는 위의 <표 19>에 나타나 있는 바와 같다.

위의 <표 19>에 따르면 연평균 4,431만 원을 지출하는 것으로 나타나 있으나 최고 10억 원을 지출하는 단체가 있는가 하면 최소 10만 원 정도를 지출하는 단체도 있어 단체 간의 편차가 높은 것으로 나타났다.

2. 하부구조

NGO의 국제교류를 결정하는 독립변수 가운데 가장 중요한 것으로 NGO의 하부구조에 주목해 보기로 하고, NGO의 하부구조는 다시 인적자원, 재정자원, 조직자원, 정보자원, 가치자원 등에 의해 구성된다고 보기

〈표 20〉 상근자 규모

단체＼규모	사례 수	최소값	최대값	평균	표준편차
교류단체	71	1	1500	41.1	181
비교류단체	59	0	25	5.8	5

로 하였으므로 이들이 각각 어떤 실정에 있는지를 알아보는 일은 한국 NGO의 국제교류 실태와 그 동인을 파악하는 데 있어 선결적 과제다.

먼저 인적자원의 현황을 알아보기 위해 그동안 국제교류에 나섰던 단체와 그렇지 않은 단체를 대상으로 상근자의 수를 설문한 결과는 위의 〈표 20〉에 나타나 있는 바와 같다.

위의 〈표 20〉에 따르면 국제교류에 나선 단체의 경우는 평균 41명 정도의 상근자를 두고 있어 단체의 규모가 상당한 정도에 이르는 것으로 파악된다. 이는 국제교류의 경험이 없는 단체의 경우는 대개 평균 6명 정도의 상근자를 두고 있다는 사실과 크게 대비되는 현상이다.

더 나아가 국제교류 업무는 그것 자체가 외국어의 구사 능력이나 문화적 편차의 이해력 나아가 초국적인 과제에 대한 정보력 등을 필요로 하는 작업이므로 이를 전담하는 상근자가 준비되어 있느냐의 여부는 그것의 당위성 여부를 떠나 단체의 국제교류에 대한 의지나 배려 정도를 측정하는 지표가 될 수 있다. 이런 관점에서 국제교류 전담 상근간사의 규

〈표 21〉 국제교류 전담 상근자 규모

단체＼규모	사례 수	최소값	최대값	평균	표준편차
교류단체	71	0	9	0.75	1.3
비교류단체	59	0	0	0.0	0.0

〈표 22〉 연간 예산

단체＼규모	사례 수	최소값	최대값	평균	표준편차
교류단체	71	2,000,000	20,000,000,000	902,275,441	25007772852
비교류단체	59	2,000,000	1,200,000,000	140,839,796	221073808

모를 설문한 결과는 아래의 <표 21>에 나타나 있는 바와 같다.

<표 21>에 따르면 국제교류에 나선 경험이 있는 단체의 경우에는 평균 0.75명 정도의 국제교류 전담자를 두는 것으로 나타나 있어 적어도 4곳 가운데 3곳은 상근 전담자 1명 정도를 둔다고 하겠다. 그러나 국제교류의 경험이 없는 단체에서는 국제교류 전담자를 두는 곳이 전무한 것으로 나타나 있다. 이는 당연한 귀결이겠지만 국제교류가 활성화되기 위해서는 상근 전담자를 두는 것이 필요하다는 사실을 역설해 주는 간접 지표인 셈이다.

그런데 NGO에 의한 국제교류가 활성화하기 위해서는 그에 필요한 재정자원이 뒷받침되어야 할 것이므로 한국 NGO의 국제교류를 지원하는 재정자원의 실상을 알아보기 위해 단체의 1년 예산 규모를 설문해 본 결과는 위의 <표 22>에 나타나 있는 바와 같다.

위의 <표 22>에 따르면 국제교류 경험이 있는 단체의 경우에는 연평균 약 9억 원 정도의 예산을 집행하는 것으로 나타나는 데 반해 국제교류의 경험이 없는 단체의 경우에는 연평균 1억 4천만 원 정도의 예산을 집행하는 것으로 드러나 있다. 보다 단체의 재정규모가 클수록 국제교류에 나설 확률이 크다는 의미로 해석된다.

그런데 아무리 재정자원의 규모가 크다고 하더라도 그 재정자원이 단체의 자율성이나 독립성을 위협할 가능성이 있을 경우에는, 그런 재정자원에 힘입어 이루어지는 국제교류가 지구시민사회의 형성에 긍정적으로 기여하기는 쉽지 않을 것이다. 이런 점을 고려하여 단체의 대 정부관계

〈표 23〉 정부지원 예산 비율

단체 \ 비율		5% 내외	10% 내외	15% 내외	20% 내외	20% 이상	총계
교류단체	빈도	41	4	7	9	7	68
	%	60.3	5.9	10.3	13.2	10.3	100.0
비교류단체	빈도	23	4	6	4	7	44
	%	52.3	9.1	13.6	9.1	16.0	100.0

자율성 정도를 파악하기 위해 지난 1년의 예산 가운데 정부로부터 지원받은 금액이 차지하는 비율이 얼마나 되는지를 설문해 본 결과는 <표 23>에 나타나 있는 바와 같다.

<표 23>에 따르면 정부 지원금이 전체 예산의 5% 내외를 차지하는 경우가 전체의 60%에 이르고 있어 대체적으로 단체의 대정부 기관독립성은 확보되어 있는 셈이다. 이는 국제교류의 경험이 없는 경우에도 크게 다르지 않아서 정부 지원금이 전체 예산액의 5% 내외를 차지하는 경우가 전체의 52%에 이르고 있다. 다만 국제교류의 경험이 있는 경우와 없는 경우 모두 정부지원금이 전체 예산의 20% 내외 이상이 되는 경우가

〈표 24〉 기업지원 예산 비율

단체 \ 비율		5% 내외	10% 내외	15% 내외	20% 내외	20% 이상	총계
교류단체	빈도	41	4	2	6	3	66
	%	77.3	6.1	3.0	9.1	4.6	100.0
비교류단체	빈도	36	3	1	0	2	42
	%	85.7	7.1	2.4	0.0	4.8	100.0

전체의 25% 정도가 되고 있어 이 경우에는 단체의 자율성 문제에 유의해야 하는 필요성이 제기되고 있다.

이런 관계는 기업과의 관계에서도 같다. 같은 맥락하에서 1년의 예산 가운데 기업 지원금이 차지하는 비율을 설문해 본 결과는 아래의 <표 24>에 나타나 있는 바와 같다.

<표 24>에 따르면 국제교류에 나선 경험이 있는 단체의 1년 예산 가운데 기업지원금이 차지하는 비율이 5% 내외인 경우가 전체의 77%에 이르고 있고, 국제교류에 나서지 않는 단체의 경우에도 86%에 이르고 있어 한국 NGO의 대 기업관계에서의 독립성이나 자율성에 대해서는 이를 우려하지 않아도 좋을 정도라고 하겠다.

조직자원의 현황과 관련하여 단체의 회원 수는 NGO가 자발적 참여를 통한 자율적 의사결정기구라는 점에서 볼 때 단체의 추동력을 결정짓는 주요 변수라고 할 수 있다. 이런 관점에서 단체의 회원 규모를 알아본 결과는 아래의 <표 25>에 나타나 있는 바와 같다.

아래의 <표 25>에 따르면 국제교류의 경험이 있는 단체의 평균 회원 수는 7,808명이며 최대 12만 명에서 최소 40명까지 매우 폭 넓은 종류의 회원 규모를 보여 준다. 반면에 국제교류의 경험이 없는 경우는 평균 1,103명의 회원 수를 보유하고 있으며 최고 50명에서 최대 3만 명까지의 다양성을 보여 준다. 이 조사의 결과 보다 회원 규모가 클수록 국제교류에 나설 가능성이 크다는 점이 시사된다고 하겠다.

조직자원의 또 다른 축이라고 할 수 있는 단체의 역사성 정도를 알아

<표 25> 회원 규모

단체 \ 규모	사례 수	최소값	최대값	평균	표준편차
교류단체	71	40	120,000	7808	20891
비교류단체	59	50	30,000	1103	4195

〈표 26〉 단체 연조

단체＼연조	사례 수	최소값	최대값	평균	표준편차
교류단체	71	2년	102년	24.3년	25
비교류단체	59	3년	57년	11.4년	8

본 결과는 〈표 26〉에 나타나 있는 바와 같다. 단체의 역사가 오래될수록 다양한 환경에서의 생존율이 높고, 생존율이 높은 만큼 기관능력이 크며, 기관능력이 큰 만큼 대외교류를 위한 여력이 있을 것이라는 가정 아래 단체의 연조를 알아본 결과는 〈표 26〉에 나타나 있는 바와 같다.

위의 〈표 26〉에 따르면 국제교류의 경험이 있는 단체의 평균 존속기간이 약 24년인 데 반해서 국제교류에 나서 본 경험이 없는 단체의 경우는 평균 약 11년 정도 되는 것으로 나타나 있다. 이는 단체의 연조가 오랠수록 국제교류에 나설 가능성이 크다는 점을 암시해 주는 것이며, 단체의 연조가 오랠수록 단체의 제도화 정도나 기관능력의 정도가 높다는 일반적인 현상과 관련해 볼 때, 단체의 국제교류가 활성화되기 위해서는 먼저 단체의 제도화 내지는 기관 능력 제고가 선행되어야 한다는 점을 시사해 주는 것이라고 하겠다.

정보자원과 관련해서는 범지구적인 네트워크의 구축과 의사소통의 통로를 개척하는 일이 지구시민사회의 형성 과정에 있어 필수적 과제이자 전제 조건이라는 점을 감안하여 바로 그런 네트워크를 범지구적으로 형성하는 데 있어 필수적인 장치 가운데 하나라고 할 수 있는 영문 홈페이지의 운영여부를 설문해 본 결과는 〈표 27〉에 나타나 있는 바와 같다.

〈표 27〉에 따르면 국제교류를 하는 단체 가운데 영문 홈 페이지를 두고 있는 경우는 전체의 35.7%에 지나지 않는다. 반면에 국제교류를 하지 않는 단체의 경우는 겨우 6%만이 영문 홈페이지를 두고 있다. 이렇게 국제교류를 하지 않는 단체들이 대부분 영문 홈페이지를 운영하지 않는다

〈표 27〉 영문 홈페이지 유무

단체 \ 유무		운영하고 있음	운영하지 않음	총계
교류단체	빈도	25	45	70
	%	35.7	64.3	100.0
비교류단체	빈도	3	47	50
	%	6.0	94.0	100.0

는 사실은 일면 당연한 현상으로 받아들여진다.

그러나 국제교류를 하는 단체 가운데 과반수를 훨씬 상회하는 경우가 아직도 영문 홈페이지를 두고 있지 않다는 사실에 대해서는 주목해 볼 필요가 있다. 이는 NGO 부문의 정보화 수준이 아직도 일천하거나 국제화에 대한 인식의 정도가 아직은 심화되기 이전 단계에 있기 때문에 빚어지는 현상으로 관측되기 때문이다. 이 점은 특히 우리사회가 정보 인프라의 구축이나 생활화에 있어 범지구 차원의 선도국 가운데 하나라는 점을 감안해 볼 때 보다 유의해 보아야 할 현상이다.

가치자원과 관련해서는 NGO 지도자들이 지구화에 대해서 가지고 있는 기본 인식, 이문화(異文化)에 대한 수용성 정도, 민주성에 대한 신념 등이 지구시민사회의 건설과 관련하여 매우 중요하다고 보고, 이를 알아보기 위해 먼저 세계화에 반대하는 시위에 대해 어떻게 생각하는지를 매우 찬성한다, 대체로 찬성한다, 그저 그렇다, 대체로 반대한다, 매우 반대한다 가운데 한 곳에 O표해 주도록 주문해 보았다. 그 결과는 다음의 〈표 28〉에 나타나 있는 바와 같다.

〈표 28〉에 의하면 국제교류의 경험이 있는 경우 세계화를 반대하는 시위에 대해 매우 찬성하는 경우가 25%, 대체로 찬성하는 경우가 42.7%로 나타나 찬성하는 쪽이 무려 68%나 되는 것으로 파악된다. 그러나 국제교류를 하지 않는 단체의 경우도 세계화 반대 시위에 대해 이를 매우 찬성

〈표 28〉 세계화 반대시위에 대한 태도

단체	정향	매우 찬성	대체로 찬성	그저 그럼	대체로 반대	매우 반대	총계
교류단체	빈도	17	29	11	9	2	68
	%	25.0	42.7	16.2	13.2	2.9	100.0
비교류단체	빈도	16	19	6	8	1	50
	%	32.0	38.0	12.0	16.0	2.0	100.0

하는 경우가 32.0%, 대체로 찬성하는 경우가 38.0%인 것으로 나타나 전체적으로 볼 때 70%가 찬성하는 것으로 나타나 있다. 그러니까 국제교류를 하는지와는 관계없이 대부분의 한국 NGO들이 세계화에 대한 반대 시위를 찬성하는 것으로 나타나 있다.

그러나 미세한 정도의 차이가 아주 없는 것은 아니어서 오히려 국제교류를 하지 않는 단체가 국제교류를 하는 단체보다 더 적극적으로 세계화에 대한 반대시위를 지지하는 것으로 드러나 있다. 이는 세계화 반대 시위를 지구화 현상에 대한 긍정적 평가의 연장선상이 아니라 부정적 관점의 연장선상에서 이해한 결과로 판단된다. 여하튼 현재 국제교류에 나서고 있건 또는 그렇지 않건 간에 한국의 NGO들은 기본적으로 세계화에 대한 반대 시위를 지지하는 것으로 드러나 있으며 이는 근본적으로 세계화 현상에 대한 대칭적 조치로서의 NGO에 의한 네크워크와 연대활동을 지지하는 것이라는 의미에서 지구시민사회 형성을 향한 제반 노력을 적극적으로 수용한다는 태도가 정립되어 있다는 뜻으로 해석된다. 세계화에 대한 반대시위는 지구화 자체를 반대하는 것이 아니라 지금과 같은 양식으로 전개되는 지구화 현상을 반대하는 것으로 이해되기 때문이다.

또한 지구시민사회가 보다 더 조화롭게 형성되기 위해서 그런 작업을 주도하는 이들이 서로 다른 문화에 대해 개방적이어서 이문화에 대한 관용성의 정도가 높아야 할 것은 당연한 이치다. 이런 관점에서 국내에 들어

<표 29> 외국인 근로자에 대한 태도

단체	정향	매우 찬성	대체로 찬성	그저 그럼	대체로 반대	매우 반대	총계
교류단체	빈도	17	40	9	4	0	70
	%	24.3	57.1	12.9	5.7	0.0	100.0
비교류단체	빈도	6	29	8	5	1	49
	%	12.2	59.2	16.3	10.2	2.0	100.0

와 있는 외국인 근로자의 영향력이 점차 커지는 현상에 대해 어떻게 생각하는지를 설문해 본 결과는 <표 29>에 나타나 있는 바와 같다.

<표 29>에 따르면 국제교류의 경험이 있는 단체의 경우 외국인 근로자의 영향력이 점점 더 커지는 문제에 대해 매우 찬성하는 경우가 24.3%, 대체로 찬성하는 경우가 57.1%나 되어 전체적으로 볼 때 찬성하는 경우가 물경 81.4%나 되는 것으로 나타나 있다. 이는 정도의 차이가 있기는 하지만 국제교류의 경험이 없는 경우에도 같다. 국제교류의 경험이 없는 단체의 경우 외국인 근로자의 영향력이 커지는 현상에 대해 매우 찬성하는 비율이 12.2%, 대체로 찬성하는 비율이 59.2%로 나타나 있어 전체적으로는 71.4%에 이르는 것으로 드러나 있다. 이는 한국의 NGO들이 이문화적인 요소에 대한 관용성 정도가 매우 높다는 사실을 보여 주는 것이라고 하겠다. 지구시민사회의 건설과 관련하여 매우 고무적인 현상으로 해석된다.

그런데 그런 지구적 네트워크의 형성이 지구시민사회의 성격을 갖추려면 범지구적 차원의 민주주의에 대한 확고한 신념이 전제되어야 할 것이다. 특히 지금까지는 정부 간의 관계를 중심으로 패권적 이익을 보장하는 일에 우선적인 강조점을 두어왔다는 점에서 보다 더 이 문제에 대해 유의해 보아야 할 것이다. 이런 관점에서 만 18세로 선거권을 인하하자는 주장에 대해 어떻게 생각하는지를 설문해 보았다. 이는 거의 모든 나라들

〈표 30〉 선거권 허용 연령인하에 대한 태도

단체	정향	매우 찬성	대체로 찬성	그저 그럼	대체로 반대	매우 반대	총계
교류단체	빈도	50	14	2	3	1	70
	%	71.4	20.0	2.9	4.3	1.4	100.0
비교류단체	빈도	23	18	5	2	2	50
	%	46.0	36.0	10.0	4.0	4.0	100.0

이 18세 이상에게 선거권을 주고 있어 이를 추진하는 일에 대해서는 개인의 존엄성과 정치적 권리에 대한 인식이 높을수록 적극적일 것이며 결과적으로 민주주의에 대한 가치관이 성숙되어 있을 것으로 보았기 때문이다. 설문의 결과는 위의 〈표 30〉에 나타나 있는 바와 같다.

위의 〈표 30〉에 따르면 국제교류의 경험이 있는 단체의 경우 선거권을 18세로 인하하자는 안에 대해 매우 찬성하는 경우가 71.4%, 대체로 찬성하는 경우가 20.0%나 되어 전체적으로 찬성하는 쪽이 물경 91.4%나 되는 것으로 나타나 있다. 이는 정도의 차이가 있기는 하지만 국제교류의 경험이 없는 경우에도 같다. 국제교류의 경험이 없는 단체의 경우 선거권을 18세로 인하하자는 주장에 대해 매우 찬성하는 비율이 46.0%, 대체로 찬성하는 비율이 36.0%로 나타나 있어 전체적으로는 82.0%에 이르는 것으로 드러나 있다. 이는 한국의 NGO들이 민주주의에 대한 신념이 매우 높다는 사실을 보여주는 것이라고 하겠다. 지구시민사회의 건설과 관련하여 매우 고무적인 자료라고 해석된다.

남북한 간의 교류와 접촉을 활성화하는 문제와 관련하여서는 남한의 북한에 대한 여러 유형의 인도주의적인 지원에 대해 이를 반대하는 여론도 있어 기본적으로 남북한의 평화 공존 전략에 대해 어떤 태도정향을 지니느냐가 매우 중요한 변수로 작용할 수밖에 없다. 바로 이런 인식의 연장선상에서 남한이 북한에 대해 경제적인 지원을 해주고 있는 데 대해 어떻게

〈표 31〉 대북 경제지원에 대한 태도

단체 \ 정향		매우 찬성	대체로 찬성	그저 그럼	대체로 반대	매우 반대	총계
교류단체	빈도	47	20	2	1	0	70
	%	67.1	28.6	2.9	1.4	0.0	100.0
비교류단체	빈도	26	21	2	1	0	50
	%	52.0	42.0	4.0	2.0	0.0	100.0

생각하는 지를 설문해 본 결과는 〈표 31〉에 나타나 있는 바와 같다.

〈표 31〉에 따르면 국제교류의 경험이 있는 단체의 경우 대북한 경제 지원에 대해 매우 찬성하는 경우가 67.1%, 대체로 찬성하는 경우가 28.6%나 되어 전체적으로 볼 때 찬성하는 쪽이 물경 95.7%나 되는 것으로 나타나 있다. 이는 정도의 차이가 있기는 하지만 국제교류의 경험이 없는 경우에도 같다. 국제교류의 경험이 없는 단체의 경우 대북 경제 지원에 대해 매우 찬성하는 비율이 52.0%, 대체로 찬성하는 비율이 42.0%로 나타나 있어 전체적으로는 94.0%가 지지하는 것으로 드러나 있다. 이는 한국의 NGO들이 대북 경제지원에 대해 매우 적극적이고 긍정적인 자세를 지니고 있다는 사실을 보여주는 것이라고 하겠다. 따라서 남북한 교류의 증대와 관련한 NGO의 태도정향과 관련해서는 매우 고무적인 환경이 조성되어 있는 셈이다.

3. 상관관계

한국 NGO의 하부구조 가운데 주로 어떤 요인이 오늘날의 한국 NGO가 펼치는 국제교류 실태에 영향을 미치고 있는지를 파악하기 위해 교류현황과 하부구조 사이의 상관관계 계수를 구해 보기로 하였다.

〈표 32〉 교류지역과 하부구조의 상관관계지수

구분	상근자 규모	교류 전담자	연간 예산	정부 지원	기업 지원	회원 규모	단체 연조	세계화	관용성	민주성	남북 교류
아시아	-0.0348 (0.8225)	.	0.04383 (0.7802)	0.29059 (0.0587)	0.01773 (0.9102)	0.01175 (0.9397)	-0.0990 (0.5224)	0.24543 (0.1083)	0.03435 (0.8248)	0.16393 (0.2877)	0.12091 (0.4343)
유럽	-0.3035 (0.4272)	.	0.08273 (0.8456)	-0.4306 (0.2869)	-0.4425 (0.2723)	-0.0953 (0.8073)	0.00472 (0.9904)	0.22379 (0.5627)	-0.0657 (0.8665)	0.44758 (0.2270)	0.11746 (0.7634)
중남미	.	.	.	.	.	.	.	.	.	.	.
중동	.	.	.	.	.	.	.	.	.	.	.
북미	0.35776 (0.2301)	.	0.34244 (0.2521)	0.19736 (0.5181)	0.12499 (0.6841)	0.33113 (0.2691)	0.20533 (0.5010)	0.46156 (0.1124)	0.13789 (0.6533)	0.11070 (0.7188)	0.09335 (0.7616)
아프리카	.	.	.	.	.	.	.	.	.	.	.
북한	-0.1790 (0.6207)	-0.1857 (0.6075)	0.05227 (0.8860)	0.35261 (0.3176)	-0.2122 (0.5561)	-0.3485 (0.3236)	-0.3078 (0.3868)	0.33218 (0.3484)	0.05872 (0.8720)	-0.1119 (0.7581)	-0.1857 (0.6075)

* ( ) 안은 유의 수준임

먼저 교류의 지리적 범위 설정과 관련하여 한국의 NGO가 주로 아시아 지역과 교류한다는 사실이 앞서의 자료에서 밝혀지고 있으므로, 국제교류의 대상지역을 선정하는 일과 NGO의 하부구조 간에는 어떤 관계가 설정되어 있는지를 알아보기 위해 양자간의 상관관계지수를 구해 본 결과는 다음과 같다.

위의 <표 32>에 의하면 유의수준 0.1 이하에서 상관관계가 있는 것으

〈표 33〉 교류빈도와 하부구조의 상관관계지수

구조 빈도	상근자 규모	교류 전담자	연간 예산	정부 지원	기업 지원	회원 규모	단체 연조	세계화	관용성	민주성	남북 교류
교류 빈도	-0.0363 (0.7654)	0.18639 (0.1371)	0.08129 (0.5099)	0.32231 (0.0074)	0.02727 (0.8279)	0.06813 (0.5809)	-0.1131 (0.3512)	0.14165 (0.2492)	0.05683 (0.6403)	0.19694 (0.1022)	0.21362 (0.0758)

* ( ) 안은 유의 수준임

로 나타나는 것은 아시아 지역과 정부지원 예산 간의 관계로서, 아시아 지역과의 교류 횟수가 높을수록 단체의 1년 예산 가운데 정부로부터 지원 받는 금액의 비중이 높아지는 관계에 있다(0.29059). 그런데 중남미 지역, 중동 및 북아프리카 지역, 아프리카 지역 등은 사례수가 너무 작아서 상관계수를 구할 수가 없었다.

교류빈도와 단체의 하부구조 간에 형성되어 있는 상관관계를 알아보기 위해 양자간의 상관관계를 분석해 본 결과는 위의 <표 33>에 나타나 있는 바와 같다.

<표 33>에 의하면 유의수준 0.1 이하에서 볼 때, 교류 빈도가 높아질수

〈표 34〉 교류강도와 하부구조의 상관관계지수

구조 수단	상근자 규모	교류 전담자	연간 예산	정부 지원	기업 지원	회원 규모	단체 연조	세계화	관용성	민주성	남북 교류
전자 우편	0.18059 (0.2193)	-0.0295 (0.8471)	-0.0422 (0.7803)	0.16942 (0.2549)	0.21058 (0.1650)	0.03852 (0.7994)	-0.0211 (0.8864)	0.05610 (0.7111)	0.11436 (0.4390)	0.20975 (0.1525)	0.18958 (0.1969)
전화 통화	0.32141 (0.0431)	-0.0246 (0.8831)	-0.0699 (0.6721)	0.18808 (0.2581)	0.06967 (0.6820)	0.11445 (0.4878)	0.15888 (0.3275)	-0.1260 (0.4384)	-0.1694 (0.2959)	-0.0450 (0.7823)	-0.0087 (0.9571)
인적 교류	0.10535 (0.3962)	-0.0227 (0.8595)	0.05792 (0.6468)	-0.0434 (0.7314)	-0.0026 (0.9835)	0.18894 (0.1287)	0.13435 (0.2784)	-0.0084 (0.9469)	-0.0319 (0.7975)	-0.0803 (0.5178)	-0.1041 (0.4018)

* ( ) 안은 유의 수준임

록 연간 예산에서 정부지원이 차지하는 비중이 높아지는 경향이 있으며
(0.32231), 남한에 의한 대북 경제지원을 반대하는 경향이 높아지고 있다
(0.21362).

교류강도와 단체의 하부구조 간에 형성되어 있는 상관관계를 알아보
기 위해 양자간의 상관관계를 분석해 본 결과는 앞의 <표 34>에 나타나
있는 바와 같다.

<표 35> 교류방법과 하부구조의 상관관계지수

구분	상근자 규모	교류 전담자	연간 예산	정부 지원	기업 지원	회원 규모	단체 연조	세계화	관용성	민주성	남북 교류
교육 훈련	0.16005 (0.3897)	-0.0493 (0.7995)	0.58297 (0.0006)	-0.0348 (0.8550)	-0.0175 (0.9268)	0.27926 (0.1282)	0.32966 (0.0701)	0.21103 (0.2545)	0.33621 (0.0644)	0.06135 (0.7430)	-0.0492 (0.7925)
자료 발간	-0.0394 (0.8891)	-0.0652 (0.8174)	-0.1521 (0.5882)	0.45678 (0.0870)	-0.2390 (0.3909)	-0.1878 (0.5027)	-0.2555 (0.3579)	0.16990 (0.5449)	0.10309 (0.7147)	-0.1379 (0.6241)	-0.0652 (0.8174)
공동 행동	-0.1395 (0.5932)	. .	-0.1452 (0.5782)	0.27683 (0.2821)	-0.1411 (0.5890)	-0.0359 (0.8912)	-0.2842 (0.2688)	0.12773 (0.62520)	-0.0706 (0.7875)	-0.1054 (0.6872)	-0.1806 (0.4877)
노력 봉사	-0.7584 (0.1372)	. .	-0.2764 (0.6526)	0.48996 (0.4021)	0.49237 (0.3994)	-0.7773 (0.1218)	-0.8045 (0.1007)	0.11918 (0.8486)	-0.0402 (0.9487)	0.04029 (0.9487)	-0.1230 (0.8437)
공동 교역	0.90419 (0.2809)	-0.5000 (0.6667)	0.05764 (0.9633)	-0.1889 (0.8790)	-0.5000 (0.6667)	-0.4874 (0.6759)	0.16452 (0.8948)	. .	0.50000 (0.6667)	-0.5000 (0.6667)	-0.5000 (0.6667)

* ( ) 안은 유의 수준임

<표 34>에 의하면 유의수준 0.1 이하에서 볼 때, 전화통화만이 단체의 하부구조와 유의미한 상관관계를 구성하는 것으로 나타나 있다. 한번 전화를 걸어 오래 통화하는 경향이 있을수록 단체의 상근자 수가 증가하는 경향에 있다(0.32141)는 것이다.

교류방법과 단체의 하부구조 사이에 형성되어 있는 상관관계를 알아보기 위해 양자간의 관계를 상관분석해 본 결과는 앞의 <표 35>에 나타

〈표 36〉 교류대상과 하부구조의 상관관계지수

구분	상근자 규모	교류 전담자	연간 예산	정부 지원	기업 지원	회원 규모	단체 연조	세계화	관용성	민주성	남북 교류
인적 교류	0.25927 (0.2108)	-0.1033 (0.6390)	0.28622 (0.1654)	0.48959 (0.0152)	0.36648 (0.0782)	0.12918 (0.5383)	0.11452 (0.5857)	0.36423 (0.0735)	0.29263 (0.1557)	-0.0142 (0.9461)	-0.0935 (0.6565)
정보 교류	-0.1024 (0.6110)	0.13795 (0.5016)	-0.1617 (0.4201)	-0.0120 (0.9534)	-0.1083 (0.5984)	-0.0719 (0.7213)	-0.3197 (0.1040)	0.05852 (0.7719)	-0.1005 (0.6179)	0.03698 (0.8547)	0.14241 (0.4786)
정책 교류	-0.1214 (0.6203)	-0.0822 (0.7456)	-0.1181 (0.6301)	0.36153 (0.1404)	-0.1604 (0.5249)	-0.0343 (0.8890)	-0.2374 (0.3278)	0.09783 (0.6903)	-0.1440 (0.5564)	-0.2683 (0.2666)	-0.0775 (0.7523)
물자 교류	-0.2258 (0.6263)	. .	-0.2870 (0.5326)	0.40660 (0.3653)	0.54214 (0.2087)	-0.3091 (0.4999)	-0.5161 (0.2356)	-0.0879 (0.8513)	0.00000 (1.0000)	-0.3499 (0.4416)	-0.3499 (0.4416)
기술 교류	. .	. .	. .	. .	. .	. .	. .	. .	. .	. .	. .

* ( ) 안은 유의 수준임

나 있는 바와 같다.

<표 35>에 의하면 유의수준 0.1 이하에서 볼 때, 교육훈련과 자료발간 만이 단체의 하부구조와 유의미한 상관관계를 구성하는 것으로 나타나 있다. 먼저 교육훈련 및 연수를 위한 교류의 횟수가 많을수록 단체의 1년 예산이 많고(0.58297), 단체가 생긴 지 오래된 것일 가능성이 높다 (0.32966). 또한 자료발간 및 배포를 통한 교류의 횟수가 많을수록 1년 예산 가운데 정부로부터 지원받는 금액의 비율이 높다(0.45678).

교류대상을 선정하는 데 있어 작용하는 NGO의 하부구조에는 어떤 것들이 있는지를 알아보기 위해 교류 대상별 교류횟수와 단체의 하부구조 사이에 구성되어 있는 상관계수를 구해 본 결과는 앞의 <표 36>에 나타나 있는 바와 같다.

<표 36>에 의하면 유의수준 0.1 이하에서 볼 때, 인적교류와 단체의 하부구조 사이에서만 유의미한 상관관계가 발견되는 데, 인적교류의 횟수가 많을수록 1년 예산 가운데 정부로부터 지원받는 금액의 비율이 높고 (0.48959), 1년 예산 가운데 기업으로부터 지원 받는 금액의 비율이 높으며(0.36648), 세계화 지향적인 가치관을 보유하는 경향이 낮아지고 있다 (0.36423).

교류형태와 단체의 하부구조 간에 형성되어 있는 영향성 관계를 알아보기 위해 양자간의 상관관계를 분석해 본 결과는 아래의 <표 37>에 나타나 있는 바와 같다.

〈표 37〉 교류형태와 하부구조의 상관관계지수

구조 형태	상근자 규모	교류 전담자	연간 예산	정부 지원	기업 지원	회원 규모	단체 연조	세계화	관용성	민주성	남북 교류
교류 형태	0.14780 (0.2255)	-0.0141 (0.9114)	0.04764 (0.7019)	-0.1654 (0.1808)	0.01251 (0.9206)	0.19882 (0.1041)	0.21254 (0.0795)	-0.2300 (0.0611)	-0.1995 (0.1002)	0.06141 (0.6162)	-0.0765 (0.5317)

* ( ) 안은 유의 수준임

<표 37>에 의하면 유의수준 0.1 이하에서 볼 때, 단체 간의 교류형태가 다자간 교환 양식으로 변화해 갈수록 단체가 생긴 지 오래되는 경향이 있고(0.21254), 세계화를 지지하는 성향이 있다(-0.2300).

교류의 연조와 단체의 하부구조 간에 형성되어 있는 상관관계를 알아보기 위해 양자간의 관계를 분석해 본 결과는 <표 38>에 나타나 있는 바와 같다.

아래의 <표 38>에 의하면 유의수준 0.1 이하에서 볼 때, 국제교류의 연조가 길수록 단체의 회원 수가 많고(0.29173), 상근자의 수도 많으며(0.26358), 교류전담자의 수도 많아지고(0.25304), 연간 예산의 규모도 커지며(0.28136), 단체가 생긴 지도 오래되는 경향이 있다(0.63163).

교류비용과 단체의 하부구조 간에 형성되어 있는 상관관계를 알아보기 위해 양자간의 관계를 분석해 본 결과는 <표 39>에 나타나 있다.

아래의 <표 39>에 의하면 유의수준 0.1 이하에서 볼 때, 국제교류를 위

〈표 38〉 교류연조와 하부구조의 상관관계지수

구조\연조	상근자 규모	교류 전담자	연간 예산	정부 지원	기업 지원	회원 규모	단체 연조	세계화	관용성	민주성	남북 교류
교류 연조	0.26358 (0.0275)	0.25304 (0.0420)	0.28136 (0.0201)	-0.0448 (0.7165)	-0.0263 (0.8340)	0.29173 (0.0158)	0.63163 (0.0001)	-0.0378 (0.7593)	-0.0143 (0.9062)	0.02132 (0.8609)	0.10428 (0.3903)

* ( ) 안은 유의 수준임

〈표 39〉 교류비용과 하부구조의 상관관계지수

구조\비용	상근자 규모	교류 전담자	연간 예산	정부 지원	기업 지원	회원 규모	단체 연조	세계화	관용성	민주성	남북 교류
교류 비용	0.77315 (0.0001)	0.48582 (0.0002)	-0.0028 (0.9831)	0.12911 (0.3298)	0.30099 (0.0217)	0.33632 (0.0098)	0.18379 (0.1598)	-0.2032 (0.1260)	-0.0637 (0.6286)	-0.0871 (0.5081)	-0.1167 (0.3742)

* ( ) 안은 유의 수준임

해 지출하는 비용이 많을수록 단체의 회원 수가 많고(0.33632), 상근자의 수도 많으며(0.77315), 교류전담자의 수도 많아지고(0.48582), 연간 예산 가운데 기업으로부터 지원받는 비중도 커지는 경향이 있다(0.30099).

제2절 아시아 지역 차원

1. 교류현황

아시아 지역이라는 한정된 영역 내에서 이루어지는 NGO 간의 교류에는 어떤 특징이 있는지를 알아보기 위해, 아시아 지역을 상대로 교류하는 단체만을 골라 우선 교류의 영역별 범위를 알아보았다. 지난 1년 동안 주로 어느 분야에서 교류했는지를 설문하고 관련 분야 3곳에 표시해 주도록 주문한 결과를 토대로 조사한 자료는 아래의 <표 40>에 나타나 있는 바와 같다.

<표 40>에 따르면 사회 서비스 분야가 23.0%로 가장 많고, 교육 분야가 22.2%, 문화 및 여가 관련 분야가 15.1%, 정책주창 분야가 14.3%로 그의 뒤를 잇고 있다. 이는 사회 서비스 분야가 23.2%, 교육 분야가 21.0%, 문화 및 여가 관련 분야가 15.2%, 정책주창 분야가 15.2%를 차지하는 범

〈표 40〉 영역별 국제교류 범위

차원	분야	문화여가	교육	연구	보건	사회서비스	경제개발	종교	국방	정치	정책주창	총계
아시아 지역 차원	빈도	19	28	8	5	29	7	8	0	4	18	126
	%	15.1	22.2	6.4	4.0	23.0	5.6	6.6	0.0	3.2	14.3	100.0
범지구 차원	%	15.2	21.0	6.5	4.4	23.2	5.1	6.5	0.0	2.9	15.2	100.0

〈표 41〉 교류 빈도

차원＼횟수		10번 미만	10번 이상 20번 미만	20번 이상 30번 미만	30번 이상 40번 미만	40번 이상	총계
아시아 지역 차원	빈도	50	8	1	0	4	63
	%	79.4	12.7	1.5	0.0	6.4	100.0
범지구 차원	%	81.7	11.3	1.4	0.0	5.6	100.0

지구적 차원의 교류 현황과 크게 다를 것이 없다. 다만 미세한 차이이기는 하지만 아시아 지역 차원의 경우가 범지구적 차원의 경우보다 사회서비스 분야와 정책주창 분야에 대한 비중이 약간 주는 대신 교육 분야에 대한 비중은 약간 증대하는 변화가 있음을 보여준다.

그런데 이런 국제교류가 실제로 얼마나 높은 수준에서 전개되고 있는지를 알아보기 위해서는 교류의 빈도를 확인해 보아야 할 것이다. 이에 따라 지난 1년 동안 얼마나 자주 대외교류에 나섰는지를 설문해 본 결과는 위의 <표 41>에 나타나 있는 바와 같다.

위의 <표 41>에 의하면 대부분의 단체가 1년에 10회 미만 교류하는 것으로 나타나 있어 비록 아시아 지역과 교류하는 단체라고 해서 빈번하게 교류하는 것은 아니라는 사실을 알 수 있다. 이런 점에서 보면 한국의 NGO가 아시아 지역사회의 건설에 기여하는 정도는 아직 미미한 수준에 머물러 있다고 해도 과언이 아니다. 다만 이를 범지구 차원의 경우와 비교해 보면, 미미하기는 하지만 10번 미만의 사례가 줄고 10번 이상의 사례가 늘고 있어 범지구 차원보다는 아시아 지역 차원에서의 교류 빈도가 상대적으로 높다고 할 수 있다.

한번 아시아 지역과의 교류가 이루어지는 경우 얼마나 높은 강도로 진행되는 지를 알아보기 위해 교류의 강도를 측정해 보기로 하고, 우선 전자우편의 접속이 지속되는 시간을 설문해 본 결과는 다음의 <표 42>에

〈표 42〉 전자우편의 접속기간

차원 \ 기간		3분 미만	3분 이상 6분 미만	6분 이상 9분 미만	9분 이상 12분 미만	12분 이상	총계
아시아 지역 차원	빈도	14	11	3	6	10	44
	%	31.8	25.0	6.8	13.6	22.7	100.0
범지구 차원	%	32.7	24.5	6.1	14.3	22.4	100.0

나타나 있는 바와 같다.

<표 42>에서 보면 3분 미만 접속하는 경우가 31.8%이고 6분 미만인 경우가 전체의 56.8%를 구성하고 있어 대부분의 교류가 간단한 정보 공유 수준임을 알 수 있다. 그러나 12분 이상 지속하는 경우도 22.7%나 되고 있어 실질적인 협의나 진지한 대화가 진행되는 사례도 적지 않다는 사실을 알 수 있다. 그런데 이를 범지구 차원의 경우와 비교해 보면 크게 다른 점이 없으나 매우 미미하기는 하지만 아시아 지역 차원의 경우가 범지구 차원의 경우보다 일단 접속하는 경우 보다 오랜 동안 접속한다는 사실을 알 수 있다.

같은 맥락에서 전화를 통한 국제교류는 얼마나 높은 강도로 전개되고 있는지를 알아보았다. 그 결과는 아래의 <표 43>에 나타나 있는 바와 같다.

일단 전화로 외국과 통화를 시작하면 5분 이내에 끝내는 경우가 33.3%이고 10분 이내에 끝내는 경우는 모두 75.0%가 되는 것으로 나타나 있다. 대부분의 경우가 10분 이내에 끝냈다는 의미다. 그런데 20분 이상 계속되는 경우도 16.7%나 되고 있어 의례적인 교류를 넘어 매우 심각한 현안과제를 가지고 접촉하는 경우도 적지 않음을 알 수 있다. 이를 범지구 차원의 경우와 비교해 보면 대체로 아시아 지역 차원의 경우와 크게 다를 것이 없지만, 아주 미미하게 아시아 지역 차원의 경우가 범지구 차원의 경우보다 보다 장시간 통화하는 경향에 있다.

〈표 43〉 전화통화의 지속기간

차원	기간	5분 미만	5분 이상 10분 미만	10분 이상 15분 미만	15분 이상 20분 미만	20분 이상	총계
아시아 지역 차원	빈도	12	115	3	0	6	36
	%	33.3	41.7	8.3	0.0	16.7	100.0
범지구 차원	%	37.5	40.0	7.5	0.0	15.0	100.0

〈표 44〉 인적교류의 지속기간

차원	기간	3일 미만	3일 이상 6일 미만	6일 이상 9일 미만	9일 이상 12일 미만	12일 이상	총계
아시아 지역 차원	빈도	18	25	8	4	5	60
	%	30.0	41.7	13.3	6.7	8.3	100.0
범지구 차원	%	30.9	42.6	13.2	5.9	7.4	100.0

인적교류의 경우도 어떤 강도로 전개되는 지를 알아보기 위해 직접 만남을 통한 교류가 일단 이루어지는 경우 그것이 지속되는 기간이 얼마나 되는지를 설문한 결과는 <표 44>에 나타나 있는 바와 같다.

위의 <표 44>에 의하면 외국의 관계자와 직접 대면하는 경우 지속되는 기일은 3일 미만이 30.0%, 6일 미만이 모두 71.7%나 되고 있어 대개의 경우 6일 이내의 기간에서 접촉하는 것으로 나타나 있다. 그러나 12일 이상 지속되는 경우도 8.3%로 나타나 있어 앞서의 전자우편이나 전화를 통한 접촉에서와 같이 일종의 양극화 현상이 유지되고 있음을 알 수 있다. 그런데 이를 범지구 차원의 경우와 비교해 보면 대체로 크게 다르지 않다. 그러나 미미한 수준이기는 하지만 아시아 지역 차원의 경우가 범지구 차원의 경우에 비해 보다 장기간 교류하는 것으로 나타나 있다.

 그런데 이런 교류가 궁극적으로는 어떤 내용의 것으로 진행되느냐에 따라 교류에 따른 영향이나 결과를 달리 동반하게 될 것은 자명한 이치다. 이에 따라 교류의 양식, 방법, 대상, 형태, 연조 등을 살펴 본 결과는 다음과 같다. 우선 교류의 양식이 일회적이냐 또는 일상적이냐의 기준 그러니까 교류의 제도화 정도에 따라 단순접촉, 긴급지원, 회합참여, 연대결성, 자매결연, 지부구성 등으로 구분해 보았다. 그런데 국제교류에 참여하는 단체가 단순접촉과 같은 TNGO 활동에서 출발하여 궁극적으로 지부구성의 단계에까지 이르는 경우 이를 INGO라고 규정해 볼 수 있을 것이다. 결국 교류의 다양한 양식은 제도화 정도에 따라 단계적으로 TNGO와 INGO를 양축으로 하는 연속선상에 정렬된다고 할 수 있다. 이에 따라 지난 1년 동안 외국과 맺어 온 교류의 양식 가운데 가장 대표적인 것 3곳에 표시해 주기를 요청한 결과는 <표 45>에 나타나 있는 바와 같다.

 <표 45>에 따르면 연대를 결성하는 경우가 27.1%, 회합에 참여하는 경우가 20.9%, 긴급지원 관계가 16.3%, 자매결연이 16.3%, 단순접촉이 16.3%를 구성하는 것으로 나타나 있다. 그러나 지부구성과 같이 TNGO가 INGO로의 전환을 완료했다고 할 수 있는 경우는 3.1%에 지나지 않는다. 전체적으로 볼 때 연대결성과 회합참여가 중심축을 이루는 가운데 자

〈표 45〉 국제교류의 양식

차원	양식	지부구성	자매결연	연대결성	회합참여	긴급지원	단순접촉	총계
아시아 지역 차원	빈도	4	21	35	27	21	21	129
	%	3.1	16.3	27.1	20.9	16.3	16.3	100.0
범지구 차원	%	2.8	15.4	28.0	21.7	16.8	15.4	100.0

매결연과 긴급지원 및 단순접촉이 균형을 이루고 있어 TNGO가 INGO로 전환하는 과정의 관점에서 보면 중간 단계에 있으며 교류의 일상화나 지속성 정도 면에서 볼 때도 중간 정도에 이르러 있는 셈이다. 그런데 이를 범지구 차원의 경우와 비교해 보면 아시아 지역 차원의 경우가 상대적으로 지부구성이나 자매결연의 비중이 높아 교류의 제도화 내지는 INGO로의 전환이 보다 더 진행된 상태에 있다고 하겠다.

그런데 이런 교류가 어떤 방법을 통해 수행되느냐에 따라 교류로 인한 영향 내지는 궁극적으로 달성하고자 하는 목표가 달라질 것이므로 지난 1년 동안 채택했던 교류의 방법에 따라 그 횟수를 표시하도록 설문해 본 결과 각각의 방법을 채택한 일이 있었던 단체의 숫자는 아래의 <표 46>에 나타나 있는 바와 같다.

<표 46>에 의하면 교육훈련 및 연수를 채택한 일이 있었던 단체가 43.3%, 공동행동이 26.0%, 자료발간 및 배포가 19.2%, 노력봉사가 5.8%, 공동교역이 5.8%를 차지하고 있다. 그러니까 교육 훈련 및 연수의 경우는 교류단체 63개소 가운데 45개소가 채택함으로써 전체의 71.4%가 이런 목적으로 교류하고 있을 뿐만 아니라 교류단체가 채택하는 교류방법의 총수에서는 43.3%를 점하고 있어 단일 교류 방법으로는 가장 큰 몫을 점하고 있으며 그 규모에 있어서도 거의 절반에 육박한다는 사실을 알 수 있다. 이는 아직 한국 NGO의 국제교류가 정책공동체의 형성이나 지구시

〈표 46〉 국제교류의 방법

차원 \ 방법		교육훈련	자료발간	공동행동	노력봉사	공동교역	총계
아시아 지역 차원	빈도	45	20	27	6	6	104
	%	43.3	19.2	26.0	5.8	5.8	100.0
범지구 차원	%	41.6	18.6	28.3	6.2	5.3	100.0

민운동론의 관점에서 시사하는 바와 같이 어떤 구체적인 이슈나 과제 중
심의 네트워크 구축보다는 그의 전 단계라고 할 수 있는 단순한 네트워
크 자체의 개척 내지는 관계자 상호간의 인간적인 신뢰 구축 나아가서는
경험과 전문지식의 공유와 같은 기관능력 확장 수준에서 이루어지는 것
이 절반 정도를 차지한다는 의미로 해석된다.

그러나 다른 한편에서 보면 공동행동의 방법을 채택한 단체의 수가 전
체 교류단체의 42.9%에 이르고 자료발간 및 배포의 방법을 채택했던 단
체도 전체의 31.7%에 이르며 이들이 각각 교류단체가 채택한 교류방법의
연횟수에서 차지하는 비중이 26.0%와 19.2%라는 점을 상기할 때, 이 둘을
합칠 경우 전체의 거의 절반에 이름으로 어떤 특정의 정책적 이슈나 목적
가치를 위해 국제교류에 나서는 경우도 전체의 다른 반쪽을 이룬다고 하
겠다. 그러나 같은 이슈중심의 교류라고 하더라도 노력봉사나 공동교역
과 같이 보다 서비스지향적인 방법은 채택률이 매우 저조한 실정이다.

이는 기본적으로 범지구 차원의 경우와 크게 다르지 않으며, 다만 매
우 미미한 수준이지만 아시아 지역 차원의 경우가 범지구 차원의 경우보
다 더 교육훈련이나 자료발간 등에 의존하는 비중이 높고 상대적으로 공
동행동에 대한 의존율은 적다고 할 수 있다.

이런 교류의 과정에서 구체적으로 교류의 대상으로 삼고 있는 것이 무
엇인지를 알아보기 위해 지난 1년 동안 교류의 대상으로 삼았던 것에 그
교류의 횟수를 기입해 주도록 요청한 결과 밝혀진 교류대상별 간여 단체
의 수는 다음의 <표 47>에 나타나 있는 바와 같다.

<표 47>에 의하면 정보교류가 37.3%, 인적교류가 28.8%, 정책교류가
23.7%, 물자교류가 10.2%로 나타나 있다. 정보교류에는 전체 교류단체
63개소 가운데 44개소가 채택하여 전체의 70.0%가 간여한 것으로 드러난
다. 그런데 정책교류도 광범위한 의미의 정보교류라고 본다면 정보교류
는 정책교류를 합쳐 전체 교류단체 연산 총수의 근 61%에 이르는 셈이
다. 반면에 인적교류는 28.8%를 구성하면서, 교류단체 63개소 가운데 34
개소가 나서고 있어 전체 교류단체 연산 총수의 54.0%가 간여하는 것으

〈표 47〉 국제교류의 대상

차원＼대상		인적교류	정보교류	정책교류	물자교류	기술교류	총계
아시아 지역 차원	빈도	34	44	28	12	0	118
	%	28.8	37.3	23.7	10.2	0.0	100.0
범지구 차원	%	31.8	36.4	22.5	9.3	0.0	100.0

로 나타나 있다. 그러나 물자교류와 기술교류는 매우 저조하다. 이런 사실의 발견은 앞서 밝혀진 교류방법의 분포와 같은 맥락하에 있음을 시사한다.

인적교류의 비중이 높은 것은 교육훈련 및 연수를 중시하는 경향과 맥을 같이하며, 정보교류와 정책교류의 비중이 높은 것은 자료발간과 배포 및 공동행동을 중시하는 경향과 연계되어 있고, 나아가 물자교류와 기술교류의 비중이 저조한 것은 노력봉사나 공동교역과 같은 서비스지향적인 요소를 경시하는 경향과 유관되어 있다고 보아지기 때문이다. 교육훈련과 연수가 인적교류를 전제로 하는 것이라면, 자료발간 및 배포나 공동행동은 일의 성질상 정보나 정책의 발간 및 행동을 상정하는 것이며, 노력봉사나 공동교역은 물자나 기술의 공유를 전제로 하는 것이라는 의미다. 이는 기본적으로 범지구 차원의 경우와 크게 다르지 않으며, 다만 매우 미미한 수준이지만 아시아 지역 차원의 경우가 범지구 차원의 경우보다 보다 더 정보교류나 정책교류 등에 의존하는 비중이 높고 상대적으로 인적교류에 대한 의존성 정도는 떨어진다.

이런 교류를 위해 실제 어떤 형태의 의사소통 내지는 네트워크가 구축되느냐에 따라 그것이 아시아 시민사회의 형성에 미치는 영향이나 의미는 사뭇 다를 것이다. 이는 아시아시민사회 구성원 간의 관계를 구속하는 효과를 동반하는 것이기 때문이다. 이런 문제의식을 토대로 실제 한국의

<표 48> 국제교류의 형태

차원	형태	일방적 수수	일방적 제공	양자간 교환	다자간 교환	총계
아시아 지역 차원	빈도	6	4	32	29	61
	%	9.8	6.6	52.5	31.2	100.0
범지구 차원	%	8.7	8.7	53.6	29.0	100.0

NGO들이 어떤 형태의 의사소통 내지는 네트워크를 구축해 오고 있는지를 알아보기 위해 지난 1년 동안의 대외교류 형태 가운데 자신의 경우를 가장 잘 대표하는 형태 하나를 골라 표시하도록 주문해 본 결과는 위의 <표 48>에 나타나 있는 바와 같다.

<표 48>에 따르면 절반 이상(52.5%)이 양자간 교환의 양식을 취하고 있으며 다자간 교환의 경우도 31.2%를 점하고 있다. 특히 일방적 수수나 일방적 제공의 경우가 매우 낮은 수준에 머물러 있다는 사실은 매우 고무적이다. 일방적 수수나 일방적 제공이 교류 간여자들 간의 관계를 수직적 구조화하고 그 결과 비민주적인 권력관계를 형성하게 될 위험성이 있는 데 반해서 양자간 교환과 다자간 교환의 경우는 교류 간여자들의 관계를 보다 수평화, 평등화하면서 민주적 관계로 유도하는 성질이 있다고 보아지기 때문이다. 그러니까 대부분(83.7%)의 교류형태는 아시아 지역 관계망의 수평화, 평등화에 기여하는 양식으로 전개되고 있다는 의미다. 이는 기본적으로 범지구 차원의 경우와 크게 다르지 않으며, 다만 매우 미미한 수준이기는 하지만 아시아 지역 차원의 경우가 범지구 차원의 경우보다 보다 더 양자간 교환이나 다자간 교환 등에 의존하는 비중이 높고 상대적으로 일방적 지원이나 수수에 대한 의존율은 낮다.

그런데 이런 교류가 얼마 동안이나 지속되고 있느냐는 교류의 안정성이나 제도화와 관련하여 시사하는 점이 적지 않을 수밖에 없다. 이런 관

<표 49> 국제교류의 연조

차원 \ 연조		1년 내외	5년 내외	10년 내외	15년 내외	20년 이상	총계
아시아 지역 차원	빈도	11	16	17	8	10	62
	%	17.7	25.8	27.4	12.9	16.1	100.0
범지구 차원	%	18.6	25.7	28.6	12.9	14.3	100.0

점에서 국제교류의 경험 정도가 얼마나 되는지를 알아보기 위해 외국 NGO와의 교류를 시작한지는 얼마나 되었는지를 설문해 본 결과는 위의 <표 49>에 나타나 있는 바와 같다.

<표 49>에 의하면 10년 정도 된 경우가 27.4%로 가장 많고, 5년 내외가 25.8%, 1년 내외된 경우도 17.7%나 되었다. 이는 한국 NGO의 대외교류가 최근 10년 사이에 급진적인 신장세를 보이고 있다는 의미로 해석된다. 그러나 20년 이상 된 경우도 16.1%나 있어 일부의 NGO는 오랜 동안 대외교류를 지속해 왔으며, 그 결과 교류의 안정화 단계에 들어가 있다고 할 수 있다. 그런데 이를 범지구 차원의 경우와 비교해 보면 대체로 비슷하지만 미미하게나마 20년 이상 된 단체가 차지하는 비중이 상대적으로 높아서 아시아 지역 차원의 경우가 범지구 차원의 경우보다 더 대외교류의 연조가 높음을 알 수 있다.

그런데 이런 국제교류를 가능케 하는 교류 지원 자원은 어떻게 조달되고 있는지를 알아보기 위해 교류재정의 출처와 규모를 파악해 본 결과는 다음과 같다. 이는 아무리 국제교류에 대한 수요가 크고 필요성을 절감한다고 하더라도 그에 필요한 재정자원이 조달되지 않고서는 실제 대외교류에 나서기가 어려우며 설혹 재정자원이 조달된다고 하더라도 그 재원의 성질에 따라 교류의 내용과 성격이 적지 않게 영향을 받을 것이기 때문이다. 바로 이런 점을 감안하여 대외교류에 필요한 재정자원을 어떻게

<표 50> 교류비용의 출처

차원	출처	자체예산	사적 기부금	공공부문 지원금	외국기관 지원금	수익사업	총계
아시아 지역 차원	빈도	50	20	32	5	11	118
	%	42.4	17.0	27.1	4.2	9.3	100.0
범지구 차원	%	43.4	16.3	27.1	3.9	9.3	100.0

조달하고 있는지를 알아보기 위해 대외 교류과정에서 지난 1년 동안 가장 의존도가 높았던 재정자원 공급처 3곳을 지목해 달라는 설문을 했으며, 이에 대한 응답 결과는 <표 50>에 나타나 있는 바와 같다.

<표 50>에 따르면 자체예산이 대종을 이루고(42.4%) 공공부문 지원금(27.1%)과 사적 기부금(17.0%)이 그 뒤를 잇고 있다. 외국기관의 지원(4.2%)이나 자체 수익사업(9.3%)을 통한 재정조달은 매우 일천한 수준에 있다. 그런데 외국기관의 지원이나 교류 자체를 위한 수익사업을 통한 재정자원의 조달은 그것 자체가 초국적 시각을 필요로 한다는 점에서 앞으로 보다 더 활성화되어야 할 것이다.

그러나 자체 예산이 차지하는 비중이 42.4%나 된다는 사실은 국제교류가 이를 실천하는 단체의 일상적 과제로 정착해 나가는 증거의 하나라고 해석해 볼 수 있다. 그런데 이를 범지구 차원의 경우와 비교해 보면 거의 비슷한 형편임을 알 수 있다. 다만 비록 미미한 수준이기는 하지만 아시아 지역 차원의 경우가 범지구 차원의 경우보다 자체예산의 비중이 적고 외국기관의 지원 비중이 약간 높다는 사실을 알 수 있다.

실제로 국제교류를 하는 데 소요되는 비용의 규모가 얼마나 되는지를 알아보기 위해 지난 1년 동안 대외교류를 위해 지출한 비용이 얼마인지를 설문해 본 결과는 다음의 <표 51>에 나타나 있는 바와 같다.

<표 51>에 따르면 연평균 약 4,868만 원을 지출하는 것으로 나타나 있

<표 51> 교류비용의 규모

규모 차원	최소값	최대값	평균	표준편차
아시아 지역 차원	100,000원	1,000,000,000원	48,679,630원	168155084
범지구 차원	100,000원	1,000,000,000원	44,311,667원	159937155

으나 최고 10억 원을 지출하는 단체가 있는가 하면 최소 10만 원 정도를 지출하는 단체도 있어 단체 간의 편차가 매우 높은 것으로 나타나 있다. 이를 범지구 차원의 경우와 비교해 보면 아시아 지역 차원의 교류가 평균 약 436만 원 정도를 더 집행하는 것으로 나타나 있다.

2. 하부구조

먼저 인적자원의 현황을 알아보기 위해 그동안 아시아 지역과의 교류에 나섰던 단체와 범지구 차원의 교류에 나섰던 단체를 대상으로 상근자의 수를 조사해 본 결과는 <표 52>에 나타나 있는 바와 같다.

아래의 <표 52>에 따르면 아시아 지역 차원의 교류에 나선 단체의 경우는 평균 45명 정도의 상근자를 두고 있어 단체의 규모가 상당한 정도에 이르는 것으로 파악된다. 이는 범지구 차원의 교류에 나서는 경우와 비교해 볼 때 아시아 지역을 상대로 교류하는 경우가 보다 많은 상근자

<표 52> 상근자 규모

규모 차원	사례 수	최소값	최대값	평균	표준편차
아시아 지역 차원	63	1	1500	45.0	191
범지구 차원	71	1	1500	41.1	181

〈표 53〉 국제교류 전담 상근자 규모

차원 \ 규모	사례 수	최소값	최대값	평균	표준편차
아시아 지역 차원	63	0	9	0.75	1.3
범지구 차원	71	0	9	0.75	1.3

를 두는 것으로 밝혀지고 있다.

더 나아가 국제교류 업무는 그것 자체가 외국어의 구사 능력이나 문화적 편차의 이해력, 나아가 초국적인 과제에 대한 정보력 등을 필요로 하는 작업이므로 이를 전담하는 상근자가 준비되어 있느냐의 여부는 그것의 당위성 여부를 떠나서 단체의 국제교류에 대한 의지나 배려 정도를 측정하는 지표가 될 수 있다. 이런 관점에서 국제교류 전담 상근간사의 규모를 조사해 본 결과는 위의 〈표 53〉에 나타나 있는 바와 같다.

위의 〈표 53〉에 따르면 아시아 지역을 상대로 국제교류에 나선 경험이 있는 단체의 경우에는 평균 0.75명 정도의 국제교류 전담자를 두고 있는 것으로 나타나 있어 적어도 4곳 가운데 3곳은 상근 전담자 1명 정도를 둔다고 하겠다. 이는 범지구 차원의 경우와 전혀 다를 것이 없는 수준이다.

아시아 지역을 상대로 하는 국제교류에 있어 이를 지원하는 재정자원의 실태를 알아보기 위해 단체의 1년 예산 규모를 설문해 본 결과는 다음의 〈표 54〉에 나타나 있는 바와 같다.

〈표 54〉에 따르면 아시아 지역을 상대로 국제교류에 나서는 단체의 경우에는 연평균 약 9억 4,300만 원 정도의 예산을 집행하는 것으로 나타나 있다. 이는 범지구 차원의 교류의 경우와 비교해 볼 때, 약 4,300만 원 정도를 더 집행한다는 의미다. 보다 단체의 예산 규모가 클수록 아시아 지역을 상대로 국제교류에 나설 확률이 크다는 의미로 해석된다.

그런데 아무리 재정자원의 규모가 크다고 하더라도 그 재정자원이 단체의 자율성이나 독립성을 위협할 가능성이 있는 것인 경우에는 그런 재

〈표 54〉 연간 예산

차원 \ 규모	사례 수	최소값	최대값	평균	표준편차
아시아 지역 차원	63	2,000,000원	20,000,000,000원	942,934,426원	2628329455
범지구 차원	71	2,000,000원	20,000,000,000원	902,275,441원	25007772852

〈표 55〉 정부지원 예산 비율

차원 \ 비율		5% 내외	10% 내외	15% 내외	20% 내외	20% 이상	총계
아시아 지역 차원	빈도	34	4	7	9	6	60
	%	56.7	6.7	11.7	15.0	10.0	100.0
범지구 차원	빈도	41	4	7	9	7	68
	%	60.3	5.9	10.3	13.2	10.3	100.0

정자원에 힘입어 이루어지는 국제교류가 아시아시민사회의 형성에 긍정적으로 기여하기는 어려운 일이다. 이런 관점에서 단체의 대 정부관계를 파악하기 위하여 지난 1년의 예산 가운데 정부로부터 지원 받은 금액이 차지하는 비율이 얼마나 되는지를 설문해 본 결과는 위의 <표 55>에 나타나 있는 바와 같다.

위의 <표 55>에 따르면 정부 지원금이 전체 예산의 5% 내외를 차지하는 경우가 전체의 57%에 이르고 있어 대체적으로 단체의 기관독립성은 확보되어 있는 셈이다. 이는 범지구 차원의 교류에 나서는 단체들의 경우에도 크게 다르지 않아서 정부 지원금이 전체 예산액의 5% 내외를 차지하는 경우가 전체의 60%에 이른다.

다만 아시아 지역 차원의 교류에 나서는 단체나 범지구 차원의 교류에 나서는 단체나 모두가 정부지원금이 전체 예산의 20% 내외 이상이 되는 경우가 25% 정도를 구성하고 있어 이 경우는 단체의 자율성을 기대하기가 쉽지 않고 그런 만큼 이들에 의해 추동되는 국제교류의 경우에는 과연 아시아 내지는 지구시민사회의 형성에 긍정적으로 기여할 것인지에 대해 유의해 볼 필요가 있다. 다만 전체적으로 볼 때 아시아 지역을 상대로 하는 단체의 경우가 범지구를 상대로 하는 단체의 경우보다 전체 예산에서 정부지원금이 차지하는 비중이 상대적으로 적다는 점은 주목할 만한 일이다.

이런 관계는 기업과의 관계에서도 같다. 같은 맥락하에서 1년의 예산 가운데 기업 지원금이 차지하는 비율을 설문해 본 결과는 아래의 <표 56>에 나타나 있는 바와 같다.

아래의 <표 56>에 따르면 아시아 지역을 상대로 국제교류에 나선 경험이 있는 단체의 1년 예산 가운데 기업지원금이 차지하는 비율이 5% 내외인 경우가 전체의 78%에 이르고 있어 단체의 대 기업 독립성이나 자율성에 대해서는 우려하지 않아도 좋을 정도다. 그런데 이를 범지구 차원의 경우와 비교해 보면, 거의 비슷한 양상을 보이고 있다. 다만 매우 미미하기는 하지만 기업지원이 전체 예산의 20% 이상을 차지하는 경우의 비중이 범지구 차원의 경우보다 아시아 지역을 상대로 교류하는 경우 보다

〈표 56〉 기업지원 예산 비율

차원	비율	5% 내외	10% 내외	15% 내외	20% 내외	20% 이상	총계
아시아 지역 차원	빈도	46	4	2	5	2	59
	%	78.0	6.8	3.4	8.5	3.4	100.0
범지구 차원	빈도	41	4	2	6	3	66
	%	77.3	6.1	3.0	9.1	4.6	100.0

<표 57> 회원 규모

차원 \ 규모	사례 수	최소값	최대값	평균	표준편차
아시아 지역 차원	63	50	120,000	7888	21447
범지구 차원	71	40	120,000	7808	20891

작아 단체의 독립성 확보 가능성이 보다 크다고 할 수 있다.

NGO가 자발적 참여를 통한 자율적 의사결정기구라는 점에서 볼 때 조직자원의 현황과 관련하여 단체의 회원 수는 단체의 추동력을 결정짓는 주요 변수 가운데 하나다. 이런 관점에서 단체의 회원 규모를 알아본 결과는 위의 <표 57>에 나타나 있는 바와 같다.

위의 <표 57>에 따르면 아시아 지역을 상대로 하는 국제교류의 경험이 있는 단체의 평균 회원 수는 7,888명이며 최대 12만 명에서 최소 50명까지 매우 폭 넓은 종류의 회원 규모를 보여 주고 있다. 이는 범지구 차원의 교류에 나서는 경우와 비교해 볼 때 평균 회원 수가 약 80명 정도 더 많은 것이며 최소 회원의 수도 10명 정도 더 많은 것이다. 그러니까 아시아 지역을 상대로 교류하는 단체가 범지구 차원의 교류 단체보다 회원 규모가 크다는 의미로 해석된다.

조직자원의 또 다른 축이라고 할 수 있는 단체의 역사성 정도를 알아본 결과는 아래의 <표 58>에 나타나 있는 바와 같다. 단체의 연조가 높을

<표 58> 단체 연조

차원 \ 연조	사례 수	최소값	최대값	평균	표준편차
아시아 지역 차원	63	3년	102년	23.6년	24
범지구 차원	71	2년	102년	24.3년	25

수록 다양한 환경에서의 생존율이 높고, 생존율이 높은 만큼 기관능력이 크며, 기관능력이 큰 만큼 대외교류를 위한 여력이 클 것이라는 가정 아래 단체가 생긴지 얼마나 되었는지를 알아본 결과다.

앞의 <표 58>에 따르면 아시아 지역과의 국제교류 경험이 있는 단체의 평균 존속기간은 약 23.6년이다. 그런데 범지구 차원의 교류에 나서는 단체의 경우는 평균 24.3년이다. 그러니까 비록 작은 차이이기는 하지만 아시아 지역을 상대로 교류하는 단체의 경우가 범지구 차원에서 교류하는 단체보다 단체의 연조가 약간 덜 되었다고 할 수 있다.

정보자원과 관련해서는 네트워크의 구축과 의사소통의 통로를 개척하는 일이 아시아시민사회의 형성 과정에 있어 필수적 과제이자 전제적 조건이라는 점을 감안하여 바로 그런 네트워크를 형성하는 데 있어 필수적인 장치 가운데 하나로 인식되는 영문 홈페이지를 운영하는지의 여부를 설문해 본 결과는 아래의 <표 59>에 나타나 있는 바와 같다.

아래의 <표 59>에 따르면 아시아 지역과 교류하는 단체 가운데 영문 홈 페이지를 두고 있는 경우는 전체의 38.7%에 지나지 않는다. 그러니까 외국과 교류하면서도 아직 영문 홈페이지를 두고 있지 않은 경우가 과반수를 넘는다는 의미다. 그런데 이를 범지구 차원의 교류에 나서는 경우와 비교해 보면 오히려 영문 홈페이지를 운영하는 사례가 약간 더 많은 것으로 나타나 있다. 아시아 지역을 상대로 교류하는 단체들이 범지구적인

〈표 59〉 영문 홈페이지 유무

차원	유무	운영하고 있음	운영하지 않음	총계
아시아 지역 차원	빈도	24	38	63
	%	38.7	61.3	100.0
범지구 차원	빈도	25	45	70
	%	35.7	64.3	100.0

<표 60> 세계화 반대시위에 대한 태도

차원	정향	매우 찬성	대체로 찬성	그저 그럼	대체로 반대	매우 반대	총계
아시아 지역 차원	빈도	13	27	10	8	2	60
	%	21.7	45.0	16.7	13.3	3.3	100.0
범지구 차원	빈도	17	29	11	9	2	68
	%	25.0	42.7	16.2	13.2	2.9	100.0

교류에 나서는 경우보다 보다 더 정보화되어 있으며 보다 더 대외 지향적이라는 의미다.

가치자원과 관련해서는 먼저 세계화에 반대하는 시위에 대해서 어떻게 생각하는지를 매우 찬성한다, 대체로 찬성한다, 그저 그렇다, 대체로 반대한다, 매우 반대한다 가운데 한 곳에 O표 하도록 주문해 보았다. 조사의 결과는 위의 <표 60>에 나타나 있는 바와 같다.

위의 <표 60>에 의하면 아시아 지역과 국제교류 경험이 있는 경우 세계화를 반대하는 시위에 대해 매우 찬성하는 경우가 21.7%, 대체로 찬성하는 경우가 45.0%로 나타나 찬성하는 쪽이 무려 66.7%나 되는 것으로 파악되었다. 그런데 이를 범지구 차원의 경우와 비교해 보면, 대체로 비슷하지만 매우 찬성하는 비율이 아시아 지역을 상대로 교류하는 경우보다 약간 더 높은 것으로 나타나 있다. 범지구 차원의 교류 단체가 아시아 지역 차원의 교류 단체보다 왜곡된 양식을 시정하고 보다 진정한 의미의 세계화나 지구화를 이루려는 열망이 약간 더 높은 셈이다.

또한 지구시민사회가 보다 더 조화롭게 형성되기 위해서는 그런 작업을 주도하는 이들이 서로 다른 문화에 대해 개방적이어서 이문화에 대한 관용성의 정도가 높아야 할 것은 당연한 이치다. 이런 관점에서 국내에 들어와 있는 외국인 근로자의 영향력이 점차 커지는 현상에 대해 어떻게 생각하는지를 설문해 본 결과는 <표 61>에 나타나 있는 바와 같다.

〈표 61〉 외국인 근로자에 대한 태도

차원	정향	매우 찬성	대체로 찬성	그저 그럼	대체로 반대	매우 반대	총계
아시아 지역 차원	빈도	14	37	8	3	0	62
	%	22.6	60.0	12.9	4.8	0.0	100.0
범지구 차원	빈도	17	40	9	4	0	70
	%	24.3	57.1	12.9	5.7	0.0	100.0

<표 61>에 따르면 아시아 지역을 상대로 하는 국제교류의 경험이 있는 단체의 경우 외국인 근로자의 영향력이 점점 더 커지는 문제에 대해 매우 찬성하는 경우가 22.6%, 대체로 찬성하는 경우가 60.0%나 되어 전체적으로 찬성하는 쪽이 물경 82.6%나 되는 것으로 나타나 있다. 이는 범지구적인 차원의 교류에 나서는 단체의 경우와 비교해 볼 때 큰 차이가 없는 결과다. 그러나 작은 차이가 없는 것은 아니어서 아시아 지역을 상대로 교류하는 경우가 범지구 차원의 경우보다 보다 더 외국인 근로자에 대한 관용성 정도가 크다. 그러나 매우 찬성하는 비중은 오히려 범지구 차원의 교류에 나서는 단체가 더 높아서 관용성의 정도가 매우 높은 것은 범지구 차원의 교류에 나서는 경우라고 하겠다.

그런데 이런 네트워크의 형성이 아시아 시민사회의 형성에 기여하는 양식으로 전개되기 위해서는 민주주의에 대한 신념이 확고히 전제되어 있어야 할 것은 자명한 이치다. 이런 점에서 만 18세로 선거권을 인하하자는 주장에 대해 어떻게 생각하는지를 설문해 본 결과는 <표 62>에 나타나 있는 바와 같다.

<표 62>에 따르면 아시아 지역을 상대로 하는 국제교류의 경험이 있는 단체의 경우 선거권을 18세로 인하하자는 안에 대해 매우 찬성하는 경우가 70.1%, 대체로 찬성하는 경우가 19.4%나 되어 전체적으로 볼 때 찬성하는 쪽이 물경 89.5%나 되는 것으로 나타나 있다. 이는 범지구 차원의

<표 62> 선거권 허용 연령인하에 대한 태도

차원 \ 정향		매우 찬성	대체로 찬성	그저 그럼	대체로 반대	매우 반대	총계
아시아 지역 차원	빈도	44	12	2	3	1	62
	%	70.1	19.4	3.2	4.8	1.6	100.0
범지구 차원	빈도	50	14	2	3	1	70
	%	71.4	20.0	2.9	4.3	1.4	100.0

<표 63> 대북 경제지원에 대한 태도

차원 \ 정향		매우 찬성	대체로 찬성	그저 그럼	대체로 반대	매우 반대	총계
아시아 지역 차원	빈도	42	18	1	1	0	62
	%	67.4	29.0	1.6	1.6	0	100.0
범지구 차원	빈도	47	20	2	1	0	70
	%	67.1	28.6	2.9	1.4	0.0	100.0

경우와 비교해 볼 때 매우 유사한 결과다. 그러나 미세한 차이가 없는 것은 아니어서 아시아 지역을 상대로 교류하는 경우가 범지구적인 교류에 나서는 경우보다 찬성하는 비율이 상대적으로 낮다. 민주성의 강도가 약간 낮다는 의미다. 그러나 전체적으로 볼 때 민주성에 대한 지지가 매우 높다는 사실에는 변함이 없다.

남북한 간의 교류와 접촉을 활성화하는 문제와 관련해서는 남한의 북한에 대한 여러 유형의 인도주의적인 지원에 대해 이를 반대하는 여론도 있어 기본적으로 남북한의 평화 공존 전략에 대해 어떤 태도정향을 지니느냐가 매우 중요한 변수로 작용할 수밖에 없다. 바로 이런 인식의 연장선상에서 남한이 북한에 대해 경제적인 지원을 해 주고 있는 데 대해서 어떻게 생각하는지를 설문해 본 결과는 앞의 <표 63>에 나타나 있는 바와 같다.

앞의 <표 63>에 따르면 아시아 지역 차원의 국제교류 경험이 있는 단체의 경우 대북 경제 지원에 대해 매우 찬성하는 경우가 67.4%, 대체로 찬성하는 경우가 29.0%나 되어 전체적으로 볼 때 찬성하는 쪽이 모두 96.4%나 되는 것으로 나타나 있다. 이를 범지구 차원의 경우와 비교해 보면 거의 대동소이하고 별 차이가 없음을 알 수 있다. 다만 매우 미세한 것이기는 하지만 범지구 차원의 경우가 아시아 지역 차원의 경우보다 대북 지원을 찬성하는 비중이 약간 작다.

3. 상관관계

아시아 지역을 상대로 교류하는 단체의 하부구조 가운데 어떤 요인이 주로 그 교류의 실태를 결정짓는지를 파악하기 위해 교류현황과 하부구조 사이의 상관관계지수를 구해 보았다. 우선 교류빈도와 단체의 하부구조 간에 형성되어 있는 상관관계지수를 알아본 결과는 아래의 <표 64>에 나타나 있는 바와 같다.

<표 64>에 의하면 유의수준 0.1 이하에서 볼 때, 교류의 빈도가 높아질수록 연간 예산에서 정부지원이 차지하는 비중이 높아지는 경향이 있으

〈표 64〉 교류빈도와 하부구조의 상관관계지수

구조\빈도	상근자 규모	교류 전담자	연간 예산	정부 지원	기업 지원	회원 규모	단체 연조	세계화	관용성	민주성	남북 교류
교류 빈도	-0.0453 (0.7264)	0.19316 (0.1427)	0.07628 (0.5590)	0.32539 (0.0112)	0.04805 (0.7178)	0.06988 (0.5957)	-0.1149 (0.3105)	0.13313 (0.3105)	0.06377 (0.6224)	0.19106 (0.1369)	0.24461 (0.0554)

* ( ) 안은 유의 수준임

〈표 65〉 교류강도와 하부구조의 상관관계지수

구조 수단	상근자 규모	교류 전담자	연간 예산	정부 지원	기업 지원	회원 규모	단체 연조	세계화	관용성	민주성	남북 교류
전자 우편	0.18995 (0.2224)	-0.0737 (0.7839)	-0.0436 (0.7839)	0.17612 (0.2645)	0.18296 (0.2522)	0.09160 (0.5690)	0.05824 (0.7107)	0.04552 (0.7775)	0.10637 (0.4972)	0.21247 (0.1714)	0.19606 (0.2077)
전화 통화	0.31319 (0.0629)	-0.0390 (0.8669)	-0.1017 (0.5610)	0.13641 (0.4417)	0.17273 (0.3364)	0.13509 (0.4391)	0.11894 (0.4896)	-0.1675 (0.3286)	-0.1411 (0.4117)	-0.0938 (0.5863)	-0.03185 (0.8537)
인적 교류	0.09665 (0.4665)	-0.0390 (0.7728)	0.05015 (0.7085)	-0.1207 (0.3708)	-0.04222 (0.7574)	0.19015 (0.1528)	0.16301 (0.2174)	-0.0007 (0.9956)	-0.0360 (0.7866)	-0.0871 (0.5115)	-0.02110 (0.8744)

* ( ) 안은 유의 수준임

며(0.32539), 남한에 의한 대북 경제지원을 반대하는 경향이 높아지고 있다(0.24461). 이는 범지구 차원의 경우와 대동소이한 결과다.

교류강도와 단체의 하부구조 간에 형성되어 있는 영향성의 관계를 알아보기 위해 양자간의 상관관계를 분석해 본 결과는 <표 65>에 나타나 있는 바와 같다.

<표 65>에 의하면 유의수준 0.1 이하에서 볼 때, 전화통화만이 단체의 하부구조와 유의미한 상관관계를 구성하는 것으로 나타나 있다. 한번 전화를 걸어 오래 통화하는 경향이 있을수록 단체의 상근자 수가 증가하는 경향에 있다(0.31319). 이는 범지구 차원의 경우와 크게 다를 것이 없다.

교류방법과 단체의 하부구조 사이에 형성되어 있는 영향성의 관계를 알아보기 위해 양자간의 관계를 상관분석해 본 결과는 다음의 <표 66>에 나타나 있는 바와 같다.

<표 66>에 의하면 유의수준 0.1 이하에서 볼 때, 교육훈련, 자료발간, 공동노력, 공동교역 분야에서 단체의 하부구조와 유의미한 상관관계를 구성하는 것으로 나타나 있다. 먼저 교육훈련 및 연수를 위한 교류의 횟수가 많을수록 단체의 1년 예산이 많아지고(0.58431), 단체가 생긴 지 오래되며(0.39450), 이문화에 대한 관용성의 정도가 높아지고(0.43371), 대

〈표 66〉 교류방법과 하부구조의 상관관계지수

구분	상근자 규모	교류 전담자	연간 예산	정부 지원	기업 지원	회원 규모	단체 연조	세계화	관용성	민주성	남북 교류
교육 훈련	0.14230 (0.5071)	-0.0462 (0.8381)	0.58431 (0.0027)	-0.121 (0.5721)	-0.060 (0.7782)	0.32291 (0.1238)	0.39450 (0.0564)	0.28797 (0.1724)	0.43371 (0.0342)	0.08766 (0.6838)	0.38632 (0.0622)
자료 발간	-0.070 (0.8281)	0.03277 (0.9195)	-0.183 (0.5690)	0.50474 (0.0942)	-0.346 (0.2701)	-0.255 (0.4277)	0.26462 (0.4509)	0.16721 (0.6035)	-0.153 (0.6349)	-0.1379 (0.6241)	-0.0652 (0.8174)
공동 행동	-0.154 (0.5818)	-0.024 (0.9323)	-0.167 (0.5505)	0.17566 (0.5312)	-0.202 (0.4683)	-0.068 (0.8081)	-0.345 (0.2078)	0.13877 (0.6219)	-0.007 (0.9793)	-0.082 (0.7708)	-0.249 (0.3707)
노력 봉사	-0.774 (0.2258)	0.82121 (0.1788)	-0.266 (0.7333)	0.56061 (0.4394)	0.68313 (0.3169)	-0.909 (0.0903)	-0.809 (0.1905)	0.09759 (0.9024)	-0.169 (0.8310)	0.050 (0.9490)	-0.169 (0.8310)
공동 교역	-0.277 (0.8211)	-0.500 (0.6667)	-0.999 (0.0216)	0.32733 (0.7877)	-0.866 (0.3333)	-0.868 (0.3296)	-0.999 (0.0181)	. .	0.86603 (0.3333)	. .	0.86603 (0.3333)

* ( ) 안은 유의 수준임

북 경제지원에 대한 지지가 작아지는 경향이 있다(0.38632).

자료발간 및 배포를 통한 교류의 횟수가 많을수록 1년 예산 가운데 정부로부터 지원받는 금액의 비율이 높다(0.50474). 노력봉사를 통한 교류의 횟수가 많을수록 단체를 구성하는 회원의 수는 줄어드는 경향이 있다(-0.909). 공동교역을 통한 교류의 횟수가 많을수록 단체의 연간 예산 규모가 줄어들고(-0.999), 보다 단체가 생긴 연조는 짧아지는 경향이 있다

(-0.999). 이는 교육훈련과 자료발간의 경우에만 단체의 하부구조와 부분적으로 상관관계가 구성되는 범지구 차원의 경우와 사뭇 다른 상황이라고 하겠다.

교류대상을 선정하는 데 있어 작용하는 NGO의 하부구조에는 어떤 것들이 있는지를 알아보기 위해 교류 대상별 교류횟수와 단체의 하부구조 사이에 구성되어 있는 상관계수를 구해 본 결과는 아래의 <표 67>에 나

〈표 67〉 교류대상과 하부구조의 상관관계지수

구분	상근자 규모	교류 전담자	연간 예산	정부 지원	기업 지원	회원 규모	단체 연조	세계화	관용성	민주성	남북 교류
인적교류	0.19209 (0.4601) 17	0.45185 (0.0909) 15	0.28586 (0.2660) 17	0.39887 (0.1128) 17	0.30253 (0.2379) 17	0.10602 (0.6855) 17	0.10921 (0.6765) 17	0.52527 (0.0304) 17	0.45138 (0.0690) 17	0.06375 (0.8079) 17	0.03694 (0.8881) 17
정보교류	-0.114 (0.6301) 20	0.23282 (0.3375) 19	-0.170 (0.4723) 20	-0.040 (0.8666) 20	-0.155 (0.5125) 20	-0.112 (0.6372) 20	-0.271 (0.2466) 20	0.18986 (0.4227) 20	-0.033 (0.8892) 20	0.03390 (0.8872) 20	-0.280 (0.2305) 20
정책교류	-0.149 (0.5793) 16	-0.024 (0.9323) 15	-0.147 (0.5852) 16	0.23057 (0.3903) 16	-0.199 (0.4580) 16	-0.062 (0.8173) 16	-0.280 (0.2919) 16	0.12862 (0.6350) 16	-0.104 (0.6992) 16	-0.251 (0.3477) 16	-0.252 (0.3448) 16
물자교류	-0.252 (0.5842) 7	0.95639 (0.0007) 7	-0.254 (0.5823) 7	0.26991 (0.5583) 7	0.50407 (0.2487) 7	-0.345 (0.4478) 7	-0.636 (0.1240) 7	-0.097 (0.8350) 7	0.00000 (1.0000) 7	-0.255 (0.5808) 7	-0.301 (0.5113) 7
기술교류	. . 0	. . 0	. . 0	. . 0	. . 0	. . 0	. . 0	. . 0	. . 0	. . 0	. . 0

* ( ) 안은 유의 수준임

타나 있는 바와 같다.

<표 67>에 의하면 유의수준 0.1 이하에서 볼 때, 인적교류와 물자교류의 경우 단체의 하부구조와 부분적으로 상관관계를 구성하는 것으로 나타나 있다. 먼저 인적교류가 빈번할수록 보다 많은 교류전담 상근자를 두는 경향이 있으며(0.45185), 세계화를 반대하는 경향이 있고(0.52527), 이문화에 대한 관용성의 정도도 낮아지는 경향이 있다(0.45138). 또한 물자교류의 횟수가 많아질수록 교류전담 상근자를 두는 경향이 높아지는 관계에 있다(0.95639).

이러한 아시아 지역 차원의 현상은 범지구 차원의 경우와 적지 않게 다르다. 범지구 차원의 경우에는 인적교류와 단체의 하부구조 사이에서만 유의미한 상관관계가 발견되는데, 인적교류의 횟수가 많을수록 1년 예산 가운데 정부로부터 지원받는 금액의 비율이 높고(0.48959), 1년 예산 가운데 기업으로부터 지원 받는 금액의 비율이 높으며(0.36648), 세계화 지향적인 가치관을 보유하는 경향이 낮아지는 것으로 나타나고 있다(0.36423).

교류형태와 단체의 하부구조 간에 형성되어 있는 영향성 관계를 알아보기 위해 양자간의 상관관계를 분석해 본 결과는 <표 68>에 나타나 있는 바와 같다.

아래의 <표 68>에 의하면 유의수준 0.1 이하에서 볼 때, 단체 간의 교류형태가 다자간의 교환 양식으로 변화해 갈수록 단체가 생긴지 오래되는

〈표 68〉 교류형태와 하부구조의 상관관계지수

구조 형태	상근자 규모	교류 전담자	연간 예산	정부 지원	기업 지원	회원 규모	단체 연조	세계화	관용성	민주성	남북 교류
교류 형태	0.15069 (0.2464)	-0.0142 (0.9157)	0.05112 (0.6981)	-0.1467 (0.2673)	0.05866 (0.6590)	0.21034 (0.1067)	0.27216 (0.0338)	-0.2793 (0.0321)	-0.1538 (0.2364)	0.05360 (0.6816)	-0.0968 (0.4580)

* ( ) 안은 유의 수준임

경향이 있고(0.27216), 현재 진행되는 양식의 세계화를 지지하는 경향에 있다(-0.2793). 이는 범지구 차원의 교류 단체 경우와 크게 다를 것이 없다.

교류의 연조와 단체의 하부구조 간에 형성되어 있는 영향성 관계를 알아보기 위해 양자간의 상관관계를 분석해 본 결과는 아래의 <표 69>에 나타나 있는 바와 같다.

아래의 <표 69>에 의하면 유의수준 0.1 이하에서 볼 때, 국제교류의 역사가 길수록 단체의 회원 수가 많고(0.32364), 상근자의 수도 많으며(0.26590), 교류전담자의 수도 많아지고(0.27062), 연간 예산의 규모도 커지며(0.26979), 단체가 생긴 지도 오래되는 경향이 있다(0.64041). 이는 범지구적인 차원에서 교류하는 경우와 크게 다를 것이 없다.

교류비용과 단체의 하부구조 간에 형성되어 있는 영향성 관계를 알아보기 위해 양자간의 상관관계를 분석해 본 결과는 다음의 <표 70>에 나타나 있는 바와 같다.

<표 69> 교류연조와 하부구조의 상관관계지수

구조\연조	상근자 규모	교류 전담자	연간 예산	정부 지원	기업 지원	회원 규모	단체 연조	세계화	관용성	민주성	남북 교류
교류 연조	0.26590 (0.0367)	0.27062 (0.0382)	0.26979 (0.0355)	-0.0881 (0.5029)	0.02145 (0.8719)	0.32364 (0.0117)	0.64041 (0.0001)	-0.0413 (0.7538)	-0.0498 (0.7062)	-0.0182 (0.8881)	0.15769 (0.2209)

* ( ) 안은 유의 수준임

<표 70> 교류비용과 하부구조의 상관관계지수

구조\비용	상근자 규모	교류 전담자	연간 예산	정부 지원	기업 지원	회원 규모	단체 연조	세계화	관용성	민주성	남북 교류
교류 비용	0.77229 (0.0001)	0.48926 (0.0003)	-0.0057 (0.9676)	0.12472 (0.3736)	0.36913 (0.0071)	0.35208 (0.0105)	0.21568 (0.1173)	-0.2204 (0.1163)	-0.0638 (0.6464)	-0.0954 (0.4922)	-0.1187 (0.3924)

* ( ) 안은 유의 수준임

앞의 <표 70>에 의하면 유의수준 0.1 이하에서 볼 때, 국제교류를 위해 지출하는 비용이 많을수록 단체의 회원 수가 많고(0.35208), 상근자의 수도 많으며(0.77229), 교류전담자의 수도 많아지고(0.48926), 연간 예산 가운데 기업으로부터의 지원이 차지하는 비중도 커지는 경향이 있다(0.36913). 이는 범지구적인 교류에 나서는 단체들의 경우와 크게 다를 것이 없다.

제3절 남북한 관계 차원

1. 교류현황

북한과의 교류 경험이 있는 단체들에 내포되어 있는 일반적인 특성이 무엇인지를 알아보기 위해, 대북 교류 단체만을 골라 그들이 대외적으로 교류하는 영역별 범위를 알아보았다. 지난 1년 동안 주로 어느 분야에서 교류했는지를 설문하고 관련 분야 3곳에 표시해 주도록 주문한 결과를 토대로 조사한 자료는 아래의 <표 71>에 나타나 있는 바와 같다.

<표 71>에 따르면 사회 서비스 분야가 28.6%로 가장 많고, 정책주창 분야가 17.9%, 종교 분야가 14.3%, 교육 분야가 10.7%, 연구 분야가 10.7%,

〈표 71〉 영역별 국제교류 범위

차원	분야	문화여가	교육	연구	보건	사회서비스	경제개발	종교	국방	정치	정책주창	총계
남북한 관계 차원	빈도	1	3	3	1	8	3	4	0	0	5	28
	%	3.6	10.7	10.7	3.6	28.6	10.7	14.3	0.0	0.0	17.9	100.0
아시아 지역 차원	빈도	19	28	8	5	29	7	8	0	4	18	126
	%	15.1	22.2	6.4	4.0	23.0	5.6	6.6	0.0	3.2	14.3	100.0

경제개발 분야가 10.7%로 그의 뒤를 잇고 있다. 이는 사회 서비스 분야가 23.0%, 교육 분야가 22.2%, 문화 및 여가 관련 분야가 15.1%, 정책주창 분야가 14.3%를 차지하는 아시아 지역 차원의 교류 현황과 크게 다른 것으로서 남북교류에 간여하는 단체들은 아시아 지역 차원의 교류에 나서는 단체들보다 정책주창이나 종교 분야에 대한 관심이 상대적으로 더 높다는 사실을 알 수 있다.

그런데 이런 대외교류가 실제로 얼마나 높은 수준에서 전개되고 있는 지를 알아보기 위해서는 교류의 빈도를 확인해 보아야 한다. 이에 따라 지난 1년 동안 얼마나 자주 국제교류에 나섰는지를 설문해 본 결과는 아래의 <표 72>에 나타나 있는 바와 같다.

<표 72>에 의하면 대부분의 단체(72.7%)가 지난 1년 동안 10회 미만 교류한 것으로 나타나 있어 비록 국제교류에 나서는 단체라고 하더라도 매우 빈번하게 교류하고 있는 것은 아니라는 사실을 알 수 있다. 이런 점에서 보면 남북한 교류에 나서는 단체가 지구시민사회 건설에 기여하는 정도는 아직 미미한 수준에 머물러 있다고 해도 과언이 아니다. 다만 아시아 지역 차원의 교류 단체와 비교해 보면, 1년에 40번 이상 대외 활동에 나서는 단체의 비율이 상대적으로 높아 남북교류 단체의 경우가 아시아 지역 교류 단체들보다 상대적으로 국제교류의 빈도가 높다고 하겠다.

〈표 72〉 교류 빈도

차원	횟수	10번 미만	10번 이상 20번 미만	20번 이상 30번 미만	30번 이상 40번 미만	40번 이상	총계
남북한 관계 차원	빈도	8	1	0	0	2	11
	%	72.7	9.1	0.0	0.0	18.2	100.0
아시아 지역 차원	빈도	50	8	1	0	4	63
	%	79.4	12.7	1.5	0.0	6.4	100.0

〈표 73〉 전자우편의 접속기간

차원	기간	3분 미만	3분 이상 6분 미만	6분 이상 9분 미만	9분 이상 12분 미만	12분 이상	총계
남북한 관계 차원	빈도	3	1	1	1	2	8
	%	37.5	12.5	12.5	12.5	25.0	100.0
아시아 지역 차원	빈도	14	11	3	6	10	44
	%	31.8	25.0	6.8	13.6	22.7	100.0

한번 국제교류가 이루어지는 경우 얼마나 높은 강도로 진행되는지를 알아보기 위해 교류의 강도를 측정해 보기로 하고, 우선 전자우편의 접속이 지속되는 시간을 설문해 본 결과는 위의 〈표 73〉에 나타나 있는 바와 같다.

〈표 73〉에서 보면 3분 미만 접속하는 경우가 37.5%이고 6분 미만인 경우가 전체의 50.0%를 구성하고 있어 대부분의 교류가 간단한 정보 공유 수준임을 알 수 있다. 그러나 12분 이상 지속하는 경우도 25.0%나 되고 있어 실질적인 협의나 진지한 대화가 진행되는 사례도 적지 않다는 사실을 알 수 있다. 그런데 이를 아시아 지역 차원의 경우와 비교해 보면 크게 다른 점이 없으나 매우 미미하기는 하지만 남북한 교류에 나서는 단체들이 아시아 지역 차원의 경우보다 일단 접속하면 보다 오랜 동안 접속한다는 사실을 알 수 있다.

같은 맥락에서 전화를 통한 대외교류는 얼마나 높은 강도로 전개되고 있는지를 알아 본 결과는 다음의 〈표 74〉에 나타나 있는 바와 같다.

일단 전화로 외국과 통화를 시작하면 5분 이내에 끝내는 경우가 25.0%이고 10분 이내에 끝내는 경우는 모두 75.0%가 되는 것으로 나타나 있다. 대부분의 경우가 10분 이내에 끝냈다는 의미다. 그런데 20분 이상 계속되는 경우도 12.5%나 나타나고 있어 의례적인 교류를 넘어 매우 심각한 현안과제를 가지고 접촉하는 경우도 적지 않음을 알 수 있다. 이를 아시아

〈표 74〉 전화통화의 지속기간

차원	기간	5분 미만	5분 이상 10분 미만	10분 이상 15분 미만	15분 이상 20분 미만	20분 이상	총계
남북한 관계 차원	빈도	2	4	1	0	1	8
	%	25.0	50.0	12.5	0.0	12.5	100.0
아시아 지역 차원	빈도	12	115	3	0	6	36
	%	33.3	41.7	8.3	0.0	16.7	100.0

〈표 75〉 인적교류의 지속기간

차원	기간	3일 미만	3일 이상 6일 미만	6일 이상 9일 미만	9일 이상 12일 미만	12일 이상	총계
남북한 관계 차원	빈도	1	6	3	0	1	11
	%	9.1	54.6	27.3	0.0	9.1	100.1
아시아 지역 차원	빈도	18	25	8	4	5	60
	%	30.0	41.7	13.3	6.7	8.3	100.0

지역 차원의 경우와 비교해 보면 대체로 아시아 지역 차원의 경우와 크게 다를 것이 없지만 아주 미미한 수준에서 아시아 지역 차원의 경우보다 보다 더 오랫동안 통화하는 경향이 있음을 알 수 있다.

인적교류의 경우도 어떤 강도로 전개되는지를 알아보기 위해 직접 만남을 통한 교류가 일단 이루어지는 경우 그것이 지속되는 기간이 얼마나 되는지를 설문한 결과는 위의 <표 75>에 나타나 있는 바와 같다.

<표 75>에 의하면 외국의 관계자와 직접 대면하는 경우 지속되는 기일은 3일 미만이 9.1%, 6일 미만이 모두 63.7%나 되고 있어 대개의 경우 6일 이내의 기간에서 교류하는 것으로 나타나 있다. 그러나 12일 이상 지

속되는 경우도 9.1%로 나타나 있어 앞서의 전자우편이나 전화를 통한 접촉에서와 같이 일종의 양극화 현상이 유지되고 있음을 알 수 있다. 그런데 이를 아시아 지역 차원의 경우와 비교해 보면 대체로 크게 다르지는 않지만 아주 미미한 수준에서 남북한 교류 단체의 경우가 아시아 지역 차원의 경우보다 상대적으로 장기간 교류하는 것으로 나타나 있다.

그런데 이런 교류가 궁극적으로는 어떤 내용의 것으로 진행되느냐에 따라 교류에 따른 영향이나 결과를 달리 동반하게 될 것은 자명한 이치다. 이에 따라 교류의 양식, 방법, 대상, 형태, 연조 등을 살펴 본 결과는 다음과 같다. 우선 교류의 양식은 그것이 비상시적 교류냐 또는 상시적 교류냐의 기준, 그러니까 교류의 제도화 정도에 따라 단순접촉, 긴급지원, 회합참여, 연대결성, 자매결연, 지부구성 등으로 구분해 볼 수 있다. 그런데 국제교류에 참여하는 단체가 단순접촉과 같은 TNGO 활동에서 출발하여 궁극적으로 지부구성의 단계에까지 이르는 경우에는 이를 INGO라고 규정해 볼 수 있을 것이므로 결국 교류의 다양한 양식은 제도화 정도에 따라 단계적으로 TNGO와 INGO를 양축으로 하는 연속선상에 정렬된다고 할 수 있다. 이에 따라 지난 1년 동안 외국과 맺어 온 교류의 양식 가운데 가장 대표적인 것 3곳에 표시해 주기를 요청해 본 결과는 다음의 <표 76>에 나타나 있는 바와 같다.

<표 76>에 따르면 연대를 결성하는 경우와 긴급지원의 경우가 각각 29.2%, 회합에 참여하는 경우가 20.8%, 자매결연이 16.7%를 구성하는 것으로 나타나 있다. 그러나 지부구성과 같이 TNGO가 INGO로의 전환을 완료했다고 할 수 있는 경우는 4.1%에 지나지 않는다. 전체적으로 볼 때 연대결성과 회합참여가 중심축을 이루는 가운데 자매결연과 긴급지원이 균형을 이루고 있어 TNGO가 INGO로 전환하는 과정의 관점에서 보면 중간 단계에 있으며 교류의 일상화나 지속성 정도 면에서 볼 때도 중간 정도에 이르러 있다고 할 수 있다. 그런데 이를 아시아 지역 차원의 경우와 비교해 보면 남북한 교류의 경우가 아시아 지역 차원의 경우보다 상대적으로 지부구성이나 자매결연의 비중이 높고 단순 접촉의 경우가 적

<표 76> 국제교류의 양식

차원 \ 양식		지부구성	자매결연	연대결성	회합참여	긴급지원	단순접촉	총계
남북한 관계 차원	빈도	1	4	7	5	7	0	24
	%	4.1	16.7	29.2	20.8	29.2	0.0	100.0
아시아 지역 차원	빈도	4	21	35	27	21	21	129
	%	3.1	16.3	27.1	20.9	16.3	16.3	100.0

<표 77> 국제교류의 방법

차원 \ 방법		교육훈련	자료발간	공동행동	노력봉사	공동교역	총계
남북한 관계 차원	빈도	4	4	3	2	2	15
	%	26.7	26.7	20.0	13.3	13.3	100.0
아시아 지역 차원	빈도	45	20	27	6	6	104
	%	43.3	19.2	26.0	5.8	5.8	100.0

어 교류의 제도화 내지는 INGO로의 전환이 보다 더 진행된 상태에 있다고 하겠다.

그런데 이런 교류가 어떤 방법을 통해 수행되느냐에 따라 교류로 인한 영향 내지는 궁극적으로 달성하고자 하는 목표가 달라질 것이므로 지난 1년 동안 채택했던 교류의 방법에 따라 그 횟수를 표시하도록 설문해 본 결과 각각의 방법을 채택한 일이 있었던 단체의 숫자는 위의 <표 77>에 나타나 있는 바와 같다.

<표 77>에 의하면 교육훈련 및 자료발간을 채택한 일이 있었던 단체가 각각 26.7%, 공동행동이 20.0%, 노력봉사 및 공동교역이 각각 13.3%를

차지하고 있다. 그런데 교육 훈련이 전체의 26.7%를 차지한다는 것은 남북한 교류에 나서는 단체들의 경우 단순한 네트워크 자체의 개척 내지는 관계자 상호간의 인간적인 신뢰 구축 나아가서는 경험과 전문지식의 공유와 같은 기관능력 확장 수준에서 이루어지는 교류에 주력하는 비중이 전체의 3분의 1 정도 된다는 의미로 해석된다.

반면에 자료발간 및 공동행동의 경우가 모두 46.7%에 이른다는 것은 정책공동체의 형성이나 지구시민운동론의 관점에서 시사하는 바와 같이 어떤 구체적인 이슈나 과제 중심의 네트워크를 구축하는 일에 대한 비중이 전체의 절반 정도에 이른다는 의미로 해석된다. 또한 노력봉사와 공동교역의 경우가 26.6%에 이르고 있어 단순한 서비스 전달형 교류는 전체의 3분이 1정도인 것으로 이해된다. 이들 모두를 종합해 볼 때 남북한 교류에 나서는 단체들의 경우에는 대체로 정책과제 중심적인 네트워크 구축에 유의하는 정도가 높으며 이는 아시아 지역 차원의 교류에 나서는 단체들과 비교해 보아도 상대적으로 높게 나타나는 현상이다.

이런 교류의 과정에서 구체적으로 교류의 대상으로 삼고 있는 것이 무엇인지를 알아보기 위해 지난 1년 동안 교류의 대상으로 삼았던 것에 그 교류의 횟수를 기입해 주도록 요청한 결과 밝혀진 교류대상별 간여 단체의 수는 아래의 <표 78>에 나타나 있는 바와 같다.

<표 78>에 의하면 인적교류가 33.3%, 정책교류가 26.7%, 정보교류와

〈표 78〉 국제교류의 대상

차원 \ 대상		인적교류	정보교류	정책교류	물자교류	기술교류	총계
남북한 관계 차원	빈도	5	3	4	3	0	15
	%	33.3	20.0	26.7	20.0	0.0	100.0
아시아 지역 차원	빈도	34	44	28	12	0	118
	%	28.8	37.3	23.7	10.2	0.0	100.0

물자교류가 각각 20.0%로 나타나 있다. 이를 아시아 지역 차원의 경우와 비교해 볼 때 남북교류 단체들은 아시아 지역 차원의 교류 단체보다 인적 교류의 비중이 상대적으로 높고, 정보교류의 비중은 상대적으로 낮으며, 물자교류의 비중은 상대적으로 높다는 사실을 알 수 있다. 이는 현단계의 남북교류가 요구하는 교류의 수요를 시사하는 것이라고도 하겠다.

이런 교류를 위해서 실제 어떤 형태의 의사소통 내지는 네트워크를 구축하느냐에 따라 그것이 시사하는 바는 사뭇 다를 것이다. 이런 문제의식을 토대로 남북한 교류에 나서는 단체들이 어떤 형태의 의사소통 내지는 네트워크를 통해 대외교류에 나서는지를 알아보기 위해 지난 1년 동안의 대외교류 형태 가운데 자신의 경우를 가장 잘 대표하는 유형 하나를 골라 표시하도록 주문해 본 결과는 <표 79>에 나타나 있는 바와 같다.

아래의 <표 79>에 따르면 절반 이상(50.0%)이 다자간 교환의 양식을 취하고 있으며 양자간 교환의 경우도 40.0%를 점하고 있다. 특히 일방적 수수나 일방적 제공의 경우가 매우 낮은 수준에 머물러 있다. 이는 매우 고무적인 현상으로 판단된다. 일방적 수수나 일방적 제공이 교류 간여자들간의 관계를 수직적 구조화하고 그 결과 비민주적인 권력관계를 형성하게 될 위험성이 있는 데 반해서 양자간 교환과 다자간 교환의 경우는 교류 간여자들의 관계를 보다 수평화, 평등화하면서 민주적 관계로 유도하는 성질이 있다고 보아지기 때문이다. 그러니까 대부분(90.0%)의 경우

〈표 79〉 국제교류의 형태

차원 \ 형태		일방적 수수	일방적 제공	양자간 교환	다자간 교환	총계
남북한 관계 차원	빈도	0	1	4	5	10
	%	0.0	10.0	40.0	50.0	100.0
아시아 지역 차원	빈도	6	4	32	29	61
	%	9.8	6.6	52.5	31.2	100.0

"민주적 교환"의 양식을 취하고 있다는 의미다. 이는 기본적으로 아시아 지역 차원의 경우와 크게 다르지 않으며, 다만 매우 미미한 수준이기는 하지만 대북 교류에 나서는 단체들의 경우가 아시아 지역 차원의 경우보다 보다 더 민주적 교환을 취하는 경향이 높다.

그런데 이런 교류가 얼마 동안이나 지속되고 있느냐는 교류의 안정성이나 제도화와 관련하여 시사하는 점이 적지 않을 수밖에 없다. 이런 관점에서 국제교류의 경험 정도가 얼마나 되는지를 알아보기 위해서 외국 NGO와의 교류를 시작한지는 얼마나 되었는지를 설문해 본 결과는 아래의 <표 80>에 나타나 있는 바와 같다.

아래의 <표 80>에 의하면 10년 정도 된 경우가 36.4%로 가장 많고, 5년 내외와 20년 내외의 경우가 각각 27.3%나 되고 있다. 이는 최근 10년 사이에 적극적으로 대외교류에 나선 단체들이 대체로 남북한 간의 교류에 관심이 높다는 의미로 이해된다. 특히 대외교류 경력이 20년 이상 되는 경우도 27.3%나 있어 남북한 교류에 나서는 단체들은 대체로 오랜 대외경험이 축적된 단체들이라고 하겠다. 그런데 이를 아시아 지역 차원의 경우와 비교해 보면 대체로 비슷하지만 남북교류에 나서는 단체들의 대외교류 연조가 아시아 지역 차원의 교류에 나서는 단체들보다 상대적으로 높다는 사실을 알 수 있다.

그런데 이런 국제교류를 가능케 하는 교류 지원 자원은 어떻게 조달되

〈표 80〉 국제교류의 연조

차원	연조	1년 내외	5년 내외	10년 내외	15년 내외	20년 이상	총계
남북한 관계 차원	빈도	0	3	4	1	3	11
	%	0.0	27.3	36.4	9.1	27.3	100.1
아시아 지역 차원	빈도	11	16	17	8	10	62
	%	17.7	25.8	27.4	12.9	16.1	100.0

〈표 81〉 교류비용의 출처

차원 \ 출처		자체예산	사적 기부금	공공부문 지원금	외국기관 지원금	수익사업	총계
남북한 관계 차원	빈도	9	2	6	3	2	22
	%	40.1	9.1	27.3	13.6	9.1	100.2
아시아 지역 차원	빈도	50	20	32	5	11	118
	%	42.4	17.0	27.1	4.2	9.3	100.0

고 있는지를 알아보기 위해서 교류재정의 출처와 규모를 파악해 본 결과
는 다음과 같다. 이는 아무리 국제교류에 대한 수요가 크고 필요성을 절
감한다고 하더라도 그에 필요한 재정자원이 조달되지 않고서는 실제 대
외교류에 나서기 어려운 일이며 설혹 재정자원이 조달된다고 하더라도
그 재원의 성질에 따라 교류의 내용과 성격이 적지 않게 영향을 받을 것
이기 때문이다. 바로 이런 점을 감안하여 대외교류에 필요한 재정자원을
어떻게 조달하고 있는지를 알아보기 위해 대외 교류과정에서 지난 1년
동안 가장 의존도가 높았던 재정자원 공급처 3곳을 지목해 달라는 설문
을 했으며, 응답 결과는 〈표 81〉에 나타나 있는 바와 같다.

위의 〈표 81〉에 따르면 자체예산이 대종을 이루고(40.1%) 공공부문 지
원금(27.3%)과 외국기관 지원금(13.6%)이 그 뒤를 잇고 있다. 사적 기부
금(9.1%)이나 자체 수익사업(9.1%)을 통한 재정조달은 매우 일천한 수준

〈표 82〉 교류비용의 규모

차원 \ 규모	최소값	최대값	평균	표준편차
남북한 관계 차원	100,000원	1,000,000,000원	123,722,222원	329029550
아시아 지역 차원	100,000원	1,000,000,000원	48,679,630원	168155084

에 있다. 이는 대체적으로 아시아 지역 차원의 교류 단체와 크게 다를 것이 없다. 다만 외국기관 지원금이 차지하는 비중이 아시아 지역 차원의 경우보다 크게 높다는 점과 그 대신 사적 기부금의 비중이 상대적으로 낮다는 점에서 다르다.

실제로 국제교류를 하는 데 소요되는 비용의 규모가 얼마나 되는지를 알아보기 위해 지난 1년 동안 대외교류를 위해 지출한 비용이 얼마인지를 설문해 본 결과는 앞의 <표 82>에 나타나 있는 바와 같다.

앞의 <표 82>에 따르면 연평균 약 1억 2,372만 원을 지출하는 것으로 나타나 있으나 최고 10억 원을 지출하는 단체가 있는가 하면 최소 10만 원 정도를 지출하는 단체도 있어 단체 간의 편차가 매우 높은 것으로 나타나 있다. 이를 아시아 지역 차원의 경우와 비교해 보면 거의 3배 정도 많은 규모임을 알 수 있다. 그러니까 남북한 교류에 나서는 단체는 상대적으로 대외교류에 지출하는 비용의 규모가 큰 셈이다.

2. 하부구조

먼저 인적자원의 현황을 알아보기 위해 그 동안 남북한 간의 교류에 나섰던 단체와 아시아 지역 차원의 교류에 나섰던 단체를 대상으로 상근자의 수를 조사해 본 결과는 <표 83>에 나타나 있는 바와 같다.

아래의 <표 83>에 따르면 남북한 교류에 나선 단체의 경우는 평균 153명 정도의 상근자를 두고 있어 단체의 규모가 상당한 정도에 이르는 것

〈표 83〉 상근자 규모

차원 \ 규모	사례 수	최소값	최대값	평균	표준편차
남북한 관계 차원	11	5	1500	153.3	447
아시아 지역 차원	63	1	1500	45.0	191

<표 84> 국제교류 전담 상근자 규모

차원 \ 규모	사례 수	최소값	최대값	평균	표준편차
남북한 관계 차원	11	0	2	1.00	0.8
아시아 지역 차원	63	0	9	0.75	1.3

으로 파악된다. 이는 아시아 지역을 상대로 교류하는 경우보다 훨씬 더 많은 상근자를 두고 있다는 의미다.

더 나아가 국제교류 업무는 그것 자체가 외국어의 구사 능력이나 문화적 편차의 이해력 나아가 초국적인 과제에 대한 정보력 등을 필요로 하는 작업이므로 이를 전담하는 상근자가 준비되어 있느냐의 여부는 그것의 당위성 여부를 떠나서 단체의 국제교류에 대한 의지나 배려의 정도를 측정하는 지표가 될 수 있다. 이런 관점에서 국제교류 전담 상근간사의 규모를 조사해 본 결과는 위의 <표 84>에 나타나 있는 바와 같다.

위의 <표 84>에 따르면 남북한 교류에 나선 경험이 있는 단체의 경우에는 평균 1명 정도의 국제교류 전담자를 두고 있으며 이는 아시아 지역을 상대로 하는 경우와 비교해 볼 때 약간 더 많은 전담자를 두는 것이다.

아시아 지역을 상대로 하는 국제교류에 있어 이를 지원하는 재정자원의 실태를 알아보기 위해 단체의 1년 예산 규모를 설문해 본 결과는 아래의 <표 85>에 나타나 있는 바와 같다.

<표 85> 연간 예산

차원 \ 규모	사례 수	최소값	최대값	평균	표준편차
남북한 관계 차원	11	2,000,000원	3,500,000,000원	894,475,455원	1115478783
아시아 지역 차원	63	2,000,000원	20,000,000,000원	942,934,426원	2628329455

앞의 <표 85>에 따르면 남북한 간의 교류에 나서는 단체의 경우에는 연평균 약 8억 9,400만 원 정도의 예산을 집행하는 것으로 나타나 있다. 이는 아시아 지역 차원의 교류에 나서는 단체의 경우와 비교해 볼 때 거의 비슷한 규모이며 다만 상대적으로 약간 적은 규모의 예산을 집행한다는 의미다. 그러나 최대값과 최소값 간의 격차가 아시아 지역 차원의 경우 매우 크고 그렇기 때문에 표준편차가 남북한 교류단체의 경우보다 거의 두 배 이상 크다는 점에서 보면 아시아 지역 차원 교류 단체는 큰 규모의 단체가 소수 있어 평균값을 높인 것이라고 하겠다. 그러니까 남북한 교류단체는 상대적으로 단체간의 규모 편차가 적은 편이다.

그런데 아무리 재정자원의 규모가 크다고 하더라도 그 재정자원이 단체의 자율성이나 독립성을 위협할 가능성이 있는 것인 경우에는 그런 재정자원에 힘입어 이루어지는 교류가 지역시민사회의 형성에 긍정적으로 기여하기는 어려운 일이다. 이런 관점에서 단체의 대 정부관계를 파악하기 위하여 지난 1년의 예산 가운데 정부로부터 지원 받은 금액이 차지하는 비율이 얼마나 되는지를 설문해 본 결과는 아래의 <표 86>에 나타나 있는 바와 같다.

아래의 <표 86>에 따르면 정부 지원금이 전체 예산의 5% 내외를 차지하는 경우가 전체의 45.6%에 이르고 있어 대체적으로 단체의 기관독립성은 확보되어 있는 셈이다. 이는 아시아 지역 차원의 교류에 나서는 단체들

〈표 86〉 정부지원 예산 비율

차원	비율	5% 내외	10% 내외	15% 내외	20% 내외	20% 이상	총계
남북한 관계 차원	빈도	5	0	2	2	2	11
	%	45.6	0.0	18.2	18.2	18.2	100.2
아시아 지역 차원	빈도	34	4	7	9	6	600
	%	56.7	6.7	11.7	15.0	10.0	100.0

<표 87> 기업지원 예산 비율

차원	비율	5% 내외	10% 내외	15% 내외	20% 내외	20% 이상	총계
남북한 관계 차원	빈도	6	1	2	1	0	10
	%	60.0	10.0	20.0	10.0	0.0	100.0
아시아 지역 차원	빈도	46	4	2	5	2	59
	%	78.0	6.8	3.4	8.5	3.4	100.0

의 경우와도 크게 다르지 않다. 다만 전체적으로 볼 때 아시아 지역 차원의 교류에 나서는 단체보다 정부지원금의 비중이 상대적으로 높은 셈이다.

이런 관계는 기업과의 관계에서도 같다. 같은 맥락하에서 1년의 예산 가운데 기업 지원금이 차지하는 비율을 설문해 본 결과는 위의 <표 87>에 나타나 있는 바와 같다.

위의 <표 87>에 따르면 남북한 교류에 나선 경험이 있는 단체의 1년 예산 가운데 기업지원금이 차지하는 비율이 5% 내외인 경우가 전체의 60%에 이르고 있어 단체의 대 기업 독립성이나 자율성에 대해서는 이를 우려하지 않아도 좋을 정도다. 그러나 이를 아시아 지역 차원의 교류에 나서는 단체의 경우와 비교해 보면 상대적으로 기업에 대한 의존도가 높다는 사실을 알 수 있다.

NGO가 자발적 참여를 통한 자율적 의사결정기구라는 점에서 볼 때 조직자원의 현황과 관련하여 단체의 회원 수는 단체의 추동력을 결정짓는 주요 변수다. 이런 관점에서 단체의 회원 규모를 알아본 결과는 다음의 <표 88>에 나타나 있는 바와 같다.

다음의 <표 88>에 따르면 남북한 교류의 경험이 있는 단체의 평균 회원 수는 2만 7,304명이며 최대 12만 명에서 최소 90명까지 매우 폭넓은 종류의 회원 규모를 보여주고 있다. 이는 아시아 지역 차원의 교류에 나서는 경우와 비교해 볼 때 평균 회원 수가 약 2만 명 정도 더 많은 것이며

〈표 88〉 회원 규모

차원＼규모	사례 수	최소값	최대값	평균	표준편차
남북한 관계 차원	11	90	120,000	27304	42305
아시아 지역 차원	63	50	120,000	7888	21447

〈표 89〉 단체 연조

차원＼연조	사례 수	최소값	최대값	평균	표준편차
남북한 관계 차원	11	4년	102년	41.3년	35
아시아 지역 차원	63	3년	102년	23.6년	24

최소 회원의 수도 40명 정도 더 많은 것이다. 그러니까 남북한 교류에 나서는 단체가 아시아 지역을 상대로 교류하는 단체보다 그의 회원 규모가 월등히 크다는 의미다.

조직자원의 또 다른 축이라고 할 수 있는 단체의 역사성 정도를 알아본 결과는 위의 <표 89>에 나타나 있는 바와 같다. 단체의 역사가 오래될수록 다양한 환경에서의 생존율이 높고, 생존율이 높은 만큼 기관능력이 크며, 기관능력이 큰 만큼 대외교류를 위한 여력이 있을 것이라는 가정 아래 단체가 생긴지 얼마나 되었는지를 알아본 결과는 위의 <표 89>에 나타나 있는 바와 같다.

위의 <표 89>에 따르면 남북한 교류 경험이 있는 단체의 평균 존속기간은 약 41.3년이다. 그런데 아시아 지역 차원의 교류에 나서는 단체의 경우는 평균 23.6년이다. 그러니까 남북한 차원의 교류에 나서는 단체가 아시아 지역 차원의 교류에 나서는 단체의 경우보다 거의 두 배 정도 오래된 단체인 셈이다.

〈표 90〉 영문 홈페이지 유무

차원	유무	운영하고 있음	운영하지 않음	총계
남북한 관계 차원	빈도	5	6	11
	%	45.4	54.6	100.0
아시아 지역 차원	빈도	24	38	63
	%	38.7	61.3	100.0

정보자원과 관련해서는 네트워크의 구축과 의사소통의 통로를 개척하는 일이 지역시민사회의 형성 과정에 있어 필수적 과제이자 전제적 조건이라는 점을 감안하여 바로 그런 네트워크를 형성하는 데 있어 필수적인 장치 가운데 하나로 인식되는 영문 홈페이지를 운영하고 있는지의 여부를 설문해 본 결과는 위의 〈표 90〉에 나타나 있는 바와 같다.

위의 〈표 90〉에 따르면 남북한 교류 단체 가운데 영문 홈페이지를 두고 있는 경우는 전체의 45.4%에 이른다. 이를 아시아 지역 차원의 교류에 나서는 경우와 비교해 보면 영문 홈페이지를 운영하는 사례가 상대적으로 높은 수준에 있다. 그러니까 남북한 교류 단체가 보다 더 정보화되어 있으며 보다 더 대외 지향적이라고 하겠다.

가치자원과 관련해서는 먼저 세계화에 반대하는 시위에 대해서 어떻게 생각하는지를 매우 찬성한다, 대체로 찬성한다, 그저 그렇다, 대체로 반대한다, 매우 반대한다 가운데 한 곳에 O표 하도록 주문해 보았다. 조사의 결과는 다음의 〈표 91〉에 나타나 있는 바와 같다.

〈표 91〉에 의하면 남북한 교류의 경험이 있는 경우 세계화를 반대하는 시위에 대해 매우 찬성하는 경우가 27.3%, 대체로 찬성하는 경우가 54.6%로 나타나 찬성하는 쪽이 무려 81.9%나 되는 것으로 파악된다. 그런데 이를 아시아 지역 차원의 교류 단체와 비교해 보면, 대체로 비슷하지만 매우 찬성하는 비율과 대체로 찬성하는 비율이 아시아 지역을 상대

〈표 91〉 세계화 반대시위에 대한 태도

차원	정향	매우 찬성	대체로 찬성	그저 그럼	대체로 반대	매우 반대	총계
남북한 관계 차원	빈도	3	6	2	0	0	11
	%	27.3	54.6	18.2	0.0	0.0	100.1
아시아 지역 차원	빈도	13	27	10	8	2	60
	%	21.7	45.0	16.7	13.3	3.3	100.0

로 교류하는 경우보다 훨씬 더 높은 것으로 나타나 있다. 남북한 교류 단
체가 아시아 지역 차원의 교류 단체보다 개선된 양식의 세계화나 지구화
에 대한 열망이 훨씬 더 높은 셈이다.

또한 지구시민사회가 보다 더 조화롭게 형성되기 위해서는 그런 작업
을 주도하는 이들이 서로 다른 문화에 대해 개방적이어서 이문화에 대한
관용성의 정도가 높아야 할 것이다. 이런 관점에서 국내에 들어와 있는
외국인 근로자의 영향력이 점차 커지는 현상에 대해 어떻게 생각하는지
를 설문해 본 결과는 아래의 <표 92>에 나타나 있는 바와 같다.

아래의 <표 92>에 따르면 남북한 교류 단체의 경우 외국인 근로자의

〈표 92〉 외국인 근로자에 대한 태도

차원	정향	매우 찬성	대체로 찬성	그저 그럼	대체로 반대	매우 반대	총계
남북한 관계 차원	빈도	3	7	1	0	0	11
	%	27.3	63.6	9.1	0.0	0.0	100.0
아시아 지역 차원	빈도	14	37	8	3	0	62
	%	22.6	60.0	12.9	4.8	0.0	100.0

〈표 93〉 선거권 허용 연령인하에 대한 태도

차원	정향	매우 찬성	대체로 찬성	그저 그럼	대체로 반대	매우 반대	총계
남북한 관계 차원	빈도	9	2	0	0	0	11
	%	81.8	18.2	0.0	0.0	0.0	100.0
아시아 지역 차원	빈도	44	12	2	3	1	62
	%	71.0	19.4	3.2	4.8	1.6	100.0

영향력이 점점 더 커지는 문제에 대해서 매우 찬성하는 경우가 27.3%, 대체로 찬성하는 경우가 63.6%나 되어 전체적으로 적극적인 찬성의 사례가 물경 93.9%나 되는 것으로 나타나 있다. 이는 아시아 지역 차원의 교류에 나서는 단체의 경우와 비교해 볼 때 큰 차이가 없는 결과다. 그러나 작은 차이가 없는 것은 아니어서 남북한 교류 단체의 경우가 아시아 지역을 상대로 교류하는 경우보다 보다 더 외국인 근로자에 대한 관용성 정도가 큰 것으로 드러나고 있다.

그런데 이런 네트워크의 형성이 지역시민사회의 형성에 기여하는 양식으로 전개되기 위해서는 민주주의에 대한 확고한 신념이 전제되어야 할 것은 자명한 이치다. 이런 관점에서 만 18세로 선거권을 인하하자는 주장에 대해 어떻게 생각하는지를 설문해 본 결과는 위의 <표 93>에 나타나 있는 바와 같다.

위의 <표 93>에 따르면 남북한 교류의 경험이 있는 단체의 경우 선거권을 18세로 인하하자는 안에 대해서 매우 찬성하는 경우가 81.8%, 대체로 찬성하는 경우가 18.2%나 되어 찬성하는 쪽이 100.0%를 이루고 있다. 이는 아시아 지역 차원의 교류 단체와 비교해 볼 때 적극적인 지지가 상대적으로 높다는 사실을 알려주는 것이다. 민주성에 대한 지지가 높을수록 대북 교류에 나서는 경향이 높다는 의미다.

남북한 간의 교류와 접촉을 활성화하는 문제와 관련해서는 남한의 북

〈표 94〉 대북 경제지원에 대한 태도

차원	정향	매우 찬성	대체로 찬성	그저 그럼	대체로 반대	매우 반대	총계
남북한 관계 차원	빈도	8	3	0	0	0	11
	%	72.7	27.3	0.0	0.0	0	100.0
아시아 지역 차원	빈도	42	18	1	1	0	62
	%	67.4	29.0	1.6	1.6	0.0	100.0

한에 대한 여러 유형의 인도주의적인 지원에 대해 이를 반대하는 여론도 있어 기본적으로 남북한의 평화 공존 전략에 대해 어떤 태도정향을 지니느냐가 매우 중요한 변수로 작용할 수밖에 없다. 바로 이런 인식의 연장선상에서 남한이 북한에 대해 경제적인 지원을 해주고 있는 데 대해서 어떻게 생각하는지를 설문해 본 결과는 위의 〈표 94〉에 나타나 있는 바와 같다.

위의 〈표 94〉에 따르면 남북한 교류 경험이 있는 단체의 경우 대북 경제 지원에 대해 매우 찬성하는 경우가 72.7%, 대체로 찬성하는 경우가 27.3%나 되어 전체적으로 적극적인 찬성의 사례가 모두 100.0%로 나타나 있다. 이는 매우 당연한 결과다. 아시아 지역 차원의 교류단체와 비교해 보더라도 훨씬 더 그 찬성의 적극성 정도가 높다. 대북 교류에 나섰다는 것 자체가 남북교류를 적극 지지하기 때문일 것은 당연한 이치이다.

3. 상관관계

남북한 교류 단체의 하부구조 가운데 어떤 요인이 주로 그 교류의 실태에 영향을 미치고 있는지를 파악하기 위해 교류현황과 하부구조 사이의 상관관계지수를 구해 보았다. 그 결과 유의미한 상관관계가 발견된 경우를 중심으로 정리해 보면 다음과 같다.

〈표 95〉 교류강도와 하부구조의 상관관계지수

구조\수단	상근자 규모	교류 전담자	연간 예산	정부 지원	기업 지원	회원 규모	단체 연조	세계화	관용성	민주성	남북 교류
전자 우편	0.51256 (0.19408)	0.28820 (0.48888)	-0.3699 (0.36718)	0.5546 (0.15378)	0.1210 (0.79597)	0.39896 (0.37537)	1.1.1.	-0.122 (0.77338)	-0.118 (0.78068)	-0.4034 (0.32168)	-0.0880 (0.83588)
전화 통화	0.86917 (0.00518)	0.48454 (0.22378)	-0.154 (0.71508)	0.2743 (0.51098)	0.0462 (0.92167)	0.20989 (0.65157)	0.5513 (0.15668)	-0.236 (0.57298)	0.5922 (0.12198)	-0.0788 (0.85288)	0.12039 (0.77648)
인적 교류	0.17954 (0.5973)	0.00000 (1.0000)	-0.061 (0.8566)	0.3324 (0.3178)	0.5436 (0.1043)	0.17053 (0.6376)	-0.105 (0.7585)	-0.212 (0.5295)	-0.014 (0.9661)	-0.2169 (0.5216)	-0.28189 (0.4011)

* ( ) 안은 유의 수준임

교류강도와 단체의 하부구조 간에 형성되어 있는 영향성 관계를 알아보기 위해 양자간의 상관관계를 분석해 본 결과는 위의 <표 95>에 나타나 있는 바와 같다.

위의 <표 95>에 의하면 유의수준 0.1 이하에서 볼 때, 전화통화만이 단체의 하부구조와 유의미한 상관관계를 구성하는 것으로 나타나 있다. 한번 전화를 걸어 오래 통화하는 경향이 있을수록 단체의 상근자 수가 증가하는 경향이 있다(0.86917). 이는 아시아 지역 차원의 경우와 크게 다를 것이 없다.

교류형태와 단체의 하부구조 간에 형성되어 있는 영향성 관계를 알아보기 위해 양자간의 상관관계를 분석해 본 결과는 다음의 <표 96>에 나타나 있는 바와 같다.

다음의 <표 96>에 의하면 유의수준 0.1 이하에서 볼 때, 단체 간의 교류형태가 다자간의 교환 양식으로 변화해 갈수록 국제교류 전담 상근자의 숫자가 커지는 경향(0.77850)이 있다.

교류의 연조와 단체의 하부구조 간에 형성되어 있는 영향성 관계를 알아보기 위해 양자간의 상관관계를 분석해 본 결과는 다음의 <표 97>에 나타나 있는 바와 같다.

〈표 96〉 교류형태와 하부구조의 상관관계지수

구조 형태	상근자 규모	교류 전담자	연간 예산	정부 지원	기업 지원	회원 규모	단체 연조	세계화	관용성	민주성	남북 교류
교류 형태	0.30293 (0.3949)	0.77850 (0.0080)	-0.0063 (0.9862)	0.32205 (0.3642)	0.11198 (0.7581)	0.40107 (0.2507)	0.16479 (0.6492)	-0.1292 (0.7220)	-0.1679 (0.6428)	-0.3015 (0.3972)	-0.0658 (0.8567)

* ( ) 안은 유의 수준임

〈표 97〉 교류연조와 하부구조의 상관관계지수

구조 연조	상근자 규모	교류 전담자	연간 예산	정부 지원	기업 지원	회원 규모	단체 연조	세계화	관용성	민주성	남북 교류
교류 연조	0.47682 (0.1381)	0.42817 (0.1889)	0.68291 (0.0206)	-0.1740 (0.6089)	0.21664 (0.5477)	0.52458 (0.1195)	0.87472 (0.0004)	-0.0753 (0.8258)	-0.0375 (0.9128)	0.46585 (0.1487)	0.33889 (0.3080)

* ( ) 안은 유의 수준임

〈표 98〉 교류비용과 하부구조의 상관관계지수

구조 비용	상근자 규모	교류 전담자	연간 예산	정부 지원	기업 지원	회원 규모	단체 연조	세계화	관용성	민주성	남북 교류
교류 비용	0.99880 (0.0001)	0.55655 (0.11969)	-0.2058 (0.59519)	0.02829 (0.9424)	0.09580 (0.8215)	0.42966 (0.2880)	0.40177 (0.2838)	-0.5098 (0.1608)	0.11479 (0.7687)	-0.1387 (0.7219)	-0.2080 (0.5912)

* ( ) 안은 유의 수준임

위의 <표 97>에 의하면 유의수준 0.1 이하에서 볼 때, 대외교류의 역사
가 길수록 단체의 예산 규모가 크고(0.68291), 단체가 생긴 지도 오래되는
경향이 있다(0.64041).

교류비용과 단체의 하부구조 간에 형성되어 있는 영향성 관계를 알아
보기 위해 양자간의 상관관계를 분석해 본 결과는 위의 <표 98>에 나타

나 있는 바와 같다.

앞의 <표 98>에 의하면 유의수준 0.1 이하에서 볼 때, 대외교류를 위해 지출하는 비용이 많을수록 상근자 수가 많아지는 경향이 있다(0.99880).

|제5장|
한국 INGO의 국제교류 실태

제1절 범지구 차원

1. 선의성

　YMCA 운동이 그의 운동 목적을 구현하기 위해 범지구 차원에서 결성한 결사체가 세계 YMCA연맹이다. 이 세계 YMCA 연맹은 지금으로부터 150여 년 전인 1855년 8월 22일 제1차 세계 YMCA 총회가 파리에서 열린 것을 계기로 창립되었다. 따라서 가장 오래된 INGO 가운데 하나다. 창설 당시에는 YMCA가 주로 유럽 및 북미지역을 중심으로 활성화되어 있었던 만큼 이 지역을 중심으로 하는 38개국 YMCA 대표가 참석하여 파리기준을 채택하고 이를 토대로 세계 YMCA 연맹을 결성했다. 그러나 현재는 정회원 69개국, 준회원 14개국, 관련 회원 39개국을 포괄하는 거대 국제기구로 성장해 있다.

　그런데 세계 YMCA 연맹은 "성경대로 예수그리스도를 하느님과 구주로 믿어 그 신앙과 생활에서 그의 제자 되기를 원하는 청년들을 하나로 뭉치고 또 그 힘을 합하여 청년들 가운데 그의 나라를 확장하는 것을 목적"으로 창립되었다. 그리고 이러한 창립 목적의 구현을 위해 세계 YMCA 연맹은 그 운영양식에 있어 개방성의 원칙, 청년 우선의 원칙, 그리스도 중심의 원칙을 견지해 오고 있다.

먼저 사람들을 분열시키는 계급이나 신조에 관계없이 모든 사람에게 YMCA의 문호를 연다는 개방성의 원칙을 지켜 왔다. 이는 YMCA 회원의 자격을 기독교인에게만 한정하지 않는다는 의미일 뿐만 아니라 사업의 추진에 있어서도 각계각층의 직능별 계층(상인, 직장인, 학생 등)을 모두 포용한다는 뜻으로 해석된다. 사업 분야나 프로그램 영역에 있어 좁은 뜻의 종교 프로그램에만 한정하지 않고 각각의 YMCA가 놓여 있는 지역사회, 도시, 농촌 혹은 나라 전체가 당면하는 사회정책 과제에 대해서도 이를 사명 의식을 가지고 대처해 나가는 포괄적 개방성을 지향해 왔다는 의미다.

이를 위해 청년이 주동이 되어야 한다는 것은 YMCA 운동의 가장 기본적인 속성이며 특징이기도 하다. 세계연맹을 처음 조직했을 때 그 자리에 모인 대표들이 극소수를 제외하고는 대부분이 30세 미만의 청년이었고, 이후 세계 YMCA 운동의 정신적 지주가 된 파리기준의 초안도 26세의 청년에 의해 기초되었다. 제1차 세계 연맹 총회가 추구하고자 했던 주요 관심사항도 청년들이 당면하는 여러 가지 사회 문제에 대처해 나가기 위한 프로그램을 개발하려는 것이었다.

더 나아가 세계 YMCA 운동은 "예수 그리스도만이 형제로서의 일치를 가능하게 하는 원천"임을 믿는 데에서부터 출발한다. 세계 YMCA 운동의 준거가 되는 파리기준은 세계 YMCA 운동이 기독교 선교 운동이나 기독교인들 간의 협력과 연대를 강조하는 "초교파운동"의 효시임을 확인해 주고 있다. 파리기준에는 매우 간결한 표현으로 기독교 신앙의 본질, 그리스도의 충실한 제자가 되려는 결단, 그리고 그리스도의 정신을 넓혀 간다는 사명(이 사명에는 초기의 YMCA 발전에서도 보듯이 정신면뿐만

이 아니라 육체적, 사회적 상황에 대한 관심을 포함해서 청소년들에게 봉사하려는 사명)이 서술되어 있다.

이후 파리기준은 세계연맹에의 가맹 기준이 되었으며, 가맹 YMCA 내에서 각각의 YMCA 회원이 선서하는 신앙고백으로서 혹은 도시 YMCA의 설립목적으로 채택되어 왔다. 한국 YMCA도 연맹에 가맹을 희망하는 모든 지역 YMCA가 이 조항을 채택할 것을 가맹 기준으로 의무화하고 있다. 그러나 동시에 각국의 연맹이나 도시 YMCA는 각자의 목적 조항을 별도로 만들 자유가 허용되어 있으며, 이에 따라 한국 YMCA는 새로운 목적문을 1976년 제23차 전국대회에서 채택한 바 있다.

이는 세계 YMCA 연맹이 지향하는 현장주의의 정신을 반영하는 것이기도 하지만 시대 환경의 변화에 조응하고자 하는 세계 YMCA 운동의 유연성과 적응성을 보여주는 것이기도 하다. 이런 세계 YMCA 운동의 성격을 반영하여 20세기 후반의 복합사회 속에서 살아가는 개개인이 그 사회의 구조적 모순이나 부당한 압박을 받는 일 없이 하나님의 형상대로 지음 받은 건전한 인간으로 발전해 가도록 지원하고 격려하는 데 있어 과연 YMCA가 부족함이 없는지를 반성하고 보다 새롭게 변모해야 한다는 생각에서 제정하게 된 것이 바로 "캄팔라 원칙"이다. 이는 1969년 노팅검 세계대회가 파리기준을 재검토하기로 결정한 후 처음 열린 세계총회가 1973년 우간다 캄팔라에서 개최되었기 때문에 캄팔라 원칙이라고 불리게 되었다.

이 캄팔라 원칙은 파리기준을 새로운 시대정신에 맞도록 재편한 것이라기보다는 파리기준에 내포되어 있는 운동이념을 재확인하면서 당시의 시대환경 변화에 맞추어 현대적인 의미의 YMCA가 받아들여야 할 보다 큰 사회적 책임과 관심을 강조하고자 한 것이다. 그뿐만 아니라 세계의 모든 YMCA들은 파리기준과 캄팔라 원칙의 정신을 보다 더 구체적인 현장에서 실현 내지는 결단해 갈 수 있도록 각국의 새로운 목적문을 각국의 재량에 따라 정할 수 있도록 했다. 운동 목적 설정에 있어 일종의 고객중심주의 내지는 상황조응적 유연성을 드러내 보인 것이다.

그렇게 함으로써 각국의 청년회가 자신들의 봉사 대상자들이 지니고 있는 요구와 염원에 보다 더 직접적으로 조응해 나갈 수 있을 것이라고 보았기 때문이다. 다만 그렇게 해서 만들어진 청년회의 목적문은 이를 반드시 세계 연맹이 파리기준의 정신에 일치하는 것인지의 여부를 확인하고 인준하도록 규정하고 있다.

한국 YMCA의 운동이념도 세계 YMCA 운동의 바로 이런 문맥 속에서 설정되었으며 또 이해되고 있다. 그런데 여기에서 말하는 세계 YMCA 운동은 기구적인 측면에서 볼 때 세계 YMCA 연맹을 정점으로 하는 세계 기구를 통해 활동한다는 뜻이며, 다른 한편으로는 하나의 보편성과 세계성을 띤 운동체로서 범지구적 차원의 운동을 지향한다는 의미를 함축한다. 기구 면에서 한국 YMCA는 1905년에 이미 세계 YMCA 연맹의 정회원으로 가입하고 세계기구의 각 부처에서(집행위원회, 전문위원회 등) 활발히 활동해 왔으며 세계 여러 나라 YMCA의 각종 활동이나 세계대회에 적극적으로 대표단을 파송함으로써 가맹 회원국으로서의 참여와 연대의 의무를 다하고자 노력해 왔다. 또한 세계 운동의 이념 차원에서는 파리기준의 정신과 캄팔라 원칙을 운동이념의 핵심으로 삼아 실천해 왔다.

따라서 세계 YMCA 연맹이 그의 기관 목적 차원에서 지향하는 바는 너무나도 당연히 지구시민사회의 형성과 상합하는 관계에 있다. 비록 기독교의 복음을 전파하고 하나님의 나라를 이 땅에 건설하려는 종교적 사명을 확인하고 또 이를 지향하고자 하는 것이기는 하지만 결코 종교적인 이유나 사회적인 지위 내지는 정치 경제적인 이유로 회원권을 제한하거나 차등을 두지 않아 지구 보편의 가치와 사해동포주의를 지향한다. 현장주의를 통해 사회 각 영역이나 지구촌 곳곳의 부문별 내지는 지역적 사정을 반영하고 수용하고자 하는 것도 지구적 포용성과 일반성을 갖추게 하는 요소다. 사회구조적인 모순의 시정을 통해 정의와 사랑을 구현하려는 것도 인류공통의 가치를 지향한다는 점에서 지구시민적 가치에 부합한다. 무엇보다도 중요한 것은 이런 목적가치의 추구를 통해 범지구적인 연대와 결성을 강조하고 그 결과 지구적 차원의 가치관 공유 내지는 문화적 동형화를 지향한다는 점이다.

2. 전문성

세계 YMCA 연맹이 당면하고 있는 가장 본질적인 과제 가운데 하나는
세계 YMCA 연맹이 추진해야 할 목적 사업의 우선순위를 설정하는 데
있어 회원국 간의 이견이 적지 않다는 점이다. 원래 세계 YMCA 연맹은
파리기준으로부터 청년의 레크리에이션, 체육, 교육 등을 통해 건전한 지
역사회를 만들거나 긴급구호에 나서고 이를 통해 하나님의 나라를 건설
하자는 데에 일차적인 목적을 두고자 했다. 그러나 캄팔라 원칙 이후 바
로 이런 지역사회 공동체가 성장하기 위해서는 그 사회의 구조적인 모순
이나 갈등 따위를 해결하는 일이 선행되어야 한다는 사회운동론적 시각
이 강조되기 시작했고 이는 제14차 세계연맹 총회(1998)에서 채택된 "도
전 21"에 의해 보다 더 확대되는 결과를 낳았다.

대개의 제3세계 주변부 국가들은 그들의 빈곤이나 사회적 불평등 내지
는 정치적 갈등 문제가 해결되지 않고서는 건전한 청년 교육의 실시가
불가능하다고 보는 데 반해, 이런 사회구조적 갈등이나 모순의 문제가 상
대적으로 덜 심각한 서유럽과 북미의 중심부 국가들에서는 건전한 청년
의 육성과 양육은 어디까지나 청년 개개인의 영성이나 신체적 건전성의
개발에 기초한다는 믿음 위에 서 있다. 따라서 중심부가 하나님 나라의
건설을 위해 청년 개개인의 훈육과 신체적 단련을 강조하는 데 반해, 주
변부는 사회구조 개혁을 위한 시민운동에 주목하는 접근전략을 채택해
왔다.

바로 이런 정책 우선순위 내지는 세계관상의 차이가 북반부 YMCA와
남반부 YMCA를 가르는 주요 원인이 되어 있다. 이는 대개의 중심부 국
가가 지구의 북반부에 위치하는 데 반해 대부분의 주변부 국가는 지구의
남반부에 몰려 있는 데에서 기인하는 현상이다. 이는 단지 정책과제에 대
한 이견뿐만 아니라 보다 심층적으로는 사회 현상을 이해하고 설명하는

방식이나 관점 등에 있어서 마저 차이와 대립을 낳는 원인이 되어 있다.

주로 남반부 YMCA가 전국 수준의 정치 투쟁이나 인권 보장, 평화 운동 등에 유의하면서 총론 수준의 원칙이나 기준의 천명 따위에 강조점을 두고자 하는 데 반해서, 북반부 YMCA는 지역사회의 일상생활에 주목하면서 구체적인 사업이나 프로그램의 운영을 보다 중시하는 견해상의 차이를 보여 준다. 전자가 주로 시민사회운동이나 정치개혁운동 따위를 강조하는 데 반해, 후자는 청소년 사업, 사회교육 및 사회체육 따위에 우선순위를 두고자 한다.

이런 관점의 차이가 드러난 한 가지 사례로는 후원금 모금을 위한 전략 수립과정을 지켜볼 만하다. 세계 YMCA 연맹은 연맹 운영의 활성화와 부족한 재정자원의 충당을 위해 "밀레니엄 펀드"를 조성하기로 하고 이를 위해 모금 특별위원회를 구성한 바 있다. 그런데 주로 남반부 YMCA 출신들은 일정액을 모금해서 이를 적정하다고 판단되는 곳에 지출하자는 생각을 갖고 있는 데 반해서, 북반부 YMCA 출신들은 그럴 경우 모금의 용도가 구체적이지 않기 때문에 헌금할 가능성이 있는 사람을 찾아내어 설득하기가 어렵다면서 구체적으로 모금을 통해 지원하고자 하는 용처를 명료히하고 이를 프로그램화한 후 그 프로그램을 위해 헌금하도록 요청하는 것이 순서라는 인식상의 차이를 보였다.

이런 인식상의 차이는 서구사회와 비서구사회의 역사문화적 차이가 빚어내는 결과로 이해된다. 주로 유목생활을 통해 문화를 일으켜온 서구에서는 보다 구체적이고 개별적이며 동적인 과제에 먼저 주목하는 경향이 있는 데 반해서 영농생활을 통해 정착문화를 형성해 온 비서구사회에서는 현상의 배경이나 상호관계 따위에 먼저 관심을 갖는다는 것이 문화인류학자들의 실험결과에서 나타나고 있다(연합뉴스, 2005.8.23). 지구의 북반부 주민들이 대체로 나무에 주목하는 습성을 갖는다면 지구의 남반부 주민들은 숲에 주목하는 경향이 있다는 것이다.

바로 이런 문화나 인식정향상의 차이는 다양한 차원에서 세계 YMCA 연맹의 운영과정에 투영되고 있으며, 그 결과 통합적 합의의 도출을 어렵게 하는 한 원인이 되고 있다. 이런 시각상의 차이가 세계 YMCA 연맹의 집행위원회나 총회를 두 개의 대립적인 집단으로 갈라놓는 근본 원인 가운데 하나가 되어 있으며 세계 YMCA 운동이 정체하거나 오히려 퇴보하도록 견인하는 주요 원인의 출발점으로 작용하고 있는 것도 사실이다.

이런 북반부 YMCA와 남반부 YMCA 간에 나타나고 있는 인식 전략이나 내용상의 차이는 단순히 정책우선순위나 세계관의 불일치에 머무르는 것이 아니라 양자간의 오해와 불신을 유발하면서 하나의 이념적 패권 집단을 형성하는 토대가 되고 있다. 그 결과 북반부와 남반부 사이에서 일종의 정치적 지역감정을 유인하는 근인이 되고 있으며 이는 세계 YMCA 연맹이 건전한 정책대결이나 타협과 조정보다는 맹목적 대립이나 친북미 YMCA 또는 반북미 YMCA로 양분화하는 결정적 요인이 되어 있다.

이문화(異文化)에 대한 수용성 결여가 세계 YMCA 연맹을 대립적 구조 속에 몰아넣고 있는 셈이다. 그런데 바로 이런 대립적 구조 속에서 한국 YMCA는 그동안 권력의 균형자 내지는 이념적 지표의 제공자 역할을 수행해 왔다. 그 결과 세계 YMCA 연맹에 대한 재정적 기여(전체 분담금의 1% 내외)나 참여의 적극성 정도 그리고 자신의 기관능력이나 회원 규모에 비해 상대적으로 유리한 입장을 견지해 왔으며 그 결과 실질적인 주도 세력의 일부로 편입되어 왔다.

한국 YMCA 연맹은 유럽을 중심으로 하는 중심부 국가들이 독점해 오던 세계 YMCA 연맹의 사무총장을 아시아 태평양 지역 출신으로서는 처음으로 배출했으며, 세계 YMCA 연맹의 회장도 배출한 바가 있다. 제13차 세계 YMCA 총회를 서울로 유치했으며, 제14차 세계 YMCA 총회에서 "도전 21"이라는 세계 YMCA 운동의 방향과 과제를 재천명하는 선언문을 제안하는 과정에서 지도력을 발휘한 바도 있다.

"도전 21"은 사회정책 과제와 사회구조적 모순의 시정에 YMCA가 보다 적극적으로 대처해 나서야 한다는 점을 선언한 문건으로서, 그동안 세계 여러 나라의 YMCA들이 시민사회운동론과 사회체육 및 공적 서비스 대행 활동론 사이에서 차이와 이견을 보여 왔다는 사실을 감안해 볼 때 매우 중요한 전기를 마련한 것으로 평가된다. 사회체육활동을 강조해 온 북반부 YMCA와 사회구조 개편을 주창해 온 남반부 YMCA 사이에서 남반부 YMCA의 비전과 이념적 지향점을 관철시킨 것이다. 따라서 한국 YMCA가 남반부 YMCA의 의견을 대변하는 데 있어 주도 세력의 일부로 작용해 왔으며 정신적 지주로 활동해 왔음을 보여주는 것이라 하겠다.

최근에는 2006년 7월 남아프리카 더반에서 개최된 제16차 세계 YMCA 연맹 총회에서 제17차 총회가 열리기까지 향후 4년 동안 세계 YMCA 운동이 지향해 나갈 정책 지향점을 "생명과 평화"로 삼았다. 그런데 "생명과 평화"는 지난 2003년 한국 YMCA 연맹이 향후 10년간 한국 YMCA 운동이 지향해 나갈 지표로 전국 대회에서 이를 선정하여 이미 추진해 오고 있는 과제다. 따라서 이는 한국 YMCA 운동의 비전과 정신적 지표가 세계 YMCA 연맹 차원에서 수용되고 관철된 것이라는 점에서 한국 YMCA 연맹의 세계 YMCA 운동 차원에서의 정책적 지도력과 정치적 조정력을 보여주는 사례 가운데 하나다.

그런데 이렇게 한국 YMCA 연맹이 세계 YMCA 연맹 차원의 활동에서 자신의 기관 능력이나 세계 YMCA 연맹 활동에 대한 기여에 비해 상대적으로 보다 큰 성과를 얻을 수 있었던 가장 큰 원인은 아시아 태평양 지역 YMCA 연맹에의 진출이 성공적으로 이루어진 결과다. 우선 세계 YMCA 연맹에서 활동할 수 있는 인적 자원의 육성이 아시아 태평양 지역 YMCA 사무국에 대한 한국 YMCA의 간사 파견으로부터 비롯되고 있기 때문이다. 아시아 태평양 지역 YMCA 연맹에 대한 상근 간사의 파견은 그들이 장차 국제무대에서 활동할 수 있는 능력 개발 기회로 작용하게 된다. 세계 YMCA 연맹의 공식 사용언어인 영어를 연마할 수 있는 기회일 뿐만 아니라 다른 나라의 YMCA들이 지향하는 운동의 목적이나 당면과제 등에 정통하게 되고 무엇보다도 아시아 태평양 지역 YMCA 활동가들과의 인적 네트워크를 구축하는 데 있어 매우 효과적인 기회로 작용해 왔다.

이는 특히 아시아 태평양 지역 연맹 차원이나 세계 연맹 차원 모두에 있어 자원봉사자인 레이맨(layman)이 활동의 공식적인 주체가 되도록 규정되어 있는 데에서 오는 반작용의 결과이기도 하다. 이론적으로 볼 때 개별 국가의 상근간사는 그들 YMCA의 피사용자이기 때문에 자원봉사자들에 의해 구성되는 각국의 대표들이 국제 활동의 주체가 되는 것은 당연한 이치다. 그러나 운영실제에 있어 자원봉사자는 상근하는 것이 아니기 때문에 YMCA 관련 국제 활동을 전담하여 수행하기가 어렵고 그때 그때 회의나 중요사안이 있을 때 간헐적으로 간여하게 되는 것이 보통인 반면, 각 나라의 대외 교류 담당 상근간사들은 이를 지속적으로 다루기 때문에 이들이 얼마나 유능하고 많은 경험과 정보를 축적하고 있느냐는 국제교류의 성패를 가늠하는 주요 변수가 될 수밖에 없다. 세계 YMCA 연맹이나 아시아 태평양 지역 YMCA 연맹이 그 운영 실제에 있어 사무국의 상근자 중심으로 관리된다는 점도 상근자 간의 교류와 네트워크의 중요성을 더하는 주요 이유 가운데 하나다.

또한 한국 YMCA 연맹이 그동안 세계 YMCA 운동의 양대 시각이라고 할 수 있는 사회운동론과 사회체육론을 모두 수렴하는 일종의 균형론자적인 입장에서 자신의 전문지식을 확장해 왔다는 점에도 주목하지 않을 수 없다. 한국 YMCA 연맹은 북반부 YMCA가 전통적으로 견지해 왔던 청소년의 지덕체 개발에 관한 사업을 지속적으로 확장해 오면서도 시민사회 개혁운동의 영역을 개척하고 이를 주도해 왔다. 그 결과 북반부 YMCA는 물론 남반부 YMCA와도 이해관계를 공유하고 정보 및 경험을 나눌 수 있는 전문성을 구축하게 되었다. 그러니까 북반부 YMCA와 남반부 YMCA 간의 이해관계 충돌이나 견해의 대립에 있어 중개자 내지는 조정자 역할을 담당할 수 있는 전략적 지위를 확보하기가 용이한 조건을 갖추고 있는 셈이다.

특히 한국 시민사회의 급속한 성장과 그 과정에서 보여준 한국 YMCA의 지도력과 정책개발능력은 아시아 태평양 지역 YMCA 회원국들에게 매우 강력한 인상을 심어주게 되었고 이는 다양한 형태의 권위주의 체제 하에서 곤란을 당하고 있는 이들로 하여금 한국 YMCA 연맹이 민주화 과정에서 보여준 시민사회운동 지도자로서의 역량을 동경하고 그 권위를 수용하는 기반이 되었다. 이 점에서 보면 NGO의 국제교류는 NGO의 국내활동과 별개의 것이 아니며 그의 연장선상에 있고 그렇기 때문에 NGO의 국제교류를 국내활동과 구분하여 다루는 일은 실익이 없다는 주장의 정당성을 확인하게 된다. 나아가서는 NGO에 의한 국제교류에 있어서도 전문성의 보유 여부가 지도력과 그의 권위 기반을 형성하는 핵심인자 가운데 하나라는 사실을 알게 된다.

이런 맥락하에서 한국 YMCA 연맹은 지속적으로 YMCA 운동의 이론적 토대나 지향성 개발에 선도적 역할을 자임해 왔다. 북반부 YMCA가 주로 공적 서비스의 대행 기능을 강조하면서 사업의 실천에 유의하는 가운데 남반부 YMCA가 북반부 YMCA 사업의 현장 집행자나 수원자의 지위에 안주하는 경향이 있었던 데 반해, 한국 YMCA 연맹은 YMCA 운동의 이론적인 토대나 기능적 좌표의 재설정 문제 등에 대해 스스로 관심을 가지고 고민해 왔으며 이를 세계 YMCA 연맹 차원에서 반영하려는 의지를 견지해 왔다. 이를 위해 이와 관련된 전문지식을 지닌 자원봉사자를 섭외하여 충원하고 이들로 하여금 국제교류의 일선에서 활동하도록 지원하는 등 적극적인 노력을 경주해 왔다. 특히 세계 YMCA 연맹이 기관 차원에서 전문성 제고를 위한 체계적인 장치를 갖추고 있지 않다는 사실을 감안하고 이를 반영한 결과이기도 하다.

한국 YMCA 연맹이 세계 YMCA 연맹과의 관계에서 전문가 활용 전략을 매우 효과적으로 채택하고 또 운영해 왔음을 시사하는 것이다. 무엇보다도 이들 전문가와 상근 간사들 간의 협업체제가 매우 성공적으로 작동할 수 있었던 이유는 이들이 오랜 동안 국내 활동을 통해 서로 간에 인간적인 유대와 신뢰를 구축할 수 있었던 데에 있음은 췌언을 요하지 않는다. 그리고 이런 관계의 구축이 국제교류의 중요성을 간파하고 이를 정책 우선순위에 두고자 한 상근간사들의 적극적 의지와 현실 인식 능력에 기초하고 있음은 물론이다.

그러나 한국 YMCA 연맹이 재정자원의 부족을 이유로 세계 YMCA 연맹에 대한 분담금을 적극적으로 확대하거나 자신의 정치적, 재정적 능력에 비례하는 책무를 감당하려 하지 않는 점은 한국 YMCA 연맹이 세계 YMCA 운동 차원에서 보다 적극적인 지도력을 행사하지 못하게 되는 주요 원인이 되고 있다.

세계 연맹 차원의 사업 개발이나 수행을 통해 국제교류 영역에서의 리더십을 체계화하는 것이 아니라 국제 활동에 참여하는 사람들의 개인적인 역량이나 네트워크에 의존함으로써 국제교류의 동력이 제도화되어 있지 못하고 임시적이며, 따라서 가변적이라는 점은 한국 YMCA 연맹의 세계 YMCA 연맹과의 관계에서 개선되어야 할 과제다. 그렇기 때문에 세계 YMCA 활동에 참가하는 인사가 바뀌는 인적 자원의 전환기에는 세계무대에서의 지도력 위기에 당면할 수밖에 없다.

그러나 최근에 들어서면서 한국 YMCA 연맹이 세계 YMCA 연맹의 이름으로 범지구적인 청년 캠프의 개설과 운영을 제안하는 등 보다 적극적으로 프로그램 차원에서 리더십을 확장하려는 의지를 보이고 있고, 세계 YMCA 연맹의 주관 사업에 과거보다 많은 참가자를 파견하는 등 변화를 보이고 있는 점은 낙관적인 기대를 갖게 하는 요소다. 그런데 한국 YMCA 연맹이 이런 적극성을 보일 수 있게 된 배경에는 한국 YMCA 연맹의 개혁적 리더십이 강화되고 이를 토대로 재정적 여건이 개선되었기 때문이라는 점에 유의할 필요가 있다. 그러니까 한국 YMCA 연맹이 세계 YMCA 운동 차원에서 보다 적극적인 지도력을 발휘하기 위해서는 한국 YMCA 연맹의 내부 구조 개선과 지도력 확보가 선결적 과제인 셈이다.

이러한 논의의 전개과정에서 들어나는 결론 가운데 하나는 NGO의 국내활동과정에서와 마찬가지로 그의 국제교류를 지원하고 향도하는 주요 인자 가운데 하나도 바로 전문성이며, 그렇기 때문에 이의 창출과 공급 과정을 제도화하고 일상화 하는 일이 매우 중요하다는 사실이다.

3. 민주성

세계 YMCA 연맹은 매우 느슨한 연합체(confederation)로서 그의 구성원으로 122개국의 개별 국가 YMCA와 그에 기초하는 아시아 태평양 지역 YMCA 연맹, 아프리카 지역 YMCA 연맹, 유럽 지역 YMCA 연맹, 중남미 및 캐리비안 지역 YMCA 연맹, 중동 지역 위원회 같은 권역별 지역 연맹체와 개별 국가인 미국과 캐나다를 두고 있다. 이렇게 다양한 유형의 회원국 지위를 부여하는 거버넌스 체제는 세계 YMCA 연맹이 어떤 일관된 기준에 따라 일시에 설립된 기구가 아니라 오랜 기간 동안 YMCA 운동의 점진적인 진화 과정을 거쳐 회원의 자격과 구성의 원리가 변모되어 온 데에 기인한다. 이러한 거버넌스 체제를 도식으로 나타내 보면 <그림 1>에서 보는 바와 같다.

같은 맥락에서 세계 YMCA 연맹의 최고 관리기구인 집행위원회(the Executive Committee)의 위원 선출방식도 역사적 유산과 현실권력 관계를 반영하는 양식으로 수정, 변화되어 왔다. 현재는 집행위원회를 23명의 선출직 위원과 7명의 당연직 위원으로 구성한다. 그 가운데 선출직 위원은, 청년, 여성, 지역의 대표성을 반영하는 가운데 선발되어야 한다. 이에 따라 최소 8명은 선출 당시 30세 이하여야 하며, 또 다른 최소 8명은 여성이어야 한다. 나아가 지역 대표성을 감안하여 아프리카 지역 3명, 아시아 지역 3명, 캐나다 1명, 유럽 지역 3명, 중남미 및 캐리비안 지역 3명, 중동 지역 1명, 미국 2명이 우선적으로 배정되고, 나머지 7명은 추가적으로 선출되며 이들은 어느 곳에서 당선되어도 좋도록 했다. 그러나 한 지역에서 2명 이상이 추가로 선출될 수는 없도록 하고 있다.

따라서 세계 YMCA 연맹의 거버넌스 체제가 보여주는 가장 큰 골간은 지구를 권역별로 나누어 지역 연맹체(regional alliance)를 구성하도록 하고 각각의 권역별 지역에 각각 3명의 위원 정수를 배분하여 지역 대표성을 확보하고자 한 것이다. 그러나 미국과 캐나다의 경우에는 이들을 권역별 지역 연맹체에 소속시키지 않고 별도의 독자적인 회원 기구로 받아들

〈그림 1〉세계 YMCA 연맹의 거버넌스 체제

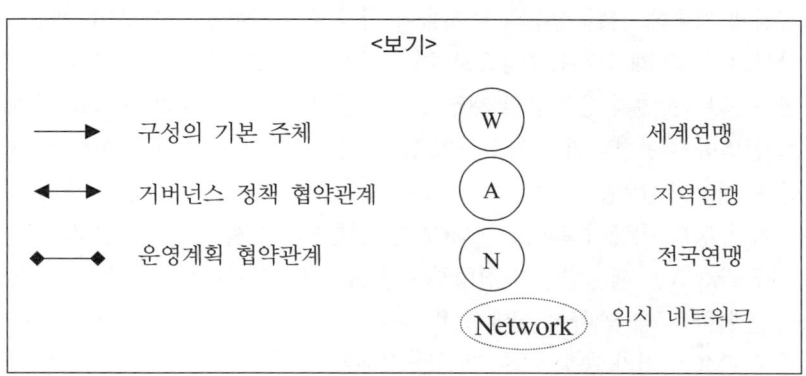

출처: World Alliance of Young Men's Christian Associations(2002:52)

이고 그에 따라 별도의 위원 정수를 배정함으로써 권역별 지역 연맹체와 동등한 지위를 부여하고 있다. 이런 특별대우는 기본적으로 이 지역에서 YMCA가 크게 활성화되어 있고, 그렇기 때문에 단순히 권역별 지역 대표성만을 고려하는 가운데 위원회 위원 정수를 배분하는 경우에는 YMCA 회원 개개인의 세계 연맹 활동에 대한 참여의 등가성을 크게 훼손할 우

려가 있다는 점과 현실적으로는 이들 두 나라가 세계 연맹 예산의 많은
부분을 분담해 왔다는 역사성 내지는 정치적 비중을 고려한 결과다.

다음의 <표 1>에서 보는 바와 같이 미국과 캐나다는 시청년회의 수,
회원 수, 상근자 및 자원봉사자의 수, 연간 예산 규모, 대외 교류 현황 등
대부분의 분야에서 압도적인 우위를 보이고 있다. 특히 미국의 경우에는
모든 권역별 지역 연맹의 개별 규모를 초월하는 규모를 자랑한다. 무엇보
다도 시청년회의 수나 연간 예산 규모 그리고 대외 협력 연결망의 수에
있어 압도적인 우위를 보인다.

그러나 이런 위원회 구성상의 평등성 훼손은 세계 YMCA 연맹의 운영
에 있어 그의 참여성과 정당성에 대해 끊임없이 이의가 제기되는 결과를
낳고 있다. 미국과 캐나다를 중심으로 하는 중심부의 대표성이 지나치게
확대 반영되어 있다고 보는 제3세계의 주변부 국가들은 권역별 지역 등
가성에 기초해 위원 정수의 배분율이 다시 설정되어야 한다고 주장하는
한편, 미국과 캐나다를 중심으로 하는 중심부에서는 오히려 현재의 위원
정수 배분은 연맹 운영상의 재정자원 분담이나 일반회원의 규모를 제대
로 반영하지 못한다면서 자신들의 발언권을 보다 더 강화해야 한다는 입
장을 내놓고 있다.

이런 상황 속에서 북반부 YMCA를 대변한다고 할 수 있는 미국과 캐
나다 YMCA는 세계연맹의 집행부 구성을 위한 선거에서 자신들의 입장
을 관철하는 데 연이어 실패한 바 있다. 이렇게 되자, 2002년의 제15차
세계 YMCA 연차 총회 이후 자신들이 세계 YMCA 연맹의 운영과정에서
주도권을 상실하기 시작했다고 판단하고 그동안 분담해 왔던 연회비 납
부를 지연하거나 분담금 규모를 급격히 줄이는 강경책을 동원하는 수준
에까지 이르게 되었다.

이런 사정은 다음의 <표 2>에 잘 나타나 있다. 미국 YMCA는 2000년
이래 가장 많은 분담금을 냈던 2001년과 견주어 볼 때 67.6%에 해당하는
금액만을 2004년에는 지급했으며 이는 자신의 거년도 분담금을 32.4% 감
액하여 지급한 것이다. 캐나다는 2004년의 경우 2003년 대비 75% 수준만

〈표 1〉 세계 YMCA 연맹 회원국 현황

지역		시청년 회 수	회원 수	상근간사 및 자원봉사자 수	예산규모 (US$)	대외 교류
미국		2,372	17,549,364	634,906	3,605,989,000	370
캐나다		61	1,250,000	36,000	239,917,288	30
아시아 태평양	최저: 베트남	2	1,591	289		
	최고: 오스트레일리아	45	1,900,000	8,700	98,064,516	
	평균	54	305,064	11,553	22,732,955	3
유럽	최저: 벨기에	6	255	30	40,000	
	최고: 독일	2,200	260,000	51,700	5,569,000	
	평균	215	33,229	3,413	1,619,677	7
중동	최저: 레바논	1	150	750	9,000,000	
	최고: 예루살렘 인터내셔널		4,698			
	평균	1	2,050	400	4,503,500	1
중남미	최저: 벨리즈	1	200	50	90,000	5
	최고: 브라질	85	193,707	6,926	30,000,000	56
	평균	14	25,371	885	5,071,111	16
아프 리카	최저: 세네갈	12	500	500	280,180	4
	최고: 케냐		500,000	500	1,075,000	6
	평균	16	40,552	3,331	213,984	7

출처: 세계 YMCA 연맹 <http://www.ymca.int/index.php?id=45>에서 발췌 작성

<표 2> 세계 YMCA 연맹 회원국 분담금 변화 추이

구분	2000	2001	2002	2003	2004
	스위스프랑 (%)	스위스프랑 (%)	스위스프랑 (%)	스위스프랑 (%)	스위스프랑 (%)
아프리카 지역 연맹	49,540 (2.6)	25,923 (1.3)	23,000 (1.4)	19,370 (1.1)	11,600 (0.7)
아시아 지역 연맹	278,868 (14.6)	288,610 (14.7)	283,520 (17.0)	280,123 (16.3)	276,634 (17.2)
(한국)	15,000 (0.8)	18,000 (0.9)	18,000 (1.1)	18,000 (1.0)	18,000 (1.1)
유럽 지역 연맹	577,221 (30.3)	590,336 (30.0)	583,220 (35.0)	605,770 (35.1)	604,570 (37.6)
중남미 및 캐리비안 지역 연맹	76,950 (4.0)	79,810 (4.1)	44,883 (2.7)	36,680 (2.1)	29,500 (1.8)
중동 위원회	8,800 (0.5)	9,500 (0.5)	8,000 (0.5)	8,500 (0.5)	9,050 (0.6)
미국	700,000 (36.7)	750,000 (38.1)	496,829 (29.8)	550,000 (31.9)	507,203 (31.6)
캐나다	216,500 (11.3)	223,000 (11.3)	223,000 (13.4)	223,000 (12.9)	167,250 (10.4)
총계	1,907,879 (100.0)	1,966,179 (100.0)	1,666,452 (100.0)	1,723,463 (100.0)	1,605,807 (100.0)

출처: 세계 YMCA 연맹 내부 문서에서 발췌 작성

을 지급하여 1년 사이에 무려 25%를 줄여 납부하고 있다. 이러한 두 나라의 분담금 감액부분은 두 나라가 자신들의 분담금을 모두 지급했던 2001년의 세계 YMCA 연맹 예산 총액과 비교해 볼 때 전체의 15.2%에 해당되는 규모다. 그런데 세계 YMCA 연맹의 분담금은 연맹 운영에 따르는 최소 비용을 회원국의 재정규모에 따라 배분한 것이므로 이런 규모의 부족분은 세계 YMCA 연맹 운영에 있어 매우 심각한 재정 압박 요인으로 작용할 수밖에 없다. 그 결과 2005년에는 세계 YMCA 연맹 역사상 최초로 연맹운영비를 은행 차입금으로 보전해야 하는 사태에까지 이르게 되었다.

이는 미국과 캐나다 YMCA가 한때 세계 YMCA 연맹 예산의 50% 정도를 감당해 오다가, 최근 3년 동안에는 40% 내외만을 부담하고 있다는 의미이며 그나마 점차 줄여가는 추세에 있음을 뜻한다. 아프리카 지역 YMCA 연맹과 중남미 및 캐리비안 YMCA 연맹도 전체 예산에서 차지하는 비중이 1% 내지는 2% 내외에 지나지 않음에도 불구하고 점차 줄여가는 추세에 있다. 이는 이들 두 지역 연맹이 사실상 미국과 캐나다의 분담금 줄이기 투쟁에 동조하는 모습을 보여주기 위한 것으로 해석된다. 이들 두 지역 연맹의 회원국들이 미국과 캐나다의 입장에 동조하는 자세를 보이는 것은 이들로부터 양자간 관계 및 교류를 통해 직접적인 재정지원을 받고 있기 때문인 것으로 해석된다.

이에 반해 유럽 지역 YMCA 연맹은 점진적으로 자신의 분담금을 증액하고 있는데, 이는 미국과 캐나다가 보여준 분담금 감액 투쟁을 적절치 않은 전략이라고 평가한 결과로 해석된다. 이런 상황 속에서도 미국과 캐나다는 자신들의 발언권 신장을 위해 세계 YMCA 연맹 중심의 다자간 연대와 협력보다는 개별 국가 중심의 양자간 내지는 일방적인 교류와 네트워크 구축에 주력하는 전략을 견지해 왔다. 미국과 캐나다는 그동안 세계 YMCA 연맹에 지출하던 분담금을 줄이고 거기에서 남는 여유 재정자원을 바로 이런 개별 국가 간의 네트워크 구축에 충당해 왔던 것이다.

바로 이런 세계 YMCA 연맹 회원국들 사이에서 이루어지는 비공식적이고, 임시적이며, 자족적 쌍무관계 내지는 협력활동은 세계 YMCA 연맹의 공식 활동이나 교류로 간주되지 않는다. 예를 들자면 아프리카 연맹 지역(Africa Alliance Zones), 아프리카 연맹 협력기구(Africa Alliance Partners), 미국 연맹(the American Alliance), 영국 회합 위원회(the British

Inter Council Committee), 중미 3개국 그룹(the Central American Tri-National Group), 유럽 연맹 현장 그룹(European Alliance Field Groups), 지중해연안국 그룹(the Mediterranean Group), 북극 위원회(the Nordic Committee), 미국/캐나다/멕시코 협력기구(the US/Canada/Mexican Partnership), 세계 도시네트워크(the World Urban Network) 등은 개별국가 간의 양자간 내지는 다자간 협력 네트워크를 보여주는 대표적인 사례들이다. 그러나 이들은 세계 YMCA 연맹의 공식적 활동으로 간주되지 않는다.

그러니까 세계 YMCA 연맹이 그의 기관 속성상 YMCA 운동의 범지구화와 회원국 YMCA 간의 국제교류에 대해 구심점 역할을 수행하고자 하는 데 반해, 미국과 캐나다를 중심으로 하는 중심부에서는 이로부터 일탈하여 YMCA 운동의 국제화와 협력적 연대 체제를 분권화하고 권력적 중추를 다원화함으로써 자신들에 의한 원심력을 강화하고자 하는 의도와 이해관계를 지녔다는 의미다. 이는 주로 이들 중심부 국가가 지니고 있는 재정동원 능력을 토대로 YMCA 내부 네트워크상의 수원국들을 자신들의 영향권 아래 두고자 하는 것이다.

따라서 세계YMCA 연맹은 회원국 간의 대표성 보장에 대한 논란으로 인해 회원국의 적극적인 참여와 내부 민주주의가 위협 받고 있으며, 그 결과 단일결사체로서의 일체성이나 결속력이 도전받고 있는 셈이다.

제2절 아시아 지역 차원

1. 선의성

아시아 태평양 지역 YMCA 연맹의 탄생은 세계 YMCA 운동의 지도자들이 아시아 지역의 비기독교적인 종교 문화 현실을 직시하고, 그에 따라 서구식 YMCA 운동의 범지구적 일반성과 보편성에 대해 의구심을 갖게 되면서 비롯되었다. 이런 문제의식을 지니고 있던 당시의 세계 YMCA 운동의 지도자들은 1933년 필리핀의 바귀오 시에서 "제1차 극동 및 인도지역 회의"를 개최하도록 지원했고, 이 회의에서 YMCA 운동의 아시아적 정체성 확립의 필요성에 대한 논의가 본격적으로 제기되기 시작했다. YMCA 운동이 실효성을 갖기 위해서는 지역 현실을 반영하는 맥락적 접근 전략(contextual approach)을 채택하는 것이 긴요하다는 주장과 함께 당시의 아시아 사회가 공동으로 당면하고 있었던 문제, 이를테면 가난과 실업, 농민과 농촌사회의 빈곤, 청년 문제, 다종교적인 역사 현실, 민족주의와 사회주의 등에 대해 주목하고자 했다. 이 "바귀오 회의"는 세계 YMCA 연맹으로 하여금 아시아의 독특한 역사 문화적 현실에 주목하게 한 최초의 국제회의가 되는 셈이다(남부원, 2002:21).

이후 1945년 제2차 세계대전이 끝나자 아시아 각국은 정치적 독립을 쟁취하게 되었고 나아가 근대국가 건설에 매진하게 되었다. 이 무렵, 아시아 각국의 YMCA는 새로운 세계정세에 직면하여, 당시 아시아 지역을 풍미하던 공산주의의 확산에 응전하면서 참된 에큐메니칼리즘을 통해 개인의 자유와 사회 정의를 조화롭게 추구해 나가야 한다는 인식을 다지게 되었다. 이런 인식의 연장선상에서 1949년 태국 방콕에서는 "제2차 아시아 YMCA 지도자 대회"를 개최하게 되었으며, 이 대회를 통해 YMCA 운동이 소수의 중산층을 중심으로 전개되고 있다는 자기비판과 함께 당시 아시아 지역사회에 광범위하게 퍼져 있던 도시빈민과 노동자 계층에 좀 더 관심을 기울여야 한다는 각성이 일게 되었다.

그러나 보다 더 중요한 것은 이 대회를 통해 아시아 지역의 여러 YMCA를 묶어 하나의 독립적인 지역조직으로 발전시키자는 결정이 내려졌다는 점이다. 이러한 결정은 아시아 지역의 여러 YMCA들이 친교와 상호지원의 기회를 확대하고 나아가 공동의 문제 해결을 위해 보다 긴밀하게 협력할 수 있도록 함으로써 아시아의 여타 지역에 YMCA 운동을 보다 더 적극적으로 확산시킬 수 있을 것이라는 기대에서 비롯되었다.

이 보다 4년 후인 1953년 필리핀 바귀오에서 열린 "제3차 아시아 YMCA 지도자 대회"에서는 아시아 지역 11개국으로부터 35명의 대표들이 참석하여 "공동의 전략을 향한(Towards a Common Strategy)" 대안 모색을 숙의하게 되었다. 이는 아시아의 사회문화적 다양성에도 불구하고 공동으로 대처해야 할 과제가 많다는 인식을 공유하게 되었기에 가능한 일이었다. 그리고 이런 운동의 수요에 조응하여 세계 YMCA 연맹과 유기적인 협력관계를 갖는 독립적이고도 자율적인 지역 조직으로 "아시아 지역 위원회(Asia Area Committee)"를 결성하기로 의결하기에 이르렀다.

세계 YMCA 연맹은 이런 결정을 환영하면서 1955년 프랑스 파리에서 열린 세계 YMCA 연맹 결성 100주년 기념대회에 "아시아지역 위원회"도 자리를 함께 하도록 주문하게 되었다. 그 결과 "아시아 지역 위원회"의 첫 모임이 1955년 8월 24일 파리에서 15명의 아시아 YMCA 지도자들이 참석한 가운데 열리게 되었다. 이 모임에서는 위원회의 위상과 역할 등을 명시한 양해각서(Terms of Reference)가 만장일치로 채택되었으며, '지도력 개발'과 '농촌 사업'을 향후 아시아 YMCA 운동의 주요 과제로 설정하기에 이르렀다.

이후 1956년에는 홍콩에서 "제4차 아시아 YMCA 지도자 대회"가 열려 "새로운 아시아에서 청년을 섬긴다(Serving Youth in New Asia)"는 주제로 열띤 토론이 전개되었다. 그러나 이 시기에 아시아 YMCA 지도자들의 마음을 사로잡았던 보다 중요한 과제는 공산주의의 확산을 겨냥하는 중국의 도전에 여하히 효율적으로 응전해 나가느냐의 문제였다. 당시 아시아 지역 위원회의 총무였던 렁슈차(Leung Siu Chah)의 언급을 빌리면, "중국의 상황은 그리스도의 복음 증거에 대한 도전이요, 우리의 기독교 신앙에 대한 깊은 이해는 물론이고 이의 전일적인 표현에 대한 심각한 도전"이었던 것이다. 그의 평가에 따르면, 공산주의 체제하의 중국으로 인해 아시아 지역에서는 1950년대부터 "민중"에 대한 사회적 관심이 환기되었고, 빈곤퇴치를 위한 "개발"의 필요성이 제고될 수밖에 없었다(남부원, 2002a:21).

1950년대의 아시아 각국은 경제개발 제일주의의 기치 하에 보다 역동적인 사회변화를 추진해 나가게 되었던 것이다. 이런 가운데 아시아 지역의 YMCA 지도자들은 보다 독립적인 지역 조직의 건설을 꿈꾸기 시작했다. 그 결과 1959년에 열린 "제5차 아시아 YMCA 지도자 대회"에 참석한 아시아 각국의 YMCA 지도자들은 "아시아 YMCA 연맹(Federation of YMCAs in Asia)"의 창설과 더불어, 아시아 지역 총회(Council)에서 독자적으로 지역 연맹 총무를 선임하기로 의결하기에 이르렀다. 이러한 결정의 배경에는 정치·경제·사회적으로 급격히 변화하는 아시아의 제반 문제들에 대해 보다 시의적절하고 효율적인 양식으로 대응하기 위해서는 기존의 세계 YMCA 연맹 의존적인 조직 구조가 부적절하다는 판단이 공유되어 있었다.

이러한 결정에는 또한 아시아 YMCA의 "자기 주창성(Self-assertion)"이라는 새로운 시대정신이 배어 있었던 것이기도 하다. 이렇듯 아시아 YMCA 지도자들의 자기 정체성에 대한 인식이 고양되고, 아무런 제약 없이 독립적으로 자신의 의견을 개진하고자 하는 욕구가 제고되면서 아시아 지역 조직의 구조와 인적구성 그리고 운영준칙 등이 이러한 시대정신에 맞추어 개편되기에 이르렀다(남부원, 2002b:21).

당시 세계 YMCA 연맹의 사무총장이었던 트레이시 스트롱(Tracy Strong)이나 폴 림버트(Paul Limbert)도 이러한 시대적 요청과 흐름을 지지하여 아시아 YMCA 연맹의 독립과 자율을 위한 노력을 격려하고 지원하고자 했다. 이런 논의의 연장선상에서 그동안 세계 YMCA 연맹에 전적으로 의존해 왔던 아시아 지역 YMCA 연맹 총무의 급여를 아시아 지역이 부담하기로 했으며, 몇 년간의 노력 끝에 1970년부터는 일본 YMCA가 이를 전적으로 부담하게 되었다. 이는 아시아 지역 YMCA 연맹이 재정적으로도 자립하기 시작했다는 의미이며, 그렇기 때문에 아시아 지역 YMCA 연맹의 제도화 과정에서 매우 중요한 전환점 가운데 하나로 평가된다.

이와 함께 1969년 영국의 노팅검(Nottingham)에서 열린 제5차 세계 YMCA 연맹 총회를 계기로 아시아 지역 YMCA에서는 YMCA 운동의 새로운 흐름을 형성하기에 이르렀다. 제5차 세계 YMCA 연맹 총회가 빠르게 변화하는 시대 상황에 대처하기 위해서는 세계 YMCA 운동에 대한 보다 진지하고 체계적인 성찰이 필요하다는 문제를 강력히 제기하는 자리로 자리매김하게 되었으며, 이런 현상에 영향을 받아 아시아 YMCA도 YMCA 운동의 기독교적 사명을 변화하는 사회적 맥락 속에서 어떻게 구현할 것인지에 대해 보다 진지한 자기 성찰이 있어야 하겠다는 자기반성에 나서게 되었다. 그 결과 사회변화를 견인하는 도구로서의 YMCA 운영 방안, 청년 중심주의를 강화하기 위한 청년의 실질적인 참여 확대 방안, 여성의 동등한 참여와 지위를 향상하기 위한 방안, 개발(development)을 위한 국제 협력의 강화 방안 등을 주요 의제로 설정하고 이에 대해 보다 더 주목해 나가기로 했다. 바로 이 시점에서 아시아 지역의 YMCA들이 단순한 공적 서비스의 대행 역할에서 벗어나 사회변혁 운동의 중요성에 눈뜨기 시작한 것이라고 할 수 있다.

그러나 1970년대에 들어서면서 그때까지 미국의 엄호하에 사실상 아시아 태평양 지역 YMCA 연맹을 주도해 왔던 일본이 자신의 독주를 자성하면서 한국 YMCA 연맹의 보다 적극적인 참여를 독려한 것이 한국 YMCA 연맹이 아시아 YMCA 연맹의 활동에 주도적으로 나서게 된 전기가 되었다. 이에 따라 1973년 4월 한국 YMCA 연맹으로서는 최초로 아시아 YMCA 연맹의 사무총장을 배출하게 되었다.

당시까지 막대한 자금력과 프로그램 개발 능력을 기초로 사실상 아시아 YMCA 연맹을 섭정해 오던 미국 YMCA 연맹은 아시아 YMCA 연맹이 독자적인 노선을 확립하고 미국 YMCA 연맹의 영향권에서 벗어나게 될 것을 염려한 나머지 하와이의 호놀루루 YMCA를 통해 당시의 아시아 YMCA 연맹에게 이문화간 사업계획회의(Inter Cultural Program Planning Conference)의 개최를 제안한 바 있다.

이에 따라 1973년 11월 하와이에서 개최된 이문화 간 사업계획회의(Inter Cultural Program Planning Conference)는 외형상 문화적 차이를 극복하는 YMCA 운동의 방향과 과제를 탐색해 보자는 것이었지만 실제로는 아시아 YMCA 연맹을 포함한 세계 YMCA 연맹과는 별도로 환태평양 지역 YMCA 연대 기구를 결성하고자 하는 것이었다. 미국은 태평양 연안의 미국, 중남미, 아시아, 태평양 지역의 YMCA들을 한 데 묶어 환태평양 YMCA 위원회(Pan Pacific YMCA Council)를 구성하여 미국의 재정 부담 하에 미국과 함께 공동기획, 공동집행하고 그 사무국을 하와이에 두고자 했다. 그러나 이는 세계 YMCA 연맹을 중심으로 범지구적 결속과 연대를 추구하는 YMCA 운동의 주류에 반하는 것이었을 뿐만 아니라, 결과적으 로는 아시아 YMCA 연맹의 대미 종속을 겨냥하는 것이라고 판단한 아시 아 YMCA 연맹 사무국은 이를 우회적으로 거부하게 된다. 이 과정에서 한국 YMCA 연맹의 판단과 의지가 한국 YMCA 연맹 출신의 사무총장을 통해 적극적으로 작용하였을 것은 물론이다.

미련을 버리지 못한 미국은 1974년 7월 바귀오 회의를 개최하자고 제 안했으며 이 회의를 통해 환태평양 YMCA 위원회(Pan Pacific YMCA Council) 구성 문제를 다시 제안하게 된다. 그러나 1973년의 제6차 세계 YMCA 연맹 총회를 통해 미국이 세계 YMCA 연맹을 중심으로 하는 YMCA 운동의 세계화 노선에 반기를 들고 미국 중심으로 주도권을 재편 하고자 하는 전략적 접근에 몰두하는 행태에 실망했던 아시아 YMCA 연 맹의 지도층은 "아시아 YMCA 운동은 아시아인의 시각과 수요에 따라 전개되어야 한다"는 아시아 주의를 주창하게 되었다. 당연히 미국의 제 안은 거부되었다. 아시아 지역에서의 YMCA 운동이 성공하기 위해서는 아시아 지역 YMCA들이 독자 노선을 구축해 나가는 일이 선결과제라고 본 결과였다. 이는 바로 미국의 영향권으로부터 독립하기 위한 투쟁을 의 미하는 것이었으며 미국이 파송한 선교사를 중심으로 기독교가 전파되었 고, 그 선교사에 의해 YMCA 운동이 이식되었던 역사적 부채를 지고 있 는 아시아 지역의 YMCA 지도자들로서는 과거와의 단절을 선언하는 것 과 같은 의미를 동반하는 조치였다.

미국은 이후 지속적으로 회유정책을 펼쳐 왔으며 직접적인 지원금 제 공이 거절되자 세계 YMCA 연맹을 통해 AID 자금의 형식으로 100만 달 러 제공을 제안하기도 했다. 당시의 아시아 지역 국가들이 당면하고 있던 경제적 형편에 견주어 보면 매우 파격적이며 유혹적인 제안이었지만 이는 모조리 거부되었다. 특히 제2차 세계대전 이후 줄기차게 수원국의 입장에서 미국을 비롯한 중심부의 대외 원조에 의존해 왔고 그렇기 때문에, 미국의 재정적 지원을 수용한다는 것을 너무나도 당연한 일처럼 여겨왔던 당시의 아시아 YMCA 연맹 회원국 지도자들로서는 실로 충격적인 조치였으며 동시에 신선한 결단이기도 했다. 이는 아시아 YMCA 연맹이 미국으로부터 독립하려는 치열한 싸움의 시작을 알리는 경고였다. 그러나 이런 아시아 YMCA 연맹 지도층의 반미 노선은 회원국으로부터 열렬한 지지를 받는 기초가 되었다.

대신 아시아 YMCA 연맹 지도층은 일본, 필리핀 등을 중심으로 독자적인 기금 모금에 나섰으며 그 결과 50만 달러의 운영기금과 2만 달러의 긴급재난구호기금을 마련할 수 있었다. 이는 아시아 YMCA 연맹 회원국들이 미국의 도움 없이도 독자적으로 활동할 수 있다는 자신감을 불러일으키는 전기가 되었다. 이런 아시아 노선을 확립하는 과정에서 한국 YMCA 지도자들의 지도력에 대한 아시아 YMCA 연맹 회원국 지도자들의 승인과 추종이 자연스럽게 이루어졌으며 이는 1981년 미국 콜로라도주 에스테스 파크에서 열린 제8차 세계 YMCA 연맹 총회에서 아시아 YMCA 연맹이 중남미 YMCA 연맹과 함께 세계 YMCA 연맹의 개혁안을 제안하기에까지 이르게 된다.

이런 아시아 YMCA 연맹은 2001년 태평양권 국가들의 요구를 받아들여 아시아 태평양 YMCA 연맹으로 개칭하게 된다.

2. 전문성

1960년대의 아시아 YMCA 연맹 활동에 있어 특기할 만한 변화 가운데 하나는 1950년대부터 꾸준히 제기되어 오던 아시아 자체의 독자적인 지도력 개발에 적극적으로 나서기 시작했다는 점이다. 전문성 제고의 중요성을 인식하기 시작한 것이다. 홍콩 YMCA 협의회가 1964년 9월 4일 "YMCA 지도력 훈련 센터"를 개소한 것이 그 사실적 증거 가운데 하나다.

이 센터는 "아시아 지역 YMCA의 유지·전문 지도력을 개발하기 위해서" 설립되었다. 10개월 과정으로 진행되는 이 지도력 개발 프로그램에는 아시아 지역 YMCA 운동의 역사와 철학, 새로운 기독교 윤리, YMCA 프로그램에 대한 이해, YMCA 경영의 이해, 그룹 활동의 이해, 학생 활동과 현장 활동의 이해 등 기초과목 외에도 체육교육, 캠프 활동 등과 같은 특별과목이 필요에 따라 추가되었다. 훈련 참가자들은 교육과정을 이수한 후 각자의 YMCA로 돌아가 18개월 이내에 자기의 현장 활동과 관련된 논문을 제출함으로써 전체 과정을 수료할 수 있도록 했다.

이 지도력 훈련 센터가 홍콩에 안정적으로 정착하게 된 것은 미국 YMCA의 국제위원회가 지원한 10만 달러의 재정자원 때문이었다. 당시 홍콩의 중국 YMCA가 워터루가(街)에 새로 국제회관(International House of Chinese YMCA)을 짓자 이 지원금으로 건물의 6층과 8층을 매입하여 1966년 11월 10일 센터가 이전하여 문을 열 수 있었다. 이 "YMCA 지도력 훈련 센터"는 세계 YMCA 운동 역사상 최초로 개설된 지역 훈련 센터이며, 현재 아시아 각국의 YMCA에서 중심적인 역할을 맡고 있는 수많은 YMCA 운동 지도력들이 이 센터의 훈련과정을 거쳐 갔다. 이 센터에서는 YMCA 운동 지도자로서의 역량뿐만 아니라 센터가 갖고 있는 국제적인 특성을 살려 참가자들에게 타문화를 이해하는 폭넓은 아량과 관용의 정신을 심어주고 있으며, 이는 아시아 각국 YMCA 운동 간의 상호 협력을 증진시키는 데 있어 그 기반이 되고 있다. 뿐만 아니라, 이 센터가 발행하는 소식지(Institute Bulletin)는 아시아 각국 YMCA가 YMCA 운동 관련 정보를 공유하는 주요매체로 기능하고 있으며, 이를 통해 아시아 지역 YMCA간의 진정한 교류와 협력이 촉발되는 단초가 되었다.

아시아 YMCA 연맹의 기관 능력 제고를 위한 노력은 1978년 쿠알라룸푸르에서 열린 연맹 실행위원회가 1979년 인도에서 열리는 제10차 아시아 지도자 대회 및 총회를 앞두고 아시아 YMCA 연맹의 "정책 및 기구 연구위원회"를 구성 발족시킨 데에서도 확인된다. 이는 연맹의 정책 기능을 정기적으로 평가하고 그 결과를 인사정책에 반영하는 통로를 여는 것으로서 당시의 연맹체 형편으로 볼 때 매우 획기적인 조치로 여겨졌다.

따라서 아시아 YMCA 연맹의 제도화 초기 단계에 있어 아시아적 정체성의 확립과 문화적 독자성의 구축, 재정적 독립을 위한 결단, 공적 서비스의 대행으로부터 사회변혁운동으로 전환하는 것과 같이 운동의 지향점과 전략적 과제를 새롭게 발굴하려는 선의성, 인적 자원의 체계적인 훈련과 개발, 정보자원의 공유를 위한 노력, 기관 능력의 제고 등에서 나타나는 바와 같이 운동의 전문성과 기관의 정체성을 높이려는 의지가 매우 중요하게 작용했음을 알 수 있다.

이런 아시아 YMCA 연맹 발전의 초기 단계에서 나타났던 연맹 지도력의 의지는 오늘날 다양한 양식으로 승계되어 있다고 할 수 있다. 우선 1981년 아시아 YMCA 연맹은 각국의 현장에서 활동하는 상근간사 내지는 지도자의 기초 능력 개발을 위한 훈련 프로그램의 교과목을 개발하여 회원국 YMCA가 자체 간사훈련에 활용하도록 했다. 관련 교과목은 이후 시대 상황의 변화나 주요 쟁점의 부각에 맞추어 보완 개선되어 왔으며 각국의 지역 특성이나 여건에 따라 조정할 수 있도록 했다. 특히 한국, 일본, 인도, 스리랑카, 방글라데시 등은 독자적인 간사훈련과정을 개발하여 운영함으로서 연맹의 이런 노력에 적극적으로 동참해 왔다.

여기에서 더 나아가 1982년에는 보다 고급수준의 지도력 개발을 위한 프로그램 개발이 필요하다고 보고, 회원국 간부급 간사들을 위한 고급연구과정을 개척했다. 각국의 고위급 간사들이 YMCA 운동의 동력 강화와 사명 의식을 한 단계 더 높이는 데 있어 관건이라고 보고, 이들의 지역사회 운동 수요 측정이나 운동 과제 발굴능력을 제고하고 나아가 보다 전문적이고 창의적인 프로그램 개발 능력을 함양하려면 보다 질 높은 연수과정이 필요하다고 판단한 것이다. 이 고급 연구과정은 현대 신학 이론 연구, 세계화와 NGO, 시민사회, YMCA의 사명, 지역공동체 형성자로서의 YMCA 역할, 프로그램 기획력, 기타 청년 개발, 성차별 극복, 좋은 정부 만들기, 전략 기획, 지식 관리 등과 같은 주제를 그때그때의 필요에 따라 다루고 있다. 기도와 현장시찰 등이 주요 교과 가운데 하나인 것은 물론이다.

2004년의 경우 11개국으로부터 14명의 간사가 이 고급 연구과정을 이수했다. 그러니까 규모면에서 보면 그렇게 많은 인원을 훈련해 내는 것은 아니라고 할 수 있다. 그러나 지역 연맹체가 시대의 흐름을 조망하고 지역 사정을 평가하여 그때그때 필요한 기술과 지식을 확산 공유하려는 의지는 결코 과소평가할 수 없다. 2004년도의 연수 주제는 YMCA 운동의 발전과 전환을 위한 지도력 개발에 있었다. 연수생들은 자신의 경험과 관점을 공유하고 참여 양식에 기초한 연수를 받는 가운데 이문화에 대한 이해력과 지도력을 개발할 수 있게 될 것으로 기대되었다. 연수과정에서는 지역공동체 건설을 위한 연대의 모색, 청년 참여의 증대 전략 개발, 지속가능성의 유지, 영성과 여성, 회원개발과 확장, 지식관리 등을 주제로 관련 사업계획을 수립하고 제출하는 과제가 부여되었다. 이 과정의 운영을 위해서는 아시아 기독교 고급 교육 연구소, 국제 와이즈 맨 클럽, 알렉산더 기금 등이 재정지원에 나섰다. 최근에는 청년 문제와 성 평등 문제에 대한 대응 능력 개발에 초점을 맞춘 프로그램이 강화되었다. 정보 사회의 도래와 더불어 정보통신기술 활용 능력 개발 문제에 대해서도 강조점을 두는 추세다.

아시아 YMCA 발전 4개년 계획과 관련해서는 기관능력 평가 장치, 운동의 수요 및 능력 평가, 정보와 지식의 공유 등을 위해 필요하다고 판단되는 정보를 지원하거나 공유하려는 노력을 전개하고도 있다.

그러나 아시아 지역은 회원국 간의 언어가 다양하고 경제사회적인 환경도 달라서 당면하는 사회정책과제의 우선순위가 다르고 문제의식도 달라 통일적이고 일원적인 전문성 제고 전략의 수립이 쉽지 않다는 데에 문제의 심각성이 있다. 경험을 공유하거나 정보를 나누어 가지는 경우에도 현실 적용성이나 적실성 정도가 높지 않게 된다. 회원국 간의 이런 차이가 간사 교육에 대한 적극성 정도에도 차이를 낳고, 그 결과 오히려 운동 전문성에 있어 회원국별로 일종의 빈익빈 부익부 현상이 자리 잡게 되는 것도 문제다. 이런 전문성 제고 노력을 주관하는 아시아 태평양 지역 YMCA 연맹 자체의 기관능력이 이런 지역 회원국들의 요구를 적절히 수용하고 소화할 수 있느냐도 점검해 보아야 할 과제 가운데 하나다.

이런 문제의식하에서 아시아 태평양 지역 YMCA 연맹은 2004년도의 경우 회원국 간사뿐만 아니라 자체 간사의 업무 능력 개발에 대해서도 유의하여 6명의 상근 간사 가운데 2명을 아시아 NGO 인권 대응력 강화 연수 프로그램에 파견, 교육시킨 바 있다. 이를 통해 연맹 간사의 업무수행능력을 제고하는 것은 물론이고 관련 단체 종사자와의 인간적인 연결망을 구축함으로서 업무수행을 위한 정보 교환과 연대 구축에 유리한 환경을 조성해 보고자 한 것이다.

그런데 이렇게 운동의 전문성이나 문제해결 능력을 제고하고자 하는 노력은 아시아 태평양 지역 YMCA 연맹 차원에서만 전개되는 것이 아니라 개별 YMCA에 의한 쌍방향 내지는 일방향적인 협력 양식에 의해서도 진행된다. 예를 들면, 한국 YMCA의 경우 2005년에 들어서면서부터 아시아 지역 YMCA와의 교류와 협력을 단순히 친선과 우애 확인 차원에서 인적 교류에 주력하던 데에서부터 벗어나 보다 적극적으로 긴급재난 구호, 개발지원 협력, 정책사업 지원 활동으로 확대하기 시작했다. 긴급재난구호로는 스리랑카를 비롯한 남아시아의 지진해일로 피해를 입은 지역에 대해 긴급구호와 복구 재건을 위해 긴급 모금 캠페인을 벌인 바 있다 (48,762,610원 모금). 개발지원 협력 사업으로는 동티모르의 커피재배 지역을 지원하기 위한 공정 무역 캠페인에 나선 바 있다. 이는 동티모르 YMCA를 건설하기 위한 프로젝트의 일환으로 현지 주민들과의 계약재배를 통해 동티모르의 특산품인 커피를 수입하여 판매하고 그 수입금을 동티모르 지역개발사업에 쓰도록 지원하고, 선진국 판매가의 100분의 1도 안 되는 가격으로 커피를 수출해야 하는 불공정 무역 거래 관행을 시정하는 캠페인에 나서고자 하는 것이다.

그러나 보다 주목되는 것은 정책협력 사업으로서 한국 YMCA가 역점

〈표 3〉 한국 YMCA 연맹의 국제협력 실태(2005년도)

지원 프로젝트	주제 영역	지원 금액	파트너 YMCA
HIV/에이즈 및 사회적 편견과의 싸움 – 방글라데시 YMCA 연맹 –	지역사회개발 HIV – 에이즈	4,000US$ (한화 420만 원)	경기도 YMCA 협의회
경사지 농업기술 보급을 통한 환경보호 – 미얀마 타운지 YMCA –	환경과 지속가능한 개발	4,000US$ (한화 420만 원)	경상북도 YMCA 협의회
HIV/에이즈와 모성건강 프로그램 – 네팔 YMCA 연맹 –	지역사회개발 HIV – 에이즈	5,000US$ (한화 525만 원)	충청지역 YMCA 협의회
HIV/에이즈 및 성행위 감염질병(STD)에 대한 교육과 행동 – 스리랑카 YMCA 연맹 –	지역사회개발 HIV – 에이즈	4,500US$ (한화 473만 원)	광주 YMCA 진주 YMCA
YMCA청년지도력 역량강화사업 – 베트남 달랏 YMCA –	청년지도력개발	5,000US$ (한화 525만 원)	경기도 YMCA 협의회
지속가능한 생계를 위한 소금융자본 (마이크로 크레딧)사업 – 베트남 비엔호아. 동나이 YMCA –	지역사회개발 여성의 역량강화	5,000US$ (한화 525만 원)	목포 YMCA 순천 YMCA 여수 YMCA 광양 YMCA
아시아 5개국 12개 지역사회를 위한 6개 프로젝트		합계 27,500US$ (한화 2,888만 원)	

출처: 한국 YMCA 전국 연맹 내부 문서에서 발췌 작성

사업으로 추진해 왔던 정책과제들을 아시아권의 다른 나라 YMCA와 협
력하여 일종의 공동사업을 펼쳐나가고 있다는 점이다. 이는 일종의 프로
그램 수출 활동이라고 할 수 있는 데 이 과정에서 한국의 YMCA가 축적
해 온 관련 정책 유관 전문지식이나 정보가 공유되고 확산되는 성과를
낳는다. 한국 YMCA의 정책적 의지를 지리적으로 확대하자는 것이기도
하다. 이런 정책 프로젝트 지원 사업의 현황은 앞의 <표 3>에 나타나 있
는 바와 같다.

3. 민주성

아시아 태평양 지역 YMCA 연맹은 27개 회원국을 거느리고 있으며
3,000여 개소의 시청년회와 6백만 명의 회원을 두고 있다. YMCA 운동의
종주국이라고 할 수 있는 유럽 지역 YMCA 연맹과 미국을 제외하고는
세계 YMCA 연맹에 대한 분담금을 가장 많이 내는 지역 연맹체이다. 외
형적으로 보면 크게 성장한 것처럼 보인다. 그러나 내부 구성원간의 다양
성과 이질성으로 인해 보다 강력한 연대나 결속을 이루지 못하고, 오히려
지체와 쇠락의 길로 들어선 것이 아니냐는 지적도 적지 않다.

이는 기본적으로 아시아 태평양 지역 국가들의 정치, 경제, 문화, 종교,
인종 등이 서로 상이하고 그 상이성의 정도가 매우 크다는 데에서 비롯
되는 현상이다. 이에 따라 아시아 태평양 지역 YMCA 연맹은 가맹 회원
국들을 지리적 인접성과 사회적 특성의 유사성 등을 고려하여 동북아권,
동남아권, 서남아권, 태평양권으로 나누어 다루는 일종의 비공식적인 규
범을 지니고 있다. 내부 민주주의의 확보 수단을 개발해 나가고 있는 셈
이다.

동북아권에는 홍콩, 마카오, 한국, 일본, 중국, 타이완, 몽골 등이 속하
며, 동남아권에는 인도네시아, 말레이시아, 싱가포르, 태국, 베트남, 필리
핀, 미얀마, 캄보디아, 동티모르 등이 속하고, 서남아권에는 방글라데시,
파키스탄, 인도, 네팔, 스리랑카 등이 속해 있다. 태평양권에는 오스트레

일리아, 뉴질랜드, 피지, 사모아, 파푸아 뉴기니, 타히티 등이 속하도록 분류되어 있다. 그러나 이들 권역 간의 격차가 매우 심한 것은 물론이고 같은 권역 내에서도 다양한 요소들이 혼재해 있어 공통의 가치 준거나 이해관계를 모색하기가 쉽지 않다.

우선 이들의 경제수준을 권역별 1인당 국민총생산액 평균값(2004년 기준)을 기준으로 비교해 보면, 동북아권이 1만 9,286달러, 동남아권이 6,767달러, 태평양권이 1만 3,392달러, 서남아권이 2,560달러로 나타나 있어 권역간의 경제적 격차가 매우 심하다는 사실을 알 수 있다. 1인당 국민총생산액이 가장 높은 동북아권과 가장 낮은 서남아권 간의 차이가 무려 7.5배에 이른다. 대체로 동남아권이 서남아권의 2배이고, 태평양권이 동남아권의 2배이며, 동북아권은 그의 3배가 되는 실정이다. 따라서 아시아 태평양 지역 YMCA 연맹을 구성하는 회원 내지는 권역이 당면하는 공간적 차원의 상이성이 매우 크고 그렇기 때문에 사회경제적 쟁점에 대한 문제의식의 출발점도 서로 다를 수밖에 없다.

이는 종교 환경에 있어서도 같다. 동북아권이 광범위하게 불교가 전파되어 있는 상황 하에서 기독교가 일부 추격하는 상태라고 한다면, 동남아권은 불교와 회교가 대세를 이루고 있다. 태평양권은 기독교가 압도적 우세를 보이고 있으나 서남아권에서는 회교와 힌두교가 대종을 이룬다. 그런데 YMCA가 기독교의 정신과 가치관을 구현하고자 하는 운동체라는 점에서 볼 때 각각의 권역별로 YMCA 운동이 당면하게 되는 역동적 차원이 상이할 수밖에 없다. 타종교가 압도적인 우세를 보이는 곳에서 활동하는 YMCA와 기독교가 대종을 이루는 곳에서 활동하는 YMCA는 활동의 자유나 동원 가능한 자원과 지지의 정도에 있어 서로 다를 수밖에 없고, 그 결과 사회정책 과제를 대하는 전략이나 관점도 서로 다를 수밖에 없다.

이런 현상은 같은 권역 내에서도 심각한 과제로 제기되어 있다. 권역 내 구성원들이 구사하는 언어나 구성원의 인종적 다양성 나아가 정부형태 등에서 볼 때, 동북아권이 대체로 중국문화의 영향을 공유하고 있다는

〈표 4〉아시아 태평양 YMCA 연맹 회원국의 일반현황

구분	1인당 GDP(US$)	종교	언어	인종	정부형태
동북아권	**19,286**	**불교/기독교**			
한국	19,200	불교/기독교/ 유교	한국어	한국인	대통령제
일본	29,400	신도/불교/ 기독교	일본어	일본인	내각책임제
타이완	25,300	불교/기독교	중국어	대만인(84%)	총통제
홍콩	34,200	불교(90%)	중국어	중국인(97%)	특별행정국 (중국)
중국	5,600	불교/도교/ 회교	중국어	한족(92%)	공산당 일당체제
몽골	1,900	라마교	몽골어	몽골족(94%)	이원 집정부제
마카오	19,400	불교(50%)/ 천주교(15%)	중국어	중국인(96%)	특별행정국 (중국)
동남아권	**6,767**	**불교/회교**			
필리핀	5,000	천주교(83%)	타가로그어/ 영어	타갈로그 (28%)외 다민족	대통령제
베트남	2,700	불교/천주교	베트남어	베트남인	공산당 일당체제
인도네시아	3,500	회교(87%)	인니어/영어	자메인(45%)	대통령제
타일랜드	8,100	불교(95%)	타이어	타이인(75%)	내각책임제
미얀마	1,700	불교(86%)	미얀마어	버마인(72%)	군사정권
말레이시아	9,700	회교(53%)	말레이어	말레이인(58%) /중국인(24%)	의원내각제

싱가포르	27,800	불교/회교/ 기독교	말레이어/ 중국어/영어	중국인(96%)	의원내각제
캄보디아	2,000	불교(90%)	크메르어	크메르족 (95%)	의원내각제
동티모르	400	천주교(91%)	포르투갈어	말레이족	대통령제
태평양권	**13,392**	**기독교**	**영어**		**의원내각제**
오스트레일리아	30,700	기독교	영어	유럽인(96%)	의원내각제
뉴질랜드	23,200	기독교(70%)	영어	유럽인(87%)	의원내각제
피지	5,900	기독교(52%)/ 힌두교(40%)	영어/피지어/ 힌두어	피지인(49%)/ 인도인(46%)	의원내각제
사모아	5,600	기독교	영어/ 사모아어	폴리네시아인	의원내각제
파푸아 뉴기니	2,200	기독교	피지어/영어	멜라네시아인/ 파푸아인	의원내각제
타히티	12,750	기독교	불어/ 타히티어	폴리네시아인 (76%)	프랑스령
서남아권	**2,560**	**회교/힌두교**			
방글라데시	2,000	회교(98%)	벵갈어	벵골인(98%)	의원내각제
인도	3,100	힌두교(83%)	힌두어	인도아리안 (72%)	의원내각제
파키스탄	2,200	회교(95%)	우르트어/ 푼잡어	푼잡인(66%)	절충식
스리랑카	4,000	불교(63%)/ 힌두교(16%)	싱할리어 (74%)	싱할리인 (74%)	대통령제
네팔	1,500	힌두교(88%)	네팔어	네팔인	의원내각제

* 2004년도 기준 자료임
출처: U.S. Central Intelligence Agency. (2005). The World Factbook.
    <http://www.cia.gov/cia/publications/factbook/geos/mc.html>에서 추출 작성

점과 태평양권이 영어를 광범위하게 구사한다는 공통점을 지니고 있다는 사실 외에는 실로 다양한 요소들이 혼재되어 있어 같은 권역 내에서도 공동의 이해관계를 찾아내기가 어렵다.

이런 상황을 정리해 보면 앞의 <표 4>와 같다.

이렇게 권역별 사회구조의 특성과 차이가 매우 분명하고 크기 때문에 이들이 주력하고자 하는 과제나 사업의 성격과 내용도 서로 다르다. 원래 아시아 태평양 지역의 YMCA가 다루는 프로그램은 지역사회 개발(community organization) 프로그램, 서비스 프로그램 (service-delivery), 시민사회 건설 프로그램 등으로 대별해 볼 수 있다. 그런데 이들은 권역별 특성이 다르고 사회적 수요가 다르기 때문에 그에 따라 특화되어 운영되는 경향이 있다.

먼저 지역사회 개발(community organization) 프로그램은 문맹퇴치, 가난퇴치를 위한 기초 활동으로부터 생활신용(Micro-credit)을 통한 마을개발 활동, 여성의 권익보호와 증진을 위한 활동, 에이즈 퇴치를 위한 예방교육 및 계몽 활동, 재봉교실, 목수교실, 컴퓨터교실 등 직업교육 활동 등을 포함한다. 그러니까 인간 생존의 가장 기본적인 과제인 의식주 문제가 해결되지 않은 데에서 오는 사회적인 쟁점을 대상으로 하는 프로그램인 셈이다. 이는 주로 베트남, 인도, 방글라데시, 스리랑카 같은 서남아권 YMCA에서 활성화되어 있다.

미국 YMCA의 영향을 받은 서비스 프로그램(service-delivery)에는 체육관 및 수영장 등을 통한 건강생활 프로그램, 유치원과 유아원, 방과 후 교실 등의 유아 및 어린이 교육시설의 운영, 각종 취미 및 사회교육 강좌와(주로 정부로부터 위탁받은) 지역사회 복지 프로그램, 청소년교육 상담 활동 등이 속한다. 이런 유형의 프로그램은 싱가포르 같은 소수의 예외가 있기는 하지만 주로 한국, 일본, 홍콩, 대만 등과 같은 동북아권 YMCA와 오스트레일리아, 뉴질랜드 같은 태평양권 YMCA에서 행해지고 있다.

시민사회의 건설과 확장에 연관된 프로그램에는 환경교육과 환경운동, 지역사회 만들기, 각종 정책주창 운동(advocacy), 시민사회 확장을 위한 여러 시민교육과 캠페인, 정책 및 사회적 이슈와 연관된 연대 활동 등이 포함된다. 이런 활동은 주로 한국과 일본의 일부 YMCA가 주도해 왔으며 현재는, 태국(특별히 창마이 YMCA), 인도네시아의 일부 YMCA 등 동남아권 YMCA로 확산되는 추세에 있다.

따라서 바로 이런 아시아 태평양 지역 YMCA 연맹 구성원들의 다양한 사회구조적 특성과 수요를 지도력 구성과정에 반영하지 않는다면, 아시아 태평양 지역 YMCA 연맹이 하나의 연대체로서 제 기능을 발휘하기 어려울 것은 당연한 이치다. 아시아 태평양 지역 YMCA 연맹에서는 이를 해결하기 위한 방안의 하나로 이런 권역별 구분을 통해 선출직 임원을 배정하거나 총회 참가자의 최소 인원을 보장하는 등 다양한 양식의 관례와 불문율을 키워 왔다. 연맹체의 권역별 구성원에 대한 대표성 보장을 통해 내부 민주주의를 확보해 보고자 한 것이다.

가장 대표적인 것으로는 임원 구성에 있어 1명의 회장 외에 4명의 부회장을 두도록 하고 있으며 이들을 대개의 경우 막후 조정을 통해 권역별로 1명씩 안배하는 관례가 정착되어 있다. 각종 위원회의 위원장 임명이나 위원 배정에 있어서도 이런 지역대표성에 대한 배려가 이루어지고 있다. 그 외에도 청년과 여성의 대표성에 대한 배려가 있기는 하지만 지역 대표성만큼 강력한 요인으로 작용하지는 않는다.

이런 배려는 아시아 태평양 지역 YMCA 연맹을 운영하는 데 필요한 기본 경비의 갹출 양식에도 반영되어 있다. 대체로 회원국이 보유하고 있는 회원의 규모와 연간 예산액을 기준으로 연맹 운영에 필요한 비용의 분담금 규모를 정하고 이를 토대로 개별국과의 협의를 통해 확정하고 있다. 지난 5년간의 회원국별, 권역별 분담금 규모는 다음의 <표 5>에 나타나 있는 바와 같다.

다음의 표에 의하면 동북아권이 지난 5년 평균 아시아 태평양 지역 YMCA 연맹 예산의 약 65%를 부담해 왔으며 동남아권, 태평양권, 서남아권이 각각 약 12% 내외를 분담해 왔다는 사실을 알 수 있다. 그만큼 동북아권에 대한 재정적 의존도가 높다는 의미다. 그 가운데에서도 일본

〈표 5〉 아시아 태평양 지역 YMCA 연맹 회원국 분담금 분포

구분	2000		2001		2002		2003		2004	
	분담금	%	분담금	%	분담금	%	분담금	%	분담금	%
동북아권	**118,950**	**66.1**	**126,430**	**66.0**	**128,330**	**64.3**	**129,500**	**62.4**	**131,000**	**63.8**
한국	11,250	6.3	15,000	7.8	15,500	7.8	15,500	7.5	16,500	8.0
일본	54,200	30.1	55,830	29.1	55,830	27.9	56,000	27.0	56,000	27.3
타이완	10,500	5.8	10,500	5.5	10,500	5.3	11,000	5.3	11,000	5.4
홍콩	43,000	23.9	45,150	23.6	46,500	23.3	46,500	22.4	47,000	22.9
중국	0	0.0	0	0.0	0	0.0	0	0.0	0	0.0
몽고	0	0.0	0	0.0	0	0.0	0	0.0	0	0.0
마카오	0	0.0	0	0.0	0	0.0	500	0.2	500	0.2
동남아권	**20,750**	**11.5**	**23,726**	**12.5**	**24,500**	**12.4**	**23,900**	**1.5**	**24,900**	**12.1**
필리핀	0	0.0	0	0.0	500	0.3	1,000	0.5	1,000	0.5
베트남	0	0.0	400	0.2	400	0.2	400	0.2	400	0.2
인도네시아	750	0.4	1,050	0.5	1,100	0.6	0	0.0	500	0.2
타일랜드	1,800	1.0	3,000	1.6	2,500	1.3	2,500	1.2	2,500	1.2
미얀마	4,200	2.3	4,326	2.3	4,500	2.2	4,500	2.2	4,500	2.2
말레시아	8,000	4.5	8,000	4.2	8,000	4.0	8,000	3.8	8,000	3.9
싱가포르	6,000	3.3	7,000	3.7	7,500	3.8	7,500	3.6	8,000	3.9
캄보디아	0	0.0	0	0.0	0	0.0	0	0.0	0	0.0
동티모르	0	0.0	0	0.0	0	0.0	0	0.0	0	0.0
태평양권	**20,655**	**11.6**	**24,683**	**12.9**	**26,748**	**13.4**	**32,735**	**5.7**	**28,300**	**13.8**

오스트레일리아	14,805	8.2	18,064	9.4	19,748	9.9	23,935	11.5	20,000	9.8
뉴질랜드	3,000	1.7	3,500	1.8	4,000	2.0	4,500	2.2	4,800	2.3
피지	0	0.0	250	0.1	0	0.0	0	0.0	0	0.0
사모아	50	0.1	0	0.0	0	0.0	0	0.0	0	0.0
파푸아뉴기니	0	0.0	69	0.1	0	0.0	1,300	0.6	500	0.2
타히티	2,800	1.6	2,800	1.5	3,000	1.5	3,000	1.4	3,000	1.5
서남아권	**19,450**	**10.8**	**16,650**	**8.6**	**20,000**	**9.9**	**21,500**	**10.4**	**21,000**	**10.3**
방글라데시	4,200	2.3	3,500	1.8	3,500	1.7	3,500	1.7	3,500	1.7
인도	10,000	5.6	10,000	5.2	12,000	6.0	12,000	5.8	12,000	6.0
파키스탄	1,050	0.6	0	0.0	0	0.0	1,000	0.5	500	0.2
스리랑카	4,200	2.3	3,150	1.6	4,500	2.2	4,500	2.2	4,500	2.2
네팔	0	0.0	0	0.0	0	0.0	500	0.2	500	0.2
총계	**179,805**	**100**	**191,589**	**100**	**199.578**	**100**	**207,635**	**100**	**205,200**	**100**

출처: 아시아 태평양 지역 YMCA 연맹 내부 문서에서 발췌 작성

과 홍콩의 기여는 절대적이다.

그런데 한국 YMCA 연맹은 그동안 연평균 약 7.5% 정도를 부담해 왔다. 점차 분담금 비중을 높이는 추세에 있기는 하지만 이는 한국 YMCA 연맹이 아시아 태평양 지역 YMCA 연맹 내부에서 차지하는 비중이나 자체의 기관능력에 비추어 볼 때 매우 낮은 수준에 해당된다. 그럼에도 불구하고 한국 YMCA 연맹이 아시아 태평양 지역 YMCA 연맹 내부에서 상당한 정도의 정치적 지도력을 발휘할 수 있었던 이유 가운데 하나는, 전체 예산의 평균 23.5% 정도를 분담하는 홍콩 및 28% 정도를 분담하는 일본 등과 긴밀한 유대를 형성해 왔기 때문이다.

이렇게 놓고 보면 비록 내부 민주주의의 구현이라는 차원에서 기관구성

〈표 6〉 한국 YMCA 연맹의 대외교류 실태

구분	교류 목적	2000	2001	2002	2003	2004	2005
1	한일 역사 세미나	18					
2	한중 YMCA 연락위원회	12		6			
3	한일 학생 교류회	28	9	10	12	8	40
4	한일 학생 교류회 준비회의	3		5		4	
5	아시아 태평양 YMCA 연맹 시민운동 연구협의회	7					
6	필리핀 지역 공동체 캠프	6	18	18		18	
7	일본역사교과서 왜곡관련 국제심포지움		50				
8	한일 YMCA 연락위원회			10			
9	싱가포르 YMCA 국제청소년회의			3			
10	아시아 태평양 YMCA 연맹 청년정책 연구회			13			
11	지속가능한 발전을 위한 세계정상회담 및 NGO 포럼			5			
12	세계 YMCA 연맹 총회			6			
13	ASEM 청년 포럼				1		
14	아시아 태평양 YMCA 연맹 청년 지도자 교환연수				2		
15	베트남 YMCA 연맹 총무 방한				1		
16	항조우 YMCA 연맹 방문				5		
17	아시아 태평양 YMCA 연맹 총회	35			40		
18	세계 YMCA 연맹 실행위원회				1	1	1

19	아기 스포츠단 교사 일본 YMCA 연수		10	13	14	15	
20	동티모르 대통령 초청					1	
21	아시아 시민사회 센타 연수					1	
22	간사 해외어학 연수					1	2
23	녹색가게 자원 활동가 일본 연수					15	15
24	베트남 청년학생 워크캠프					12	
25	아시아 태평양 기독청년학생 주간					10	
26	아시아 태평양 YMCA 연맹 청년학생 위원회	1	1		1	1	
27	아시아 태평양 YMCA 연맹 실행위원회					8	11
28	한-중-일 YMCA 연락위원회					40	
29	스리랑카 현지 위문 조사						2
30	동티모르 YMCA 건설을 위한 현지 방문 조사						6
31	동북아 YMCA 평화교육 커리큘럼 공동연구						3
32	대안농업 글로벌 포럼						2
33	아시아 태평양 YMCA 연맹 재난 관리 실무 워크숍						1
34	세계 YMCA 연맹 결성 150주년 기념대회						37
35	한-중-일YMCA 평화워크캠프						13
36	동티모르 평화워크캠프						15

합계	동북아 관련 교류	380 (13)						
	아시아 태평양 관련 교류	226 (17)						
	세계 관련 교류	56 (6)						
	연인원(교류 사례)	966 (36)	110 (8)	88 (5)	89 (10)	77 (9)	135 (14)	148 (13)

출처: 한국 YMCA 전국 연맹 내부 문서에서 발췌 작성

과정에서의 권역별 대표성을 다양한 부문에서 반영하고 있는 것이 사실
이기는 하지만 운영실제에 있어 분담금의 규모 그러니까 경제적 공헌도
가 높은 회원국에 대한 배려나 언권이 우선하는 것 또한 부인할 수 없다.

그런데 이런 한국 YMCA 연맹의 동북아 지역 협력 중시 현상과 아시
아 태평양 지역 YMCA 연맹 활동에 대한 집중 전략은 <표 6>에서도 확
연히 드러나 있다. 앞의 <표 6>에서는 한국 YMCA 연맹이 지난 2000년
부터 2005년까지의 사이에서 대외교류에 나선 사례와 참가 인원수를 보
여주고 있다. 이에 따르면 대외교류에 참가하는 인원수가 점차 줄어드는
추세에 있다가 2004년을 기점으로 폭발적인 증가 추세에 있음을 알 수
있다. 교류의 종류에서는 보다 더 다양화하는 추세를 보여 준다. 그러나
전체적으로 볼 때 이들을 관통해서 일관되게 나타나는 특징 가운데 하나
는 동북아 관련 일본, 중국 등과의 교류가 대종을 이룬다는 점이고, 나아
가 아시아 태평양 지역을 상대로 하는 교류가 핵심을 이루고 있으며 범
지구 차원에서의 활동은 아직 활발하지 않다는 점이다.

반면에, 아시아 태평양 지역 YMCA 연맹을 그의 대외적 관계 내지는
외부 민주주의의 관점에서 보면 아시아 태평양 지역 YMCA 연맹은 아시
아 지역 내부로 한정해 볼 때 주로 기독교 관련 단체와의 교류와 연대활
동에 치중해 왔다. 그러니까 아시아 태평양 지역 YMCA 연맹은 그의 환

경적 모집단을 기독교 관련 아시아 공동체로 인식하려는 경향이 강한 셈
이다.

그동안 아시아 태평양 지역 YMCA 연맹은 교회일치운동의 일환으로
아시아기독교회의(Christian Conference of Asia: CCA), 세계기독학생연합
(World Students Christian Federation) 아시아 태평양지부(WSCF-AP), 아시
아기독교고등교육기구(Asian Christian Higher Education Institute: ACHEI),
교회일치아시아태평양학생청년네트워크(Ecumenical Asia-Pacific Students
and Youth Network: EASY Net), 아시아주교회의연합(Federation of Asian
Bishops' Conferences(FABC) 등과 교류하고 연대하며 활동해 왔다. 특히
청소년 관련 교회일치운동 단체인 교회일치아시아태평양학생청년네트워
크와는 평화와 화해를 위한 공동 대응이라는 주제 아래 적극적인 협조와
교류를 유지해 왔다. 이는 아시아 여성 간의 교회일치 운동 전선에서도
같다. 성폭력을 추방하기 위한 지구적 연대 활동에 동참해 왔다.

그러나 이런 기독교 단체들과의 연대나 교류 외에도 아시아 지역 내의
사회운동 단체와도 교류가 아주 없는 것은 아니어서 인류의 진보를 위한
아시아 센터(Asian Center for the Progress of Peoples: ACPP), 아시아인권위원
회(Asian Human Rights Commission), 아시아이민자센터(Asian Migrants
Centre), 새로운 대안을 위한 아시아지역교류(Asian Regional Exchange for
New Alternatives: ARENA), 아시아학생연합(Asian Students Association: ASA),
정의평화센터(Centre for Justpeace), 아시아행동집단증인(Documentation for
Action Groups in Asia: DAGA) 등과는 지속적인 교류활동을 전개해 왔다.

그렇지만 아시아 태평양 지역 YMCA 연맹이 그외 대외 관계에서 다른
NGO들과 적극적인 협력과 연대사업을 견인해 왔다고는 할 수 없다. 오
히려 그 점에서는 상대적으로 소극적이었다는 평가를 받아 마땅하다.

제3절 남북한 관계 차원

1. 선의성

한국 YMCA 연맹은 동서냉전이 무너지고 남북한 간의 교류와 지원에 대한 현실적인 장애가 줄어들자 1990년, 1994년, 2003년의 결의문을 통해 분단의 갈등과 억압의 역사 속에서 민족의 아픔에 동참하고, 한반도의 평화와 화해 그리고 민족의 숙원인 평화통일을 이루기 위해 전국의 66개 지역 YMCA와 함께 대북 인도주의 사업에 나설 것을 선언하였다. 그의 연장선상에서 제37차 전국대회(2004. 5. 15)에서는 대회의 주제를 "한국 YMCA, 새로운 운동 100년의 선교사명"으로 정하고 그 가운데에서 "민족의 화해와 일치 그리고 통일을 지향하는 대북교류협력과 평화통일운동"을 확대 전개해 나가기로 확인했으며, 민족의 화해와 협력을 위해 전력을 다하기로 다짐한 바 있다.

이를 위해서는 식량난 등의 어려움에 처한 북한 동포 돕기 운동을 전개하여 남북의 하나 됨을 추구하고, 사랑과 신뢰의 민간교류활동을 통해 민족공동체성을 회복하는 것은 물론이며, 나아가 자라나는 세대가 평화의식을 내면화, 생활화할 수 있도록 평화교육을 전개하는 일이 긴요하다고 판단했다. 그러니까 한국 YMCA 연맹의 남북한 교류 및 협력 사업은 단순히 민족 공동체 회복이나 한반도에서의 평화체제 구축에 궁극적인 목표를 두는 것이 아니라 "인류 보편적 가치로서의 평화"를 실현하려는 것이며 그렇기 때문에 남북한 간의 장벽은 물론이고 지역갈등이나 사회적 약자에 대한 차별 등을 시정하여 평화적인 공동체를 구현하고자 하는 보다 궁극적이고 원리주의적인 결단에 따른 것이다. 따라서 평화지향적인 가치와 문화를 확산하고, 생활화 하려는 운동의 연장선상에서 남북한 간의 교류와 협력의 문제에 접근하는 것이라고 할 수 있다. 그러나 남북교류의 실제에 있어 지금까지는 대체로 인도주의적 지원 사업에 치중해 온 것이 전부다. 이런 한국 YMCA 연맹의 남북한 교류사업 전개과정을 살펴보면 다음과 같다.

1990년대부터 누적된 경기침체와 1995년의 수해로 인해, 북한 전역에서 아사자가 속출하는 등 참혹한 식량난을 겪게 되자 제29차 전국총무협의회(1996년 5월 30일)에서 북한 수해 동포 돕기 쌀 1,000가마(1억 5천만 원 상당) 모으기 운동을 전개키로 결의했다. 이에 따라 '한국 기독교 북한 동포 후원연합회'의 활동에 참여하기로 하고, 전국의 YMCA에서 모금된 기금을 전달하였다(1997년 1월 20일). 한국 기독교 북한 동포 후원연합회는 이 기금을 가지고 1997년 4월 2일 '북한 동포에게 생명의 씨앗을' 보내기로 하고, 강원도 평창군에서 감자를 구입하여 인천항을 통해 감자 1500톤, 무종자 4.8톤을 선적하여 보냈다(총 8억 7,500만 원 중 한국 YMCA 연맹이 1억 5,600만 원 상당의 식량을 보냄)

이에 그치지 않고 1997년 8월에는 가중되는 식량난으로 고통을 겪고 있는 북한 주민들에게 밀가루 보내기 캠페인을 전개하여 북한 식량난의 심각성을 YMCA 회원 및 일반시민들에게 알리고 모금된 돈으로 밀가루 30톤, 양념감 17자루를 마련하여 '한국 기독교 북한 동포 후원연합회'에 제공했으며 '한국 기독교 북한 동포 후원연합회'는 이를 북한 평양시 만경대구역 행정경제위원회에 전달했다(1997년 8월 6일).

북한의 식량난이 악화되면서, 먹을 것이 없어 영양실조에 걸리거나 기아로 죽어 가는 이들이 늘어가자 2차 북한 동포 돕기 캠페인을 전개하기로 하고, 전국의 지역 YMCA에서 지역의 연대모금협의체를 구성하여 모금 활동을 전개하도록 했다(1997년 8월). 모금된 성금은 지역협의회에서 개별 처리하도록 했다. 이에 따라 각 지역 YMCA에서는 옥수수 죽 만찬, 거리 모금, 바자회 등의 행사를 통해 성금 6,150만 4,750원을 모았으며 이를 "한국 기독교 북한 동포 후원연합회"에 전달했다. 전달된 성금은 1998년 8월 밀가루 2,500톤, 분유 26톤을 마련하여 국적선으로 북한의 "조선그리스도교연맹"에게 전달하는 데 필요한 경비의 일부를 충당하는 데 쓰였다(총 11억 원 가운데 한국 YMCA 연맹이 6,100여만 원 상당을 지원함).

1999년 이래 현재까지 한국 YMCA 연맹은 매년 11월 둘째 주 제1일을

'YMCA 평화의 날'로 정하고 이를 지켜오고 있다. 평화의 날은 YMCA에 참여하는 모든 사람들이 가정, 직장, 지역사회, 국제사회 속에서 '평화를 위해 일하는 사람들'로서 오늘의 세계가 직면하고 있는 평화의 문제에 대해 책임을 느끼고 생각하며 기도하고 일하는 '화해의 공동체'를 이루려는 사업이다. 이를 통해 가난한 자, 눌린 자, 소외당하고 고통 받는 '지극히 작은 자들'에 대한 관심과 행동, 치유와 화해를 감당하고자 하며, 또한 반세기 이상 지속된 분단과 이로 인한 남북의 긴장과 갈등이 건전한 발전을 저해하고 있으며 경제적 파탄으로 몰아가고 있음을 직시하고, 남북의 화해와 민족공동체 회복을 위해 노력하고자 하는 것이다. 이런 노력의 일환으로 평화기금 모금 캠페인을 전개해 오고 있으며 전국의 지역 YMCA가 회원, 일반시민을 상대로 현재 1억 1,333만 2,092원을 마련했다. 조성된 기금은 북한 동포 돕기, 대북 민간 교류, 해외 구호, 평화의식 내면화 및 생활화 교육 등의 기금으로 사용할 예정이다.

북한의 룡천 역에서 열차 폭발사고가 발생하자 이로 인해 막대한 인명과 재산상의 피해를 입은 북한 동포들의 고통과 아픔을 공유하면서, 긴급하게 필요로 하는 구호물품을 인도주의적 차원에서 지원키로 하고, 2004년 4월 27일부터 6월 30일까지 "룡천 어린이 살리기 한 끼 금식 캠페인"을 전국의 지역 YMCA, 해외 YMCA, 기업, 시민들이 참여하는 한 끼 금식, 거리 모금, 녹색가게의 특별 벼룩시장 운영 등을 통해 전개했다. 이 캠페인을 통해 총 2억 256만 6,725원(2004년 7월 8일, 현재)이 모금되었으며, 이 가운데 1차로 1억 원 상당의 의약품, 의류(속옷), 생활용품을 대한적십자를 통해 북한 측에 전달했고, 폭발 사고로 파괴된 룡천 소학교의 건립을 위해 5백만 원을 전달했다.

2005년 5월 광복 60주년을 맞아 한반도 평화와 통일을 염원하는 시민의식을 고취시키고, 미래의 통일세대인 청소년들에게 평화통일과 화해협력의 의미를 공유케 하며, 평화통일운동에 기여하기 위해 '통일 자전거 보내기 운동'을 전개하기로 하였다. 북한 동포에 대한 인도적 지원의 차원에서 '1가구 1자전거 보내기 운동'을 지속적으로 펼쳐 나갈 예정이다.

우선 전국의 지역 YMCA가 공동으로 모금운동을 전개하고, 향후 3년간 매년 2,000대씩 총 6,000대의 자전거를 지원하는 방식으로 추진하기로 하였다. 또한 전국 '청소년 평화 순례단'이 전국을 종주한 후 그 자전거를 북한에 전달하기로 하고 종주과정에서 순례단이 거쳐 가는 지역에서는 순례단을 맞이하는 환영행사와 더불어 해당지역 시민과 청소년들이 참여하는 '통일 자전거 모금행사', '시민 자전거 대행진', '청소년 자전거 연대 종주' 등 다양한 시민참여행사를 펼치도록 했다.

이 '통일 자전거 보내기 켐페인'은 한국 YMCA 연맹이 대북 지원 사업을 전개한 이래 최초로 북한 측과의 직접 접촉을 통해 전개되었다. 통일부로부터 북한접촉승인단체 지정을 이 사업의 수행과 관련하여 처음 받게 되었으며 그 결과 북한의 '조선그리스도교연맹'과 직접 접촉하게 되었다. 그러나 북한과의 직접 통신이 북한의 사정으로 불가능하기 때문에 대부분의 대북 교류단체들이 제3국을 통해 통신하고 있는 실정이다. 한국 YMCA 연맹은 이를 아시아 태평양 지역 YMCA 연맹을 통해 간접 교신하는 전략을 통해 해결하고 있다.

2. 전문성

그런데 이 "통일 자전거 보내기 운동"이 통일에 대한 시민의식을 제고하거나 생명과 평화에 대한 사회적인 인식의 지평을 넓히는 데에 얼마나 효율적으로 작용했는가에 대해서는 논란이 적지 않다. 원래 2004년 전국대회에서 앞으로의 10년을 생명과 평화 문제에 집중하기로 했던 만큼 이 대회 이후 한국 YMCA가 전개하는 모든 프로그램 개발이나 운영에 있어 보다 더 생명평화운동 지향적인 정책기조로 전환하는 변화가 일게 될 것이라는 관측이 적지 않았다. 그러나 지난 2년여 동안 그런 변화는 그리 컸다고 볼 수 없다.

물론 한국 YMCA 연맹은 이미 오래전부터 '아기 스포츠단' 교육과정에 '평화교육'을 삽입하거나 중고등학교 학생을 상대로 하는 순례 기행이나 캠프활동 등에 평화 강좌를 넣고 생명평화학교 워크숍을 운영하는 등 평화문화 확산을 위해 노력해 온 것이 사실이다. 특히 평화의 문제를 갈등 없는 공동체 형성의 과제로 단순화하는 경우 민주시민의 역량 강화나 민주주의 이념 교육, 사랑과 화평을 지향하는 기독교적인 영성 강화 운동, 통일 관련 활동, 환경 보호 및 생태 보존 운동 등이 모두 연관된다. 따라서 한국 YMCA의 경우에는 평화운동이야 말로 한국 YMCA 연맹이 그 동안 전개해 온 운동 프로그램 모두를 관통하는 최고의 목적가치 가운데 하나라고도 말할 수 있다.

그러나 그럼에도 불구하고 생명과 평화운동의 의의를 보다 좁혀서 생명과 평화 그 자체를 정착시키는 현장운동이라고 본다면 그 동안 크게 활성화 되었다고 할 수 없다. 생명과 평화 정착 관련 사업에 대한 예산의 배정이나 지역사회 리더십의 양성 더 나아가 남북한 통일문제를 생명과 평화의 정착 관점에서 접근하려는 시각의 확산 등과 같이 생명과 평화 그 자체에 주목하려는 운동은 부진했다. 특히 통일 운동의 경우에는 과제가 지니고 있는 복잡성과 시대적 중요성 그리고 현실 적합성에 대한 사회적 수요 등을 감안해 볼 때 보다 정밀한 진단과 적극적인 노력이 전개되었어야 함에도 불구하고 현실은 그렇지가 못했다.

남북한 간의 통일문제는 문제의 성격상 군사적 차원, 경제적 차원, 문화적 차원 등 매우 다양한 차원을 함축하는 과제이며, 그렇기 때문에 다양한 차원과 관점에서 접근하고 이해하는 일이 가능하다. 따라서 한국 YMCA가 지니고 있는 기관능력이나 기관 구성원 간의 이념적 합의의 정도 등 다양한 요소에 대한 고려를 통해 어떤 차원에서의 접근 전략이 가장 유용할 것인가를 검토하고 판단하는 전략적 기획력에 대한 수요가 큰 과제다. 예를 들자면, 군사적 차원에서는 전 세계를 상대로 비핵화 운동을 전개하는 것이 남북 간의 평화 통일 문제에 대한 항구적 대안이라고 판단해 볼 수 있다. 이럴 경우에는 당연히 전 세계의 비핵화 운동을 범지구적으로 펼치는 일이 긴요하게 된다.

경제적 차원에서는 북한의 자립경제 체제 구축이 중국의 대북 진출을 차단하고 북한으로 하여금 보다 외세 중립적인 대외정책을 지향하도록 유도할 수 있게 될 것이라는 점에서 북한에 대한 경제 제재 조치를 풀고 경제적 협력 체제를 강화하는 일이 한반도 평화 정착의 관건이라고 판단해 볼 수도 있을 것이다. 이럴 경우에는 주변국의 대북 정책기조에 대한 정치적 압력운동을 선택하는 것이 효율적인 일이다. 문화적으로는 바로 평화 의식 교육을 통해 생명과 평화를 삶의 근본으로 알아 문화의 척도와 생활의 양식을 바꾸어 나가도록 유도하는 일이 한반도 평화 정착에 있어 핵심적 과제로 부상하게 된다. 따라서 고도의 정책적 판단력과 전문가적 식견이 요청되는 과제라고 할 수 있다.

그러나 지난 2년 동안 한국 YMCA는 주로 긴급구호에 동참하는 선에서 자족해 왔으며 자신이 현재 채택하고 있는 운동의 양식이나 전략이 얼마나 효율적이며 또 적실성이 있는가의 문제를 전문가적인 식견에서 판단하고 평가해 보려는 노력은 그리 크지 않았다. 다만 단순한 긴급구호의 방식에서 벗어나 보다 본질적인 접근전략의 개발이 필요하다는 점에 대한 문제의식은 적지 않았다. 이에 따라 탈북자의 남한 사회 정착문제를 평화통일 사업의 주요 과제 가운데 하나로 추진하려는 의도를 갖고 있었다.

새터민의 남한 사회 정착 문제는 평화 통일 사업의 관점에서 보면 남북한 간의 문제이지만 남한 사회 내부에 새로운 갈등 요인을 추가한다는 점에서는 남한 사회 내부의 문화적 동형화 과제 가운데 하나라고 할 수 있다. 따라서 탈북자 국내 정착 문제는 남한사회 내부의 사회정책적 과제 가운데 하나다. 삶의 한 양식으로서 생명과 평화의 문제를 다루는 관점에서 접근해야 하는 과제이기도 하다는 의미다. 그러나 이런 인식의 차원에서 탈북자 문제를 접근하거나 평화 통일 운동의 진로를 재평가해 보려는 노력은 매우 저조했다.

이렇게 남북한 간의 교류나 평화통일문제에 대한 한국 YMCA 연맹의 고민과 성찰이 부진해야 했던 이유 가운데 하나는 이 문제를 다루는 한국 YMCA 연맹 내부의 전문성 축적 장치가 저발전 상태에 있기 때문이다. 한국 YMCA 연맹에서 남북한 교류의 문제를 다루기 위해 마련된 공식기구는 평화통일위원회이다. 그러나 평화통일위원회가 대북 관련 정책 개발의 산실로 작동해 왔다고는 볼 수 없으며 위원회의 운영 자체가 활성화 되어 있지도 않다. 오히려 평화통일 운동과 관련하여 한국 YMCA 연맹 내부에서 보다 적극적으로 자기 의견을 개진해 온 것은 사무총장협의회라고 할 수 있다.

사무총장협의회는 전국의 가맹 YMCA 사무총장이 모여 한국 YMCA 가 당면하고 있는 현안 과제에 대해 입장을 정리하고 정보를 교환하는 일종의 상근자 연대체 같은 기구다. 따라서 통일 문제에 대한 전문가 집단이라고 할 수 없으며 오히려 지역 수준에서 관측하고 진단한 통일 사업에 대한 지역 여론의 수렴이나 다른 시민사회 단체의 대응 전략에 대한 정보를 수집하고 판단하는 곳이라고 할 수 있다. 다만 소수의 사무총장을 중심으로 통일 포럼이라는 비공식 모임이 결성되어 외부 전문가를 초빙하거나 관련 인사들을 통해 정보를 교환하고 평가하는 일종의 공부 모임이 운영되어 왔고, 이곳을 통해 통일 관련 전문지식이나 정보가 공급되어 왔다. 최근에는 민주평화통일위원회에 전국의 YMCA 관련 인사들이 적극적으로 참여해서 활동하기로 하고 적지 않은 사람들이 직접 간여하게 됨으로서 결과적으로 한국 YMCA에 대한 통일관련 정보와 경험의 유입통로가 확장되는 변화가 있기는 했다.

그러나 기본적으로는 한국 YMCA 연맹이 자신의 독자적인 연구나 판단에 따라 통일 지원 사업이나 프로그램을 선도해 왔다기보다는 한국 사회의 여론이나 다른 평화통일 사회운동 단체의 활동을 답습하거나 추종해 온 것이 대부분이라고 할 수 있다. 한국 YMCA 운동의 정체성을 살려 남북한 간의 교류와 접촉을 활성화 하고 그 결과 평화와 통일을 이루려는 안목과 전략을 수립하려는 노력은 지체되고 있다. 대북교류의 철학적 원리나 관련 프로그램을 개발하고 이를 토대로 시청년회를 견인해 나가려는 보다 능동적이고 기획기능 중심적인 접근전략이 결여되어 있는 셈이다.

3. 민주성

현 단계에서 본 한국 YMCA 연맹의 남북한 교류 사업은 아직 인도주
의적 긴급구호가 대종을 이루고 있으며, 외부의 교류 지원 사업 전담 기
관을 통해 간접 지원하던 양식에서 벗어나 한국 YMCA 연맹이 북한을
직접 접촉하고 협의하는 체제로 전환하는 과정에 있다고 할 수 있다. 그
러나 아직 일과성 생활구호 수준을 벗어나지 못하고 있으며 청소년, 대학
생, 유지지도자 등의 남북한 교류문제는 기획 수준에만 머물러 있다. 평
화교육도 지금까지 제법 다양한 형태의 시도가 있었다고는 하지만, 사업
의 전 영역에서 이 문제를 다루어 왔다고 할 수 없으며 생명과 평화의
문제에 집중하는 사업은 오히려 부진했다.

평화 문화와 가치관을 남북한 사회에 공히 확산시키는 과제에 대해서
도 적극적인 노력을 경주해 왔다고 할 수 없다. 무엇보다도 북한에
YMCA 시청년회를 복원하는 문제는 한국 YMCA 연맹이 가장 궁극적으
로 달성하고자 하는 과제지만 아직 구체적인 복안을 가지고 있지 않다.
이는 평화와 상생의 재생산 체제를 북한 사회 내부에 구축함으로써 이를
외부로부터 수혈해야 하는 수요를 원초적으로 줄여나가자는 것이어서 한
국 YMCA의 역점사업이 되지 않을 수 없지만 아직 이를 실천하려는 기
관능력이 부족한 상태. 관련 정책 프로그램을 개발하여 북한 사회에 전
달하고 이를 근거로 인도주의적 지원 사업이나 교류활동을 연계하려는
전략적 안목이 수립되어 있지 않은 점도 문제다.

그러나 보다 중요한 것은 남북한 관련 사업의 추진체계가 실무자 중심,
중앙 중심, 외형적 실적 중심의 한계를 벗어나지 못하고 있다는 점이다.
평화 통일 관련 정책이 수립되는 과정은 대개 세 가지 양식으로 구분해
볼 수 있다. 담당 실무 간사가 기획해서 기획국장, 사무총장을 거쳐 이사
회의 승인을 받은 후 전국의 시청년회에 동참해 주기를 요청함으로서 성
안되고 실행되는 경우다. 물론 이 과정에서 평화통일위원회나 평화포럼
및 외부 전문가 집단의 의견을 비공식적으로 수렴하기는 하지만 기본적

으로는 내부 관료제의 업무 추진 체계에 의존하는 양식이다. 두 번째로는 시청년회의의 정책 담당자가 개별적으로 아이디어를 구상하거나 시청년회 단위의 의견을 수렴한 후 사무총장협의회를 통해 의견을 통일하여 이를 전국 연맹에 전달함으로서 전국적으로 확산하는 경우다.

전자의 경우와 역순의 관계에 있지만 양자는 기본적으로 한국 YMCA의 내부 관료제 중심으로 진행되는 것이라는 점에서 차이가 없다. 세 번째로는 평화통일위원회나 평화 포럼 같은 기구를 통해 의견이 모아져 이를 한국 YMCA 연맹의 평화통일 사업으로 구체화 하는 경우다. 그러나 이 경우도 기본적으로는 전문가 집단이나 사무국 중심의 접근이라는 한계를 벗어나는 것은 아니다. 그 결과 한국 YMCA 연맹의 대북한 교류 사업은 한국 YMCA 연맹이 기본적으로 회원 중심 단체임에도 불구하고 이를 회원들 사이에 확산하거나 공유하는 기재가 부족하게 되는 결과를 낳고 있다.

북한 청소년을 위한 자전거 보내기 운동의 경우도 각 시청년회가 이 운동에 필요한 재원의 조달을 위해 모금 운동을 펼쳐 성공적으로 필요한 경비를 조달하기는 했지만 이 과정을 통해 통일 사업에 대한 회원들의 인식을 교정하거나 한반도 평화 정착에 대한 이념적 통일성을 높이고자 하거나 남남갈등의 요소를 순화하고자 하는 등의 성과는 이루어내지 못했다. 회원조직운동으로 심화되지 못하고 외적 성과 위주의 관료적 행정사무로 전락한 결과다. 이는 통일사업의 형성과정이 회원 중심의 상향적 구조를 통해 성안되지 않고 상근간사 중심의 의사결정체제를 통해 형성되고 집행되는 데에서 오는 결과다.

|제6장|
한국 NGO의 국제교류 평가

제1절 TNGO의 하부구조

1. 교류현황

한국 TNGO의 국제교류 과정에서 드러나는 가장 대표적인 특징 가운데 하나는 교류의 지리적 범주가 아시아 지역으로 편향되어 있다는 점이다. 한국의 NGO는 그 가운데 과반수 이상이 국제교류에 나서고 있으며 국제교류에 나서는 단체 가운데 88.7%가 아시아 지역을 대상으로 대외교류에 나선 경험을 지니고 있다. 이를 한국 NGO가 펼치는 국제교류 활동의 총량에서 아시아 지역과의 교류 활동이 차지하는 비율을 기준으로 평가해 보면 한국 NGO의 국제교류활동 총량 가운데 52.5%가 아시아 지역을 대상으로 전개된다.

그런데 이런 국제교류활동은 교류 대상지역의 NGO 숫자가 많을수록 순비례적으로 증가할 개연성을 지닌다. 따라서 아시아 지역의 NGO 숫자가 지구 전체에서 차지하는 비중을 감안하여 아시아 지역 상대의 국제교류총량을 평가해 본 결과 아시아 지역에 대한 교류가 아시아 지역의 NGO 숫자에 비해 6배 이상 과대 발생하고 있음을 확인할 수 있었다.

이러한 한국 NGO에 의한 대외교류의 아시아 지역 집중 현상은 아시아 지역 자체가 범지구적인 교류활동에서 크게 격리되어 있다는 사실과 함께 한국 NGO의 국제교류가 범지구 차원의 초국적 의사소통 네트워크 구축에 기여하는 정도가 그리 크지 않다는 점을 웅변하는 것이라고 하겠다. 그러니까 한국 NGO에 의한 국제교류는 아시아 지역이라는 한정된 범주 내에서 이뤄지는 지역시민사회 건설을 위한 기초 네트워크의 구축에는 기여하는 점이 적지 않지만 범지구 차원에서 기대되는 지구시민사회의 형성에는 아직 기여하는 바가 미미하다고 하겠다.

한국 NGO에 의한 국제교류의 두 번째 특징은 교류 단체들이 크게 보아 양분화되어 있다는 점이다. 우선 교류의 빈도 면에서 볼 때, 범지구 차원, 아시아 지역 차원, 남북한 관계 차원에 관계없이 1년에 10번 미만 교류하는 경우가 전체의 80% 내지는 70%로서 대종을 이루고 있으나 다른 한편으로 40번 이상 교류하는 경우도 10% 내외를 형성하고 있다.

이는 교류의 강도에 있어서도 같다. 전자우편의 경우 6분 미만 접속하는 경우가 범지구 차원, 아시아 지역 차원, 남북한 관계 차원 할 것 없이 전체의 50% 내외를 구성하는 반면, 12분 이상 접속하는 경우도 20% 내외를 구성하고 있어 단순 접속과 보다 심도 깊은 접속으로 양분되어 있음을 알 수 있다.

전화의 경우도 범지구 차원, 아시아 지역 차원, 남북한 관계 차원의 관계없이 10분 미만 통화하는 경우가 75% 내외를 구성하고, 20분 이상 통화하는 경우도 15% 내외를 구성하고 있다. 인적교류의 경우도 6일 미만 교류하는 경우가 70% 내외를 구성하는 반면 12일 이상 교류하는 경우가 10% 내외를 구성한다.

이런 양분화 현상은 교류의 방법에 있어서도 나타나 있다. 교육훈련, 자료발간, 공동행동, 공동교역 가운데 교육훈련이 범지구 차원과 아시아 지역 차원의 경우 40% 그리고 남북한 관계 차원의 경우 30%로서 가장 활성화되어 있다. 그러니까 NGO 자체의 기관능력 개발에 대외교류의 우선적인 목표가 주어져 있는 셈이다. 그 뒤를 이어 공동행동과 자료발간 같이 정책주창적인 성질을 지니는 교류가 보다 빈번히 이루어지고 있어 이 둘을 합할 경우 45% 내외로서 가장 큰 교류방법을 형성하게 된다. 이는 노력봉사나 공동교역과 같이 서비스 중심적인 교류가 매우 저조하다는 점과 대조되는 현상이다. 따라서 교류방법은 대체로 정책주창적 성격의 교류와 기관능력 개발적인 성격의 교류로 양분되어 있다고 하겠다.

이는 교류대상에 있어서도 그대로 투영되어 나타나고 있다. 인적교류가 범지구 차원, 아시아 지역 차원, 남북한 관계 차원 할 것 없이 30% 내외를 구성함으로써 가장 중시하는 교류과제로 드러났다. 그 뒤를 정보교류와 정책교류가 대종을 이루어 이 둘을 합할 경우 60% 내지는 50% 정도의 비중을 형성하게 된다.

그러나 물자교류와 기술교류의 경우는 범지구 차원, 아시아 지역 차원, 남북한 관계 차원을 막론하고 매우 저조한 형편이다. 그러니까 인적교류와 정보교류 및 정책교류 같은 정책주창적 성격의 교류로 대별된다고 하겠다. 그런데 인적교류가 그의 성질상 앞에서 본 기관능력 제고와 상합하는 것이라고 한다면, 정보교류와 정책교류는 정책주창적 성격을 공유한다는 점에서 자료발간 및 공동행동과 상합하는 관계에 있다. 교류연조에 있어서도 범지구 차원, 아시아 지역 차원, 남북한 관계 차원 할 것 없이 10년 내외 되는 경우가 전체의 70% 내외를 형성하는가 하면, 20년 이상 되는 경우도 15% 내지 30% 내외를 구성하고 있어 두 개의 부류로 대별되고 있다.

그러니까 한국 NGO에 의한 대외교류는 1년에 10번 미만 교류하고, 전자우편에 접속할 경우 한 번에 6분 미만 지속하며, 전화의 경우 10분 미만 사용하고, 인적교류의 경우 6일 미만 지속하며, 대외교류에 나선지 10년 내외 되는 "초급형 교류"와 1년에 40번 이상 교류하고, 한번 전자 우편에 접속할 경우 12분 이상 지속하며, 전화의 경우 12분 이상 통화하고,

인적교류의 경우 12일 이상 지속하며, 대외교류에 나선지 20년 이상 되는 "고급형 교류"로 구분된다고 하겠다. 그리고 이 가운데 초급형 교류가 전체의 70% 내외로 대종을 구성하는 한편 고급형 교류는 전체의 15% 내외로서 소수를 점한다고 하겠다.

이를 교류목적의 관점에서 보면 NGO 자체의 "기관능력 제고형 교류"와 "정책주창형 교류"로 대별된다는 점도 드러나고 있다. 전자가 30% 내외를 구성한다면 후자가 50% 내외를 구성한다. 그러니까 대외교류의 본래 목적 구현을 위한 경우가 50% 내외인 데 반해 이를 지원하기 위한 경우가 30% 내외를 구성하는 셈이다. 이는 NGO의 대외교류에는 지구화 또는 지구화 현상이 내포하고 있는 과제의 수정을 위한 대안적 성격의 교류 외에도 단체 자체의 제도화 내지는 성장을 위한 교류도 내포되어 있음을 시사해 주는 것이다. 그리고 그렇기 때문에 한국 NGO에 의한 대외교류가 지역시민사회나 지구시민사회의 형성에 직접 기여하는 정도는 자체 교류 총량의 절반 정도의 범위 내에서만 유효한 셈이다.

교류영역에 있어서는 범지구 차원과 아시아 지역 차원의 경우 사회서비스와 교육 분야가 대종을 이루고 그 뒤를 문화여가 분야와 정책주창 분야가 뒤를 잇는 데 반해서, 남북한 관계 차원의 경우에는 사회서비스 분야의 뒤를 정책주창 분야와 종교 분야가 잇고 있다. 그러니까 사회서비스 분야와 교육 분야에 유념하는 단체일수록 대외 교류에 나설 개연성이 있는 반면, 정책주창 활동을 활발히 펴거나 종교 분야에 대한 관심이 높을수록 남북한 교류에 나설 개연성이 크다고 할 수 있다.

교류의 양식 면에서는 연대결성과 회합참여가 전체의 50% 내외를 구성함으로서 간헐적인 교류와 교류의 일상화 또는 비상시적인 교류와 상시적인 교류 과정에서 중간 단계 정도에 놓아져 있다고 할 수 있다. 그러니까 교류의 제도화 내지는 INGO화 과정에서 중간 지점에 이르러 있다는 의미다. 다만 남북한 관계 차원의 경우에는 긴급지원이 차지하는 비중이 상대적으로 높아 남북한 교류의 성질을 그대로 투영하는 것이라고 하겠다. 그 결과 교류의 제도화 수준은 범지구 차원이나 아시아 지역 차원

보다 상대적으로 낮은 단계에 있다.

교류의 형태에 있어서는 범지구 차원, 아시아 지역 차원, 남북한 관계 차원에 관계없이 "민주형 교환"이 80% 내지는 90%를 구성하고 있어 대종을 이룬다. 이는 현재의 교류형태가 시민사회의 형성에 기여하는 양식으로 진행되고 있음을 시사하는 것이라고 하겠다. 그러나 이 가운데 대부분이 양자간 교환이고 다자간 교환이 차지하는 비율은 30% 내외를 점한다는 사실에 유의해 볼 필요가 있다. 양자간 교환을 다자간 교환으로 전환해야 할 수요가 적지 않다는 의미다.

교류재원의 경우 범지구 차원, 아시아 지역 차원, 남북한 관계 차원 할 것 없이 자체 예산에 의존하는 경우가 40% 내외를 구성하고 있으며 공공부문 지원금이 30% 내외로서 그 다음을 잇고 있다. 그러니까 교류 자체를 제도화하기 위한 별도의 독립적인 재원이 마련되어 있는 것은 아니라는 점을 강력히 시사해 주는 것이라고 하겠다.

교류의 비용면에서는 남북한 관계 차원의 경우가 범지구 차원이나 아시아 지역 차원의 경우보다 거의 3배 이상 많은 경비를 지출하고 있어 남북한 교류가 물자교류에 의존하는 정도가 높다는 사실을 시사한다. 실제로 교류대상에 있어 다른 교류 대상물보다 물자교류가 차지하는 비중이 범지구 차원이나 아시아 지역 차원의 경우보다 2배 이상 높은 것으로 나타나 있다.

그런데 이러한 교류의 실태를 종합적으로 점검해 보면 범지구 차원에서 아시아 지역 차원으로 그리고 아시아 지역 차원에서 남북한 관계 차원으로 교류의 지리적 범위를 줄여갈수록 "고급형 교류"의 구성 비율이 늘어나는 반면, "초급형 교류"의 구성비는 상대적으로 줄어드는 경향이 있다. 이는 교류빈도, 교류강도, 교류양식, 교류형태 등에 있어 남북교류에 나서는 단체일수록 보다 제도화되고 활성화되어 있다는 의미다. 따라서 한국 NGO에 의한 대외교류는 기본적으로 근린성 우선주의에 따라 진행되고 있으며, 단체의 기관능력이 강화되어 있을수록 근린 협력에 치중한다는 점이 드러나고 있다.

〈표 1〉 한국 TNGO의 국제교류 실태

구분	범지구 차원	아시아 지역 차원	남북한 관계 차원	비고
교류단체	교류(54.6%)			1/2
교류지역	아시아 지역(90%)	아시아 지역 6배 이상 편중	북한(15.5%)	북미, 유럽
교류영역	교육(21.0%), 사회서비스(23.2%), 문화여가(15.2%), 정책주창(15.2%)	교육(22.2%), 사회서비스(23.0%), 문화여가(15.1%), 정책주창(14.3%)	사회서비스(28.6%), 정책주창(17.9%), 종교(14.3%), 교육(10.7%)	편중도 (연구, 경제 개발)
교류빈도	10번 미만(81.7%) 40번 이상(5.6%)	10번 미만(79.4%) 40번 이상(6.4%)	10번 미만(72.7%) 40번 이상(18.2%)	양분화
교류강도 (전자우편)	6분 미만(52.7%) 12분 이상(22.4%)	6분 미만(56.8%) 12분 이상(22.7%)	6분 미만(50.0%) 12분 이상(25.0%)	양분화
(전화)	10분 미만(77.5%) 20분 이상(15.0%)	10분 미만(75.0%) 20분 이상(16.7%)	10분 미만(75.0%) 20분 이상(12.5%)	양분화
(인적교류)	6일 미만(73.5%) 12일 이상(7.4%)	6일 미만(71.7%) 12일 이상(8.3%)	6일 미만(63.7%) 12일 이상(9.1%)	양분화
교류양식	연대결성(28.0%) 회합참여(21.7%)	연대결성(27.1%) 회합참여(20.9%)	연대결성(29.2%) 긴급지원(29.2%) 회합참여(20.8%)	제도화 중간단계
교류방법	교육훈련(41.6%) 자료발간(18.6%) 공동행동(28.3%) 노력봉사(6.2%) 공동교역(5.3%)	교육훈련(43.3%) 자료발간(19.2%) 공동행동(26.0%) 노력봉사(5.8%) 공동교역(5.8%)	교육훈련(26.7%) 자료발간(26.7%) 공동행동(20.0%) 노력봉사(13.3%) 공동교역(13.3%)	양분화
교류대상	인적교류(31.8%) 정보교류(36.4%) 정책교류(22.5%) 물자교류(9.3%) 기술교류(0.0%)	인적교류(28.8%) 정보교류(37.3%) 정책교류(23.7%) 물자교류(10.2) 기술교류(0.0%)	인적교류(33.3%) 정보교류(20.0%) 정책교류(26.7%) 물자교류(20.0) 기술교류(0.0%)	양분화

교류형태	민주형 교환 (82.6%)	민주형 교환(83.7%)	민주형 교환(90.0%)	
교류연조	10년내외(72.9%) 20년이상(14.3%)	10년내외(70.9%) 20년이상(16.1%)	10년 내외(63.7%) 20년 이상(27.3%)	양분화
교류재원	자체예산(43.4%) 공공부문지원금 (27.1%)	자체예산(42.4%) 공공부문지원금 (27.1%)	자체예산(40.1%) 공공부문지원금 (27.3%)	
교류비용	4,431만 원	4,868만 원	1억 2,372만 원	평균값

지금까지의 논의를 정리해 보면 <표 1>과 같다.

2. 하부구조

국제교류에 나서는 한국 NGO의 하부구조 가운데 우선 인적자원을 살펴보면, 범지구 차원에서 아시아 지역 차원 나아가 남북한 관계 차원으로 교류의 지리적 범위가 줄어들수록 단체의 상근자 수가 증가하는 추세에 있다. 특히 남북한 교류 단체의 경우에는 상근자 수가 범지구 차원의 경우나 아시아 지역 차원의 경우보다 3배 이상 많고, 아주 국제교류에 나서지 않는 단체의 경우에는 평균 6명 정도의 상근자만을 두고 있다는 사실에 비추어 볼 때 단체의 규모가 클수록 대북 교류의 가능성이 커지는 관계에 있다고 추정해 볼 수 있다. 상근자 규모는 단체 규모와 순비례적 관계에 있다고 보아지기 때문이다.

범지구 차원의 경우와 아시아 지역 차원의 경우가 상근자 수에 있어 큰 차이를 보이지 않는 것은 한국 NGO의 국제교류가 지극히 아시아 중심적이라는 앞서의 관측결과와 연계되어 있는 것이라고 하겠다. 한국 NGO의 국제교류에 있어 범지구차원의 교류와 아시아 지역 차원의 교류가 그의 본성에 있어 큰 차이를 보이지 않는 데에서 오는 결과라는 의미다. 국제교류 전담자의 규모에 있어서는 범지구 차원이나 아시아 지역 차원 그리고 남북한 관계 차원 모두 큰 편차를 보이지 않고 있으나, 남북한 관계 차원의 경우 약간 정도 더 많은 전담자를 두고 있다.

재정자원의 경우에는 우선 그 규모에 있어 범지구 차원, 아시아 지역 차원, 남북한 관계 차원 모두에 있어 큰 차이를 보이지 않으며 대개 9억 원 정도의 연간 예산을 쓰는 것으로 집계되었다. 그런데 예산 가운데 정부 지원금이 차지하는 비중은 5% 내외가 전체의 50% 내지 60%를 점하고 있어 재정상의 대정부 의존도는 매우 낮은 것으로 평가된다. 그러나 범지구 차원, 아시아 지역 차원, 남북한 관계 차원으로 교류의 지리적 범주가 줄어들수록 정부지원금이 차지하는 비중은 상대적으로 증가하는 추세에 있다. 이는 기업지원금의 경우에 있어서도 같다.

연간 예산 가운데 기업지원금이 차지하는 비중이 5% 내외인 경우가 전체의 60% 내지는 70%를 점하고 있어 대기업 재정의존도는 매우 낮은 실정이다. 그러나 교류의 지리적 범주가 줄어들수록 기업자금에 대한 의존도는 증가하는 추세에 있다. 그러니까 남북한 관계 차원의 교류에 있어서는 정부지원금이나 기업지원금에 대한 의존도가 상대적으로 높다는 사실을 웅변해 주는 것이라고 하겠다.

조직자원의 면에서 보면, 우선 단체 회원의 수가 범지구 차원의 경우와 아시아 지역 차원의 경우에는 7,800명 내외인 데 반해, 남북한 관계 차원의 경우에는 27,000명 수준으로 급등하고 있다. 남북한 교류단체가 그의 기관 규모에 있어 월등하게 크다는 사실을 재확인해 주는 것이라고 하겠다. 단체의 연조에 있어서도 범지구 차원과 아시아 지역 차원은 24년 내외로 서로 유사한 데 반해, 남북한 관계 차원의 경우에는 41년으로 거의 2배에 가까운 연조를 보이고 있다.

영문 홈페이지의 운영 여부에 있어서도 범지구 차원과 아시아 지역 차원의 경우는 서로 비슷한 수준을 보여주고 있는 데 반해서, 교류의 지리적 범주가 좁아질수록 점점 증가해서 남북한 관계 차원의 경우에는 거의 50%에 가까운 단체가 영문 홈페이지를 운영하는 것으로 드러나 있다. 대체적으로 정보화 수준의 정도가 이와 순비례한다고 보아도 무방할 것이다.

<표 2> 한국 TNGO의 하부구조 실태

구분	범지구 차원	아시아 지역 차원	남북한 관계 차원	비고
상근자	41명	45명	153.3명	비교류 6명
교류 전담자	0.75명	0.75명	1명	
예산규모	9억 227만 원	9억 4,293만 원	8억 9,447만 원	
정부지원	5%내외(60.3%)	5%내외(56.7%)	5%내외(45.6%)	
기업지원	5%내외(77.3%)	5%내외(78.0%)	5%내외(60.0%)	
회원규모	7,808명	7,888명	27,304명	
단체연조	24.3년	23.6년	41.3년	
영문홈페이지	보유(35.7%)	보유(38.7%)	보유(45.4%)	
세계화	지지(67.7%)	지지(66.7%)	지지(81.9%)	
관용성	지지(81.4%)	지지(82.6%)	지지(90.9%)	
민주성	지지(91.4%)	지지(89.5%)	지지(100.0%)	
남북교류	지지(95.7%)	지지(96.4%)	지지(100.0%)	

단체를 운영하는 이들의 가치관 측면에서 보면 세계화, 이문화에 대한 관용성, 민주성, 남북교류에 대한 인식 모두에 있어 범지구 차원, 아시아 지역 차원, 남북한 관계 차원 모두에 관계없이 이를 지지하는 비율이 70%에서 100%에 이르는 것을 알 수 있다. 다만 범지구 차원의 경우와 아시아 지역 차원의 경우가 서로 비슷한 데 반해서, 남북한 관계 차원의 경우에는 적극적 지지의 정도가 훨씬 더 강력하다는 점을 알 수 있다. 그러니까 세계화, 관용성, 민주성, 남북교류의 당위성 등에 대해 보다 적극적으로 지지하는 태도를 견지할수록 남북교류에 나설 가능성이 크다고 하겠다.

전체적으로 볼 때 범지구 차원의 경우와 아시아 지역 차원의 경우는 서로 비슷한 데 반해서, 남북한 관계 차원의 경우에는 매우 단체의 제도화 내지는 규모가 고도화되어 있는 경우라고 하겠다. 상대적으로 "고급형 단체"라는 의미다. 이러한 현실은 <표 2>에 잘 나타나 있다.

3. 상관관계

한국 NGO의 국제교류 실태와 그의 하부구조 사이에서 상관관계가 형성되어 있는 것으로 밝혀진 것으로는 우선 교류의 지리적 범위로서 아시아 지역을 선정하는 일과 정부의 지원금 사이에는 양의 관계가 성립되고 있다. 그러니까 단체에 대한 정부의 지원금 규모가 늘어날수록 아시아 지역을 상대로 교류할 가능성이 커지는 관계에 있다는 의미이며 이는 단체의 재정자원이 주요 결정변수라는 의미로 해석해 볼 수 있을 것이다.

교류빈도가 높아질수록 1년의 예산 가운데 정부지원금이 차지하는 비중이 높아지고, 남북한 간의 교류를 반대하는 경향이 있다. 그러니까 단체의 재정자원과 가치자원이 교류빈도를 결정하는 주요변수라는 의미다. 이는 정부가 NGO의 대외교류를 촉진하고자 하는 의지를 가지고 재정자원을 지원하는 경우 교류 활성화의 가능성이 높다는 점을 시사하는 것이며, 동시에 남북한 관계를 단순히 민족내부 문제로 한정해서 보는 폐쇄적인 시각을 지니고 있는 한 사해동포주의에 기초해야 하는 NGO의 대외교류에는 수동적 내지는 역진적 자세를 취할 수밖에 없다는 사실을 암시해 주는 것이라고 하겠다. 남북한 관계 차원에서는 교류의 빈도를 결정하는 하부구조 변수가 나타나지 않고 있는데, 이는 남북한 관계가 단체의 하부구조와 같은 일상적이고 실천적인 변수 이상의 것 그러니까 정치적 내지는 권력적 요인과 같은 단체 외부환경 변수에 의해 보다 강력하게 영향을 받는다는 사실을 시사해 주는 것이라고 하겠다.

교류의 강도에 있어서는 한 번 전화를 걸어 오랫동안 통화하는 경향이 있을수록 교류단체에 근무하는 상근자의 수가 많아지는 경향이 있다. 단체의 인적자원 규모가 교류의 강도를 결정하는 주요변수라는 의미인데, 이는 범지구 차원, 아시아 지역 차원, 남북한 관계 차원에 관계없이 공통적으로 나타나는 현상이다. 상근자 수가 많아서 단체의 규모나 제도화 정도가 높을수록 단체의 대외교류가 실질화 한다는 의미로 해석해 볼 수 있을 것이다. 따라서 NGO의 국내활동과 국제활동은 결코 이원화되어 있는 것이 아니며, 국내활동의 연장선상에서 국제활동이 전개된다는 저간의 주장을 확인해 주는 것이라고 하겠다. 국내활동 여력이 활성화되어 있는 단체일수록 국제교류를 보다 활발히 전개할 가능성이 크다는 의미다.

교류의 방법에 있어서는 교육훈련을 채택하는 경향이 높을수록 단체의 연간 예산규모가 커지고, 단체의 연조가 오래되는 경향이 있다. 그러니까 단체가 인력 자원의 개발과 같은 자체의 기관능력 제고를 위해 유의하는 경향이 생겨나기 위해서는 예산규모나 단체의 연조와 같이 재정자원과 조직자원이 축적되어 있어야 한다는 의미다. 또한 자료발간에 주력하는 경향이 높아질수록 연간 예산 가운데 정부지원금이 차지하는 비중이 커지는 경향이 있는데, 이는 자료발간과 같은 정보교환 활동이 활성화하기 위해서는 단체의 재정자원 확보 여부가 주요 결정변수라는 뜻이다.

그런데 남북한 관계의 차원에 있어서는 이런 교류방법의 채택 문제와 단체 하부구조 구성 변수 사이에 아무런 상관관계도 구축되어 있지 않은 것으로 나타나 있다. 이는 남북한 관계가 범지구 차원이나 아시아 지역 차원의 교류와는 달리 교류의 방법에 있어 남한쪽 단체의 자유로운 선택권행사나 쌍방간의 대화와 조정을 통한 선택권 행사의 범위가 매우 제한적이라는 사실을 시사해 주는 것이라고 하겠다.

교류의 대상에 있어서는 인적교류가 증대할수록 연간 예산 가운데 정부지원금이 차지하는 비중이 높아지고, 기업지원금이 차지하는 비중도 높아지며, 현재와 같은 양식의 세계화에 대해서는 이를 반대하는 경향이 커지는 관계에 있다. 인적교류가 단체 구성원의 교육훈련 사업과 연동되는 정도가 높다는 점을 감안해 볼 때, 정책주창적 성격의 교류가 정책의 지나 선의성 내지는 가치관 등이 주요변수라면 인적교류의 경우에는 이를 실현 가능케 하는 재정자원의 확보 여부가 중요변수임을 시사해 주는 것이라고 하겠다. 특히 이 경우 인적교류는 세계화 내지는 지구화의 한 방편으로 채택되는 것이라기보다는 단체 자체의 기관능력 신장이라고 하는 보다 대내적인 관점 그러니까 일국주의적 관점에서 추동되고 있다는 의미로 해석된다.

이는 또한 단체의 기관 능력이 어느 정도까지는 확보되어야 인적 자원의 개발을 위해 배려하는 여유가 생겨난다는 의미로도 해석해 볼 수 있을 것이다. 그런데 아시아 지역 차원의 교류에 있어서는 인적교류가 증대하는 경우 교류 전담자의 수가 늘어나거나, 현재와 같은 양식의 세계화에 반대하고, 이문화에 대한 관용성의 정도가 낮아지는 경향이 있다. 그러니까 아시아 지역에서의 인적교류는 국내적 요인이나 동기에 의해서 추동되고 있을 가능성이 매우 높으며, 아시아 지역 시민사회의 건설이라고 하는 교류의 궁극적인 목적가치 실현과는 거리가 멀다는 사실을 암시해 주는 것이라고 하겠다. 그런데 남북한 관계의 경우에는 교류전담자와 같은 인적자원의 증대가 인적교류를 촉진하는 주요 결정변수인 것으로 밝혀지고 있다. 이는 남북한 간의 인적교류가 기본적으로 북한과의 협상이나 이를 전담하는 상근간사의 개인적인 네트워크나 신뢰성에 의존하는 정도가 높다는 사실을 시사해 주는 것이다.

교류의 형태에 있어서는 교류가 보다 민주적인 형태로 전개될수록 단체의 연조가 깊거나, 현재와 같은 양식의 세계화를 지지하는 경향이 높은 것으로 나타나 있다. 그러니까 지구시민사회나 아시아 시민사회의 건설에 기여하는 양식으로 대외교류에 나서기 위해서는, 최소한 단체의 연조가 깊어 기관성숙도와 같은 조직자원이 풍부하거나 세계화에 대한 태도가 보다 개방적인 것과 같은 가치관의 개선이 전제되어야 한다는 의미일 것이다.

교류의 연조에 있어서는 범지구 차원이거나 아시아 지역 차원에 관계없이 회원 규모가 많거나, 상근자 규모가 크고 교류전담자가 많으며, 단체의 연간 예산 규모가 크고, 단체가 생겨난 지 오래되는 경향이 있다. 그러니까 단체의 인적자원, 재정자원, 조직자원 등이 풍부하여 기관성숙도 내지는 제도화 정도가 높을수록 오래전부터 대외교류에 나서는 경향이 있다는 의미다. 그러니까 단체의 국내활동이 오랜 동안 활발하게 전개되고 있어 단체의 제도화 수준이 높을수록 국제교류가 활성화되는 관계에 있으며, 그렇기 때문에 단체의 국내활동과 국제활동은 결코 별개의 것이 아니라는 저간의 주장을 재확인해 주고 있다. 다만 남북한 교류단체의 경우에는 연간 예산규모와 단체연조와 같이 재정자원과 조직자원이 교류연조를 결정짓는 최대변수인 것으로 나타나 있다. 이는 남북한 교류가 오랜 동안 지속되는 데에는 단체 회원의 지지나 상근자 또는 교류전담자의 전문성보다는 상대적으로 물적 토대의 중요성이 훨씬 더 크다는 점을 시사해 주는 것이다.

교류의 규모를 결정짓는 교류비용에 있어서는 범지구 차원과 아시아 지역 차원의 경우 회원 규모, 상근자 규모, 교류 전담자 규모, 기업지원금이 연간 예산에서 차지하는 비중 등이 최대 결정변수로 작용하고 있다. 대외교류의 규모가 커지기 위해서는 단체의 인적자원과 재정자원이 커져야 하며 이는 결국 재정자원과 직결되어 있음을 시사하는 것이다. 그러나 남북한 관계 차원의 경우에는 상근자 규모와 같은 단체의 인적자원이 가장 중요한 변수로 확인되고 있다. 이는 남북한 간의 관계에 있어서는 물자교류가 대종을 이루어 왔다는 저간의 사정을 감안해 볼 때 상근자가 있어 물자교류에 필요한 재정자원 확보에 노력할수록 교류활동이 확대되는 관계에 있음을 시사해 주는 것이라고 하겠다.

전체적으로 볼 때 범지구 차원과 아시아 지역 차원의 경우에는 교류실태와 단체의 하부구조 사이에서 발생하는 상관관계에 있어 상호 유사성이 많으나 남북한 교류 단체의 경우에는 그렇지 않으며 양자간의 관계를 구속하는 변수도 그리 많지 않다는 점을 알 수 있다. 특히 남북한 교류 단체의 경우에는 단체의 인적자원이 교류실태에 미치는 영향이 상대적으로 크다는 점을 알 수 있다. 이는 남북한 관계에 있어서는 단체의 하부구

<표 3> 한국 NGO의 교류실태와 하부구조 간의 상관관계

구분	범지구 차원	아시아 지역 차원	남북한 관계 차원	비고
지리적 범위	정부지원 비중			아시아
교류빈도	정부지원 비중 남북교류 반대	정부지원 비중 남북교류 반대		
교류강도(전화)	상근자 규모	상근자 규모	상근자 규모	
교류방법 (교육훈련) (자료발간)	예산 규모 단체 연조 정부지원 비중	예산 규모 단체 연조 정부지원 비중		
교류대상 (인적교류)	정부지원 비중 기업지원 비중 세계화 반대	교류전담자 규모 세계화 반대 관용성 감소	교류전담자 규모	
교류형태 (민주적 교환)	단체 연조 세계화 지지	단체 연조 세계화 지지		
교류연조	회원 규모 상근자 규모 교류전담자 규모 예산 규모 단체 연조	회원 규모 상근자 규모 교류전담자 규모 예산 규모 단체 연조	예산 규모 단체 연조	
교류비용	회원 규모 상근자 규모 교류전담자 규모 기업지원 비중	회원 규모 상근자 규모 교류전담자 규모 기업지원 비중	상근자 규모	

조와 같은 기관 수준의 변수가 아니라 보다 상위의 변수들 예컨대 북한의 정치적 판단이나 국제정세의 변화 같은 외부 변수의 영향력이 월등히 크다는 점을 시사해 주는 것이라고 하겠다.

　그만큼 순수 민간 차원에 의해 주도되는 것보다는 오히려 정부와의 공조체제 구축을 통한 교류의 활성화 전략이 보다 효율적이고 또 필요하다는 사실을 암시해 주는 것이라고 하겠다. 따라서 범지구 차원의 교류와 아시아 지역 차원의 교류를 활성화하는 전략을 구상하는 데 있어 이 둘을 서로 구분해서 다뤄야 할 실익이 없는 데 반하여, 남북한 관계 차원의 교류를 활성화하기 위한 전략의 개발은 이 둘과 구분하여 다룰 필요가 있음을 시사해 주는 것이라고 하겠다.

이러한 현상은 앞의 <표 3>에 잘 나타나 있다.

제2절 INGO의 운영전략

1. 선의성

한국 YMCA 연맹은 세계 YMCA 연맹의 파리기준을 토대로 연맹에 가입하고자 하는 모든 지역 YMCA를 심사함으로써 YMCA 운동이 세계 YMCA 연맹의 창설 목적인 성경대로 예수그리스도를 하느님과 구주로 믿어, 청년들 가운데 그의 나라를 확장하는 일에 운동의 궁극적인 목적과 국제교류의 지향점이 있음을 분명히 하고 있다. 아시아 태평양 지역 YMCA 연맹도 당연히 세계 YMCA연맹의 이런 창설 취지에 동감하고 연맹을 결성한 것이다. 그러나 아시아 태평양 지역 YMCA 연맹의 결성은 기본적으로 아시아에서 YMCA 운동이 자기 주창성을 지녀야 하겠다는 새로운 시대정신을 반영하고자 한 것도 사실이다.

그런데 이는 비기독교적인 아시아의 종교문화 환경을 감안하고 사회문화적 맥락을 고려하는 가운데 YMCA 운동을 전개해야 보다 효율적이라는 믿음과 동기에서 출범한 것이기는 하지만 결과적으로는 아시아 지역의 YMCA 운동 내부에 반미주의를 끌어들이는 형식으로 표출되어 운동의 역량 결집에 스스로 한계를 유발하는 한 원인이 되었다. 이렇게 순수한 선의성에서 벗어나 권력적 동기나 사적 이해관계가 개재됨으로써 YMCA 운동의 본래 목적 실현에 역진적인 결과를 가져오는 현상은 세계 YMCA

연맹과의 관계에서도 드러나 있다. 남반부 YMCA와 북반부 YMCA 사이의 패권적 할거주의를 방치하거나 오히려 부추기는 결과를 낳았다는 점이 이를 시사해 주고 있다. 이는 NGO의 국제교류가 선의성을 상실하는 경우에는 오히려 국제사회에서의 갈등과 긴장을 조장하는 새로운 기재로 작용할 가능성이 있음을 시사해 주는 것이라고 하겠다.

그러나 이를 선의성에서 벗어나 패권적 지도력의 수립에 몰입하는 미국 YMCA의 부당한 간섭이나 북반부 YMCA의 자기중심적인 편견과 오만에 대한 대응적 조치를 취해야 할 필요성이 제기되어 있었다는 관점에서 보면, 선의성이라는 목적 가치의 구현이나 보호를 위해 취할 수 있는 수단적 방편의 선택 범위는 어디까지인가라고 하는 보다 원론적인 물음에 직면하게 되는 것도 사실이다. 이와 관련하여 NGO가 지향해야 하는 선의성은 결과론보다는 의무론의 관점에서 접근해야 하며 그렇기 때문에 단체 구성원의 의사를 결집하는 내부민주주의의 구현이 필수적 과제로 제기된다.

남북한 관계의 개척과정에서는 민족의 화해와 일치 그리고 평화와 통일을 위해 교류를 시작함으로써 교류의 선의성 자체에는 의심의 여지가 없다. 그 결과 지난 10년간 지속되어 온 대북 인도주의 지원 사업을 통해 남북한 간의 신뢰와 협력의 관계가 개선되는 데 크게 기여한 것도 사실이다. 북한의 룡천역 폭발 사고시 보여준 관심과 지원은 남한의 정서적 공감대가 이미 민족적 일체성을 이루는 수준에까지 진입해 가고 있음을 보여준 사례라고까지 하겠다. 당연히 북한 주민의 남한 사회에 대한 이해력과 인식이 크게 개선되고 긍정적으로 작용하는 데 기여하고 있음은 두말할 필요가 없다.

그러나 남북한 간의 교류를 지구시민사회의 형성을 위한 국지적 네트워크의 구축이라는 관점에서 이해하고 접근하려는 안목을 제시하는 데에는 실패하고 있다. 그 결과 교류를 통한 지구시민사회의 결성과정에서 요청되는 교류의 투명성, 민주성, 상호주의의 정신이 반영되지 못하고 있다. 이는 사회정책망의 대북 확산이라는 시각이 부재하는 원인으로도 작용하

여 북한 사회가 당면한 사회구조적 문제를 해결하기 위한 사회개발 프로
그램의 개척 차원에서 대북 교류에 나서지 못하는 가장 근본적인 원인이
되어 있다. 지구적 표준의 제시를 통한 제도적, 문화적 동형화 차원에서
접근하는 시각이 결여되었다는 의미다.

물론 남북한 관계의 경우 남한측이 이런 시각과 관점에서 접근했다고
하더라도 체제의 특성상 북한이 이를 받아들여 교류의 궁극적인 목표로
삼았을 것인지에 대해서는 회의적인 요소가 적지 않다. 그러나 그렇다고
하더라도 남한측으로서는 이런 관점을 개발하고 나아가 이를 실현할 접
촉 통로와 전략 개발에 임했어야 했다.

그렇기 때문에 그동안 긴급구호 중심의 대북 지원이 양적 성장을 거듭
해 왔음에도 불구하고 아직 효율적인 지원 시스템을 구축하는 데에는 성
공하지 못한 상태에 있으며, 장기간의 대북 사업으로 인해 일종의 지원피
로 현상이 교류단체들 사이에 누적되기 시작하는 결과를 낳았다(최대석,
2005:11). 단기 성과위주의 대북교류가 가져온 목적과 수단의 도치 현상
이 불러온 반작용인 셈이다.

그러나 그럼에도 불구하고 한국 YMCA 연맹이 대북 교류문제를 인류
보편적 가치로서의 생명과 평화의 문제 차원에서 인식하고 "지극히 작은
자들"에 대한 배려와 지원의 차원에서 인식하고자 한 것은 매우 다행스
러운 일이다. 그러나 이런 시각을 대북관계나 국제적 맥락에서 좀 더 구
체화하려는 노력을 전개하지 않은 채 남한 사회 일반의 관행적인 대북교
류 전략을 답습하는 데 머물고만 결과, 접근시각상의 협착성을 극복하지
못했다는 점은 매우 안타까운 일이다.

그 결과 한국 YMCA 연맹으로 하여금 동북아지역연락위원회나 아시아
태평양 지역 YMCA 연맹 그리고 세계 YMCA 연맹과 같이 한국 YMCA
연맹이 이미 참여해서 주도적으로 활동하고 있는 국제 NGO를 통해 남북
한 교류 문제에 접근하거나 활성화하려는 노력을 경주하지 않게 되는 결
과를 낳았다. 그러나 남북한 관계의 정상화 문제를 YMCA 네크워크 내부
의 동북아 지역협의체나 아시아 태평양 지역 YMCA 연맹 나아가서는 세

계 YMCA 연맹의 주요 의제로 부각시키고, 이들의 협조와 연대를 동북아 지역 평화의 유지와 북한의 문호 개방을 위한 도약대로 사용하는 일은 절실히 요구되는 과제다. 이는 특히 이런 다자간의 대화 창구가 북한의 대남 접촉과정에 개재되어 있는 냉전적 잔해들을 우회하는 데 있어 효과적인 장치로 작용하게 될 것이기 때문이다.

2. 전문성

국제교류를 통해 구현하고자 하는 정책상의 오류를 미연에 방지하기 위한 조건 가운데 하나가 전문성의 확보라고 한다면, 이 과정에서 요구되는 과제 가운데 하나는 이문화에 대한 이해력 내지는 배려를 강화하는 일이다. 그러나 세계 YMCA 연맹은 북반부 YMCA와 남반부 YMCA 간의 사회문화적 차이에 대한 배려나 이해력 부족으로 인해 매우 심각한 내부 갈등을 겪고 있음에도 불구하고 이를 해소하기 위한 체계적인 노력을 경주하지 않고 있다. 그런데 이런 문화적 이격성은 본디 기본적으로 북미 및 유럽을 비롯한 고소득군가군 중심의 지구 중심부와 중남미, 남아시아 및 아프리카 중심의 지구 주변부 사이의 정치사회 환경이 상이한 데에서 비롯되는 결과다.

정치사회의 민주화 정도가 상이하고 그 결과 공간적 유연성 정도가 서로 다를 뿐만 아니라 국제사회에 대한 진출과 간여의 정도 자체가 달라 교류의 형평성과 영향성이 서로 다르게 되어 있다. 경제적으로도 지구 중심부와 지구 주변부 간의 격차가 매우 심각한 수준에 다다라 있음은 췌언을 요하지 않는다. 여기에 더해 역사문화적인 차이와 권력투쟁적인 수요가 가미되면서 문제의 심각성을 더하고 있다.

그런데 한국 YMCA는 북반부 YMCA와 남반부 YMCA의 접경지대 내지는 중간자적 지위에 있으면서도 양자간의 갈등과 몰이해를 효과적으로 중재하거나 해결하려는 적극적인 노력을 경주하지 않았다. 오히려 "도전 21"의 제안이나 세계 YMCA 연맹의 운영과정에서 지나치게 남반부 YMCA

편향적인 입장을 고수함으로써 북반부 YMCA와 남반부 YMCA 간의 갈등을 촉발하는 한편 세계 YMCA 연맹 전체의 화합이나 결속의 문제를 경시하는 결과를 낳았다. 이는 한국 YMCA와 같이 북반부 YMCA와 남반부 YMCA의 성격을 모두 갖추고 있는 단체가 자신에게 부과된 책무를 다하지 않았다는 의미이며 기관의 장점을 효과적으로 활용하지 않았다는 의미이기도 하다.

아시아 태평양 지역 YMCA 연맹의 경우에는 지역 연맹의 결성 자체가 YMCA 운동의 아시아적인 특성과 맥락을 감안하고자 한 것이었다는 점에서 범지구적인 차원의 이문화간 차이를 극복하기 위한 보다 적극적이고 체계적인 의지와 노력의 결과라고 할 수 있다. 그러나 아시아 태평양 지역 내부의 사회문화구조적인 다양성과 다원성이 매우 심각하다는 점을 감안해 보면 이를 극복하고자 하는 보다 충분하고 적절한 노력이 있었는지에 대해서는 부정적 평가를 내리지 않을 수 없다. 다만 아시아 지도력 훈련 센터나 간사학교의 운영을 통해 운동과정의 전문성 제고를 위해 제도적인 노력을 경주해 온 점은 긍정적으로 평가되어야 할 것이다. 그러나 훈련 내용의 질적 개선을 통해 보다 전문성 정도를 높여야 하는 일은 아시아 태평양 지역 YMCA 연맹이 당면하고 있는 최우선적 과제 가운데 하나다.

이 문제와 관련하여 한국 YMCA 연맹이 그동안 아시아 태평양 권역을 중심으로 하는 인적교류나 긴급재난구호 등에 유의하면서도 정책협력 사업을 등한시했던 점은 부정적 평가를 받아 마땅하다. 다만 최근 들어 정책 지원 프로젝트에 눈을 뜨기 시작했다는 점은 매우 다행스러운 일이다. 정책협력은 그것 자체가 사회문화구조적 차이를 초월해서 공통의 문제를 해결해 나가고자 하는 의지를 동반하는 것일 뿐만 아니라 그렇기 때문에 문화적 격차와 전문성 정도의 차이를 해소하는 방안의 하나로 작용하게 될 것이기 때문이다.

그러나 이렇게 정책협력이 강화되면서 등장하는 보다 절실한 과제 가운데 하나는 한국 YMCA 연맹이 자체의 정책 연구기관을 갖추지 못하고 있다는 점이다. 국내활동에 있어서도 정책대안의 개발이나 문제제기 과정에서 관련 과제에 대한 전문적인 정보의 수집과 판단력 확보는 핵심적 과제가 된지 오래이지만 이런 정책주창 활동이 대외적으로 확장되는 경우에는 정책적 오판이나 부실이 가져오는 역기능이 심대할 것이므로 정책적 오류를 미연에 방지하고 대안 개발의 적실성 제고를 위한 적극적 노력을 경주해야 할 것이다. 외부의 전문가를 활용하는 방법도 있을 것이지만 제시하는 정책 대안의 지속성과 안정성 확보라는 관점에서 보면 자체 연구기관을 확보하는 일이 선결적 과제라고 하지 않을 수 없다.

대북 교류와 관련해서는 남북한 간의 문화적 이질성이 심각한 수준에 이르러 있음은 이미 잘 알려진 일임에도 불구하고 교류 자체를 이런 이문화 극복 문제와 연결하려는 노력은 아직 고안되지 않고 있다. 다만 한국 YMCA 연맹이 평화교육을 중시하고 아기 스포츠단 교육과정에 평화교육을 넣거나, 중고등 학생을 상대로 평화 캠프를 열거나 생명평화학교 워크숍을 여는 등 평화문화 확산에 노력해 온 점은 긍정적 평가를 받아 마땅하다. 이는 당연히 문화적 이질성을 극복하는 한 방편으로 작용하게 될 것이기 때문이다. 그러나 이런 활동이 남한 사회를 겨냥하는 것이었을 뿐 북한사회를 겨냥하는 사업은 아직도 고안되지 않고 있는 실정이다. 이는 남북한 관계의 특성을 감안할 때 불가피했을 것이라는 점이 이해되지 않는 것은 아니지만, 그러나 그렇더라도 이런 평화운동의 관점에서 지속적으로 문제를 제기하려는 자세는 갖추었어야 했을 것이다.

또한 대북 교류에 있어 수혜자 중심주의 내지는 고객중심주의의 시각이 적극적으로 반영되지 못하고 있다는 점도 한계점으로 지적되어야 할 것이다. 이는 긴급구호 공여자의 선호와 형편에 따라 구호 대상 품목이 선정되거나, 일종의 잉여농산물 처리 방편의 하나로 대북 물자지원 사업이 진행되었다는 저간의 비판에 의해서도 확인된다. 그러니까 남북한의 사회적 결속과 연대를 촉진하는 차원에서 대북교류가 이루어지기 위해서는 교류의 기획 과정에 북한쪽 수혜자의 참여가 필수적 과제라는 의미다. 그리고 그런 의미에서 보면 한국 YMCA 연맹이 그동안의 간접 지원방식

에서 벗어나 북한접촉승인단체로 발돋움하게 된 것은 무척 다행스러운
일이다.

3. 민주성

세계 YMCA 연맹은 회원 참여의 제도적 장치의 하나로 집행위원회를
구성해서 운영하고 있다. 이 집행위원회는 외형상 회원국 간의 형평성을
고려하여 내부 의사결정과정상의 민주주의 구현에 유념한 결과로 보인
다. 그러나 형평의 기준을 무엇으로 볼 것인가에 대해 회원국 간의 합의
가 불안전한 데에서 오는 갈등이 매우 심각한 상태에 있다. 현재의 제도
는 역사적 산물로서 지역 연맹 내지는 일부 회원국의 등가적 참여를 고
려한 결과물로 인식되고 있지만 이에 대해 이의를 제기하는 쪽에서는 범
지구적인 YMCA 회원 개개인의 동등 참여권에 대한 고려가 선행되어야
한다는 주장이다.

그러나 보다 더 심각한 것은 이런 과정에 의해서 구성되는 집행위원회
가 사실상 세계 YMCA 연맹 운영의 실질적인 의사결정 주체가 되지 못
한다는 사실이다. 실질적으로는 사무총장을 중심으로 하는 사무국이 운
영의 주도권을 행사하고 집행위원회는 1년에 한번 회합을 가짐으로써 사
후 승인이나 사무국에 의한 의사결정에 대해 사후 권위를 부여하는 장치
로 전락해 있다.

아시아 태평양 지역 YMCA 연맹의 경우에도 외형적으로는 회원국 간
의 동등 참여권 보장을 위해 다양한 제도적 장치를 고안해 둔 것처럼 보
인다. 그러나 운영실제에 있어서는 권역별 할당제가 도입되어 있고 사무
총장 중심의 사무국이 운영의 주도권을 행사한다는 점에서 회원 중심의
내부민주주의 구현과는 많은 거리를 두고 있다. 여성이나 청년의 의사결
정과정에 대한 참여가 제도적으로 보장되지 못하고 있다는 점에 대한 지
적은 연맹운영 과정에서 지속적으로 제기되고 있는 과제다. 여하튼 세계
YMCA 연맹이나 아시아 태평양 지역 YMCA 연맹은 개별 국가의 YMCA

연맹이 연맹 구성의 기본 회원으로 되어 있기 때문에 한국의 경우는 한국 YMCA 연맹의 대외교류와 관련해서 한국 YMCA 연맹 내부의 의사결정구조가 매우 중요한 의미를 갖는다.

그러나 한국 YMCA 연맹의 대외교류와 관련한 내부 의견수렴 절차는 매우 저급한 상태에 놓여져 있다. 그 결과 대외교류에 대한 일관된 원칙이나 정책적 의지에 따라 사업이 고안되거나 교류가 추동되는 것이 아니라, 즉응적이고 단발적이며 대증적인 조치가 사무국 중심으로 전개되는 결과를 가져오고 있다. 국제교류에 대한 회원들의 적극적인 지지나 정보의 공유 등이 제대로 이루어지지 않는 것도 바로 이런 대외정책 결정과정의 폐쇄성과 즉응성에서 오는 것이다. 따라서 국제교류와 관련하여 회원의 의사를 결집하고 이를 토대로 교류의 원칙과 방향을 정하고 그에 따라 구체적인 프로그램을 보다 적극적으로 개발해야 하는 과제가 한국 YMCA 연맹에 부과되어 있는 셈이다.

이는 대북교류에 있어서도 같다. 대북교류에 대한 의사결정에 회원의 의견이 투입될 수 있는 창구가 마련되어 있지 않기 때문에 대북교류가 양국간의 문화적 동질성 회복이나 정서적 연대로까지 확산되는 데에는 스스로 일정한 한계가 있을 수밖에 없다. 물론 형식적으로 평화통일위원회가 구성되어 있지만 회원의 의사를 결집하고 그 과정을 통해 회원의 참여와 공감대 형성을 유도하기에는 역부족이며 사실상 그런 차원에서 운영되지도 않고 있다. 그렇기 때문에 단체 구성의 기본 취지나 목적과 대북교류를 연계시키려는 노력도 아직은 초기 단계에 머물러 있다.

이런 내부 민주주의 운영과정뿐만 아니라 대외적 관계에 있어서도 민주성 내지는 모집단에 대한 대표성 배려가 결코 높은 수준에 있다고 할 수 없다. 세계 YMCA 연맹은 기독교인들 간의 협력과 연대를 강조하는 초교파 운동의 효시임을 강조하고 있으나 그의 운영 실제에 있어서는 초교파적인 연대 사업이 흔치 않다. 그뿐만이 아니라 다른 NGO나 GO와의 협력적 연대 사업을 등한시하여 스스로를 대외적 관계망으로부터 고립시키는 결과마저 낳고 있다. 이는 기본적으로 세계 YMCA 연맹과 같은 거대 INGO를 운영하면서도 이를 지구시민사회적인 맥락에서 인식하거나 접근하려는 자세가 부족한 데에서 비롯되는 결과다. 그런데 이렇게 세계 YMCA 연맹 자체의 대외적 관계망 구축의 필요성에 대한 인식이 저급한 이유는, 자신을 자기분야 모집단의 구성원 가운데 하나라는 인식 자체가 형성되어 있지 않은 데에서 비롯된다. 이런 현상은 아시아 태평양 지역 YMCA 연맹의 경우에도 크게 다르지 않다. 세계 YMCA 연맹과 비교해 보면 상대적으로 보다 더 대외협력관계의 구축이나 연대사업의 고안에 유의하는 정도가 높다. 그러나 대부분이 기독교권 내부로 한정되어 있고 일반적인 NGO나 GO와의 협력적 관계망 형성을 위한 노력은 상대적으로 부진한 상태에 있다.

그 결과 단체의 역사성이나 규모면에서는 가장 으뜸가는 단체 가운데 하나이면서도 밀집형 지구화에 기여하는 정도는 매우 일천하며, 나아가 지구시민사회나 국제지역시민사회에 기여하는 정도가 매우 낮을 수밖에 없다. 이점은 YMCA가 기독교 교리에 기초하고 있으면서도 교회와의 연대 사업이나 협동적 관계 망의 구축이 활성화되어 있지 않다는 데에서도 밝혀지고 있다. 그러니까 NGO 활동 과정에서의 가장 극단적인 대표성 왜곡 현상은 외부 기관과의 연대관계 자체를 외면함으로써 일종의 역할 독점 내지는 역할 폐쇄 현상이 생성되고 있는 것이라고 하겠다.

이 점은 남북한 관계에 있어서도 같다. 남북한 관계를 단순히 한반도 내부의 민족문제로 볼 것이 아니라 지구시민사회의 형성이나 아시아 지역사회의 구축을 위한 순차적 부분과제로 보려는 의식 자체가 활성화되어 있지 않다. 따라서 다양한 주변 이해관계 집단과의 협력과 연대를 통해 대북 교류를 확산하거나 다변화 하려는 노력이 크게 부족한 실정이다. 지구시민사회나 아시아 지역사회를 모집단으로 하는 남북한 관계 간여자들의 연결망이라는 인식 자체가 설정되어 있지 않다는 의미다.

|제7장|
국제교류 활성화 정책의 과제

제1절 대외교류 활성화 전략

　한국 NGO의 대외교류를 촉진하기 위해서는 우선 NGO의 기관능력 (institutional capacity building)을 제고하는 일이 최우선적인 과제다. 그 가운데에서도 인적자원을 강화하는 일은 필수적인 과제다. 특히 한국의 경우 국제교류의 강도를 높이거나 인적교류를 통해 기관능력을 제고하고자 할 때 인적자원을 강화하는 일이 필수적 과제라는 사실은 이들 사이에 높은 상관관계가 형성되어 있다는 사실에 의해서 확인되고 있다. 그 중에서도 상근간사의 양과 질을 확장하는 일이 매우 중요한 과제로 드러나 있다.

　국내에서의 NGO 활동 일반이 회원이나 정책지지자 중심으로 운영되어야 한다는 것이 당위적이고 규범적인 요구이기는 하지만, 그의 운영실제에 있어서는 NGO 활동의 성패를 결정하는 주요 변수가 상근간사인 것과 마찬가지로 NGO의 국제관계에 있어서도 상근간사가 차지하는 비중은 결정적이다. 아니 국제관계에서는 상근간사가 차지하는 비중이 오히려 보다 더 크고 중요할 수밖에 없다. 이는 일반회원의 경우 자원봉사의 수준에 머무르는 한 국내활동과는 달리 일상적으로 국제 활동에 간여하거나 지속적으로 참여하기가 상대적으로 어렵고 그렇기 때문에 상근간사에 의존해야 하는 수요가 보다 더 크기 때문이다.

NGO가 범지구적 거버넌스에서 차지하는 비중이 커지면서 지구차원 내지는 국제지역차원의 정책과제를 다뤄야 하는 수요가 커지고 있다. 이는 한국 YMCA 연맹이 보다 적극적으로 아시아 회원국을 상대로 정책 지원 사업을 펼쳐나가기 시작했다는 사실이나, 국제교류에 나서는 단체의 약 50% 정도가 정책관련 교류에 나서고 있다는 사실에 의해서 확인되고 있다. 그런데 이렇게 정책교류가 활성화되는 경우 상근간사의 전문성과 기술성에 대한 수요가 커지는 것은 당연한 이치다(Krieger, 2004:5). 따라서 상근간사가 지니는 운동 과제의 프로그램화 능력, 분야별 전문지식, 전략적 관리 기술, 대화와 교섭의 기량, 문화적 편견의 극복 능력, 지도력 등을 개발하고 육성하는 일은 필수적 과제다.

그러나 조사에 의하면 국제교류 전담 상근간사의 수가 국제교류에 나서고 있는 단체당 평균 0.75명에 지나지 않는 것으로 드러나 있다. 이렇게 국제교류 전담 상근간사의 수가 적은 이유는 교류의 수요가 작은 데에도 원인이 있겠지만 적임자를 찾기 어렵다는 데에도 그 원인이 있다. NGO 상근자가 그의 NGO 활동 동기에 있어 순수 운동가이던 시대로부터 일종의 전업 관리자 시대로 전환해 가고 있는 작금의 추세를 감안해 보면, 이런 현상은 보다 더 명료해진다. 국제교류 전담 상근간사로 활동할 수 있는 인적 자원을 많이 배출함으로써 일종의 유수효과(pumping effect)를 노려보고자 하는 전략적 판단의 관점에서 보더라도 보다 많은 유자격자를 길러내는 일은 국제교류 활성화 과정에서 핵심적 과제다. 따라서 보다 중장기적인 인력관리의 관점에서 보다 적극적으로 이들을 개발하고 확대 공급할 필요가 있다.

그런데 NGO의 국제교류를 중추적으로 견인해 나갈 상근간사는 단순

히 NGO 관련 활동의 실행능력뿐만 아니라 이를 이문화적인 맥락 속에서
재해석하고 관리하는 기량을 함께 갖추어야 한다. 왜냐하면 NGO에 의한
대외교류의 외부환경은 극심한 단층과 격차를 특징으로 하기 때문이다.
이는 범지구 차원, 아시아 지역 차원, 남북한 관계 차원 모두에서 공통적
으로 드러나고 있으며, 정치 환경, 경제 환경, 기관 환경을 관통하는 가장
특징적인 현실이기도 하다. 이런 환경 속에서는 네트워크를 구축하는 일
자체가 쉽지 않을 뿐만 아니라 설혹 네트워크가 구축된다고 하더라도,
NGO에 의한 국제교류는 단순히 교류를 통해 네트워크를 구축하는 데에
궁극적인 목적을 두는 것이 아니라 그런 네트워크에 기초해서 지구시민
사회나 국제지역시민사회를 형성하고자 하는 데에 목표를 두는 것이며,
이를 위해서는 서로 다른 문화적 환경을 관통하는 새로운 가치 창출이
전제되어야 하는 것이기 때문이다. 따라서 NGO의 국제교류 담당 상근간
사는 이문화적인 관계를 다루는 국제관계론적 시각과 NGO 활동의 문제
를 다루는 사회운동론적 기량을 함께 갖추어야 한다.

그런데 이런 능력이 계획적인 조련과정 없이 자생적으로 길러지기는
쉬운 일이 아니다. 따라서 이런 인적자원을 계획적으로 육성하려는 정책
이 준비되어야 하며, 이는 NGO 활동가를 위한 다양한 형태의 국제화 육
성 프로그램을 대학의 특수대학원 교육과정과 연계하여 개발해 볼 수 있
을 것이다. 그러니까 정부는 NGO의 국제교류 담당 인력이 자생적으로 성
장할 것이라는 천진난만한 기대나 당위적인 주문에 안주하고 있을 것이
아니라 보다 적극적으로 이의 육성을 조장하고 지원하기 위한 정책을 개
발하고 자원을 투입하려는 노력을 경주해야 한다. 이를 위해서는 정부가
대학으로 하여금 관련 프로그램을 개발하고 활성화하도록 유인하는 정책
을 구상할 필요가 있다. 이런 NGO의 국제화 관련 인력을 양성하는 교육
프로그램은 당연히 국제적으로 개방되어야 하며, 이를 통해 미래의 NGO
활동가들이 범지구적으로 인간적인 네트워크를 구축하고 문화적 편견이
나 가치관의 협애성을 극복할 수 있게 된다면 이는 이중의 교육 효과를
낳게 되는 것이며, 지구시민사회나 아시아 지역시민사회에서 한국이 차

지하는 위상이나 지도력을 강화하는 데에도 기여하게 될 것이다.

그러나 과제의 성격상 NGO의 국제화 업무 전담자를 단순히 학교교육을 통해 길러낼 수 있느냐의 문제가 제기되는 것도 사실이다. 왜냐하면 NGO 관련 업무는 기본적으로 사회에 대한 헌신이나 약자에 대한 애정 나아가서는 불의나 부정에 대한 저항의식 따위를 필요로 하며, 이는 육성되는 것이라기보다는 당사자의 자기성찰과 결단을 통해 생성되는 것이라고 여겨지기 때문이다. 따라서 가장 효과적인 방법은 자신이 몸담고 있는 NGO 활동의 연장선상에서 자기가 담당하고 있는 업무를 처리하는 가운데 스스로 깨닫고 소화하는 과정을 통해 국제화 능력을 개발하고 훈련해 나가도록 조장하는 것이 이상적일 것이다. 이는 NGO가 자발성과 아마추어리즘에 기초해야 한다는 기본적인 주문에도 합치하는 일이다.

이는 한국 YMCA가 자신의 상근인력을 아시아 태평양 YMCA 연맹이나 기독교 단체에 파견하여 직무훈련 기회를 제공하고 그 결과 아시아 태평양 지역 YMCA 연맹이나 세계 YMCA 연맹에서 활동하는 인적 자원을 길러 낼 수 있었다는 사실에 의해서도 확인되고 있다. 따라서 NGO의 상근간사 가운데 일부가 INGO나 TNGO에 파견되어 자기 훈련의 기회를 갖도록 지원하고 조장하는 정책 프로그램을 개발해서 운영할 필요가 있다. 그런데 이 과정에서 야기되는 가장 큰 장애는 재정자원의 부족이므로 이를 위해 일종의 "NGO 상근자 교육 기금"을 개발하거나 확장하는 과제가 제기된다.

단체의 재정자원 규모를 늘이는 일도 시급한 과제다(김혜경, 2001:75). 조사에 따르면 한국 NGO의 대외교류가 아시아 지역으로 극심하게 편중되는 이유 가운데 하나가 재정자원의 한계에 있으며, 교류의 빈도를 높이는 일도 재정자원의 규모와 상관되어 있음이 밝혀지고 있다. 단체의 기관능력 제고 전략 가운데 하나라고 할 수 있는 교육훈련 관련 대외교류나 인적교류의 확대가 재정자원의 증대와 상관관계를 맺고 있으며, 국제교류가 오랜 동안 계속되느냐의 여부도 결국은 단체의 재정자원과 관련되어 있음도 밝혀지고 있다. 국제교류를 위한 비용지출의 확대도 종당에는 단체의 재정자원 규모와 연계되어 있음이 드러나 있다.

물론 열악한 재정자원을 가지고서도 대외교류를 통해 건전한 지구시민사회나 국제지역시민사회의 건설에 기여하는 INGO나 TNGO가 없는 것은 아니다. 국제여성운동단체의 경우처럼 열악한 재정 상태에도 불구하고 여성의 권리 확대를 위한 사회적 이슈를 효과적으로 국제기구의 논의 의제로 설정하거나 지구촌의 각성과 관심을 제고하는 일에 성공하는 사례가 없는 것은 아니다. 그러나 대부분의 경우 재정상태가 열악한 단체일수록 사회적 약자의 보호와 관련된 주제를 다루는 경향이 있으며 이는 사회적 약자가 자신의 권익 신장을 위해 활동하는 단체를 재정적으로 지원하기에는 기본적으로 취약한 계층이라는 데에 기인하는 결과다.

따라서 지구시민사회나 국제지역시민사회가 사회적 약자에 대한 보호를 윤리적으로 정당한 과제라고 평가하는 가치관의 정립을 전제로 성립 가능한 것이라고 한다면 당연히 이런 사회적 약자의 보호를 위한 운동단체들의 활동을 독려하고 지원하기 위한 장치가 마련되어야 할 것이다. 이는 NGO의 국제교류가 지구시민사회나 국제지역시민사회로 확대, 발전하기 위해서는 교류의 선의성이나 참여성을 전제해야 한다는 점에서 볼 때 보다 더 강조해 보게 되는 과제다. 더 나아가 지구시민사회나 국제지역시민사회의 형성이 지구시민이나 국제지역시민의 욕구나 과제에 대한 대표성의 원리에 기초해야 한다는 점에서도 절실히 요청된다. 이 점은 특히 범지구 차원, 아시아 지역 차원, 남북한관계 차원 모두에 있어 정치환경, 경제 환경, 기관 환경, 모두가 중심부와 주변부 내지는 선진국과 후진국으로 양분화되어 있다는 점을 상기해 볼 때 보다 더 그의 중요성을 유의해 보지 않을 수 없다. INGO나 TNGO의 활동을 정부 부문에서의 정치적 원리나 기업 부문에서의 시장의 원리와 같이 수요와 공급의 자연스러운 흐름에만 맡기는 경우에는 지구시민사회나 국제지역시민사회가 특정 과제나 계층의 이익중심으로 편향화하거나 다양한 이해관계가 균형 있게 반영되지 못하는 결과를 낳을 수 있을 것이기 때문이다. 취약한 재정자원이 INGO나 TNGO가 개발하는 정책대안이나 문제의식 자체를 왜곡시키는 결과를 가져오고 그 결과 지구시민사회나 국제지역시민사회가 이런 왜곡된 단체들의 활동에 의해 오도되는 결과를 낳을 수 있다는 점도 문제다.

따라서 NGO 자신들은 물론이고 정부와 기업 등이 어울려 "NGO 국제화 기금"을 조성하고 이를 통해 NGO들의 대외활동을 측면 지원하는 정책적 배려가 있어야 하겠다. 이 점은 특히 세계 YMCA 연맹이나 아시아 태평양 지역 YMCA 연맹의 사례에서 보듯이 INGO가 자기 기관 내부에서의 발언권이나 지도력을 결정하는 데 있어 주요 변수로 작용하는 것 가운데 하나가 재정적 기여라는 사실을 상기해 볼 때, 보다 더 그의 중요성을 강조하지 않을 수 없다. 비록 NGO의 국제사회에 대한 등장이 GO의 지나친 자국중심적인 이기주의 내지는 일국지향주의에 따른 폐해 때문이라고는 하지만, 그렇다고 해서 NGO의 국제 활동이 철저히 도덕적이고 윤리적인 것만은 아니며 그의 운영 실제에 있어서는 여전히 국가적 이해관계의 틀을 벗어나지 못하는 것이 현실이라고 하겠다.

그런데 지난 1654년의 웨스트팔리아 체제이래로 형성되어 온 GO중심의 국제적 관계에서 한국은 역사적으로 주도권을 상실한 채 서유럽 및 북미 국가에 의해 구축되는 지구 중심부의 의도와 이해구조에 추종하는 종속적 변수로 자족해야 했다. 따라서 NGO를 중심으로 새롭게 형성되는 지구시민사회나 국제지역시민사회에서만큼은 이를 주도적으로 견인하려는 대외정책 차원에서의 배려와 인식을 새롭게 다져야 할 필요가 있다.

이렇게 NGO 영역에서의 권력적 주도권이 향상되는 경우 이는 한국 정부의 대외 교섭력이나 한국기업의 대외경쟁력을 강화하는 결과를 가져오게 될 것이다. NGO는 그의 기능적 실체에 있어 결과적으로 GO(정부 조직)나 PO(영리 조직)의 활동과 격리된 체 운영되는 것이 아니기 때문이다. NGO의 대외활동을 지원하기 위한 국제화 기금의 조성은 정부의 대외정책 능력을 강화하고자 하는 의지나 기업의 초국적 경쟁력을 강화하고자 하는 차원에서도 접근하고 또 기획되어야 하는 수요를 내포한다.

또한 NGO의 국제교류는 결코 진공상태에서 이루어지는 것이 아니며 여러 대상 집단과 개인이 접촉하고 교류하는 가운데 이루어지는 것이기 때문에 당연히 국제 수준에서의 정치적 수요를 낳게 마련이다. 그렇기 때문에 범지구 차원 내지는 국제지역사회 차원에서의 의사소통 수요가 증대하게 된다. 국제사회에서의 가시성을 높여야하는 과제도 재정 수요를 증대시키는 또 다른 요인이다. 그런데 지구촌은 NGO의 폭발적인 발흥과 함께 한정된 재정자원을 놓고 보다 혹심한 경쟁을 치뤄야 하는 상황으로 변해가고 있다. 따라서 재정자원에 대한 수요가 순증하는 가운데 별도의 재정자원 조달 장치가 마련되지 않는 경우, NGO는 그의 기관운영 원리를 타협적으로 변화시키면서 영업적 이해타산을 우선하게 될 위험성에 노출되어 있으며, 이는 결과적으로 NGO의 생명과도 같은 도덕적 우월성을 상실하게 되는 요인으로 작용하게 될 가능성이 있다(Krieger, 2004:1).

이럴 경우 NGO의 정치적 역할을 성공적으로 수행하는 데 있어 치명적인 장애 요인으로 작용하게 될 것은 당연한 이치다. 따라서 범지구 차원 내지는 국제지역 차원의 활동에 나서는 NGO에게 재정자원을 지원하기 위한 정책 대안을 모색하는 일은 필수적 과제 가운데 하나다. 이는 국제교류의 빈도나 교류의 연조가 정부지원금의 규모나 기업지원금의 규모와 연동되어 있다는 조사의 결과에 의해서도 지지되고 있다. 그러나 이때 정부나 기업이 직접 재정자원의 지원에 나서는 경우에는 당연히 NGO의 자율성 유지 문제와 함께 정부나 기업에 의한 NGO의 동원이나 NGO와의 결탁 문제가 제기되는 만큼 기금 형태의 재정자원을 마련하여 NGO활동의 독자성과 자율성을 해치지 않도록 유의해야 할 것이다.

조직자원의 차원에서는 먼저 국제적 이슈를 다루는 NGO를 중심으로 조직구조를 초국적으로 재편하도록 조장하고 지원할 필요가 있다. 지구시민사회의 형성 자체가 NGO의 조직구조가 초국적으로 확장된다는 사실을 전제로 하는 것이므로 국내 NGO의 자체 조직이 국제적으로 확장되는 경우 NGO의 국제화와 나아가 지구시민사회나 국제지역시민사회의 형성에 기여하게 될 것은 당연한 이치다. 이는 TNGO와 INGO의 차이를 TNGO의 국제적 활동이 일상화, 제도화하여 기관으로 정착하는 경우를

INGO로 보고자 한다면 TNGO의 INGO로의 전환을 촉구하고 지원하는 노력이 필요하다는 점을 시사하는 것이라고도 말할 수 있다. 이를 위해서는 INGO로 전환하고자 하는 NGO들이 다루거나 주목하는 과제가 기본적으로 초국적이어야 할 것이다. 그리고 이런 초국적 과제를 다루는 NGO들이 보다 많이 생겨나기 위해서는 기본적으로 우리사회 구성원들의 의식과 활동의 지평이 범지구적 내지는 국제지역적으로 확장되어야 한다.

따라서 지금과 같이 한국사회 구성원들의 가치관이나 인식의 틀이 기본적으로 폐쇄적이며 일국중심주의적이거나 지나친 쇼비니즘에 압도되어 있는 한 자생적 INGO나 TNGO의 발양을 기대하기는 어려운 일이다. 이런 점을 고려하여 정부로서는 지구시민권 의식이나 국제지역시민으로서의 삶과 가치 나아가 지구적 표준 등에 대한 학교교육을 강화하고 다양한 통로를 통해 시민의식을 혁신하고 그 인식의 지평을 범지구 내지는 국제지역 사회 차원으로 확장하기 위한 노력을 강화해야 한다.

이는 이문화에 대한 NGO 관계자들의 관용성 정도가 높은 것으로 나타나고 있는 조사의 결과와는 전혀 다른 차원의 과제다. 단순히 소극적으로 관용하고 수용하는 것이 아니라 보다 적극적으로 새로운 지구시민문화 내지는 국제지역사회문화를 창출해 내야 하는 것이기 때문이다. 따라서 학교교육의 교과과정을 대대적으로 개편하거나 성인교육의 내용을 다각화할 필요가 있다. 이는 오늘날과 같은 범지구적 경쟁사회에서 한국이 지구촌을 향도해 나가는 중심국가로 성장해 나가기 위해서도 필수적으로 요구되는 과제다.

그런데 한국사회는 지금 절차적 민주주의로의 이행을 마감하고 실체적 차원의 민주화를 위해 구조 변화를 모색해 가는 단계에 있다는 진단과 함께 민주시민교육의 광범위한 실시를 통해 이에 조응하기 위한 사회문화적 토대를 구축해야 한다는 주문에 직면해 있다. 따라서 민주시민교육에 대한 사회적 대응의 수요와 연계하여 지구시민권 의식 내지는 국제지역 시민의식에 대한 교육 훈련 사업을 대대적으로 실시하는 경우 사회적 비용의 지출을 최소화 하면서도 사업성과를 제고하는 시너지 효과를 겨냥해 볼 수 있을 것이다. 이런 지구시민의식이나 국제지역시민의식의 발양 결과는 당연히 NGO의 국제교류에 대한 일반시민의 지지와 성원을 크게 확대하는 출발점이 될 것이며, 이는 NGO의 국제교류가 소수의 운동 엘리트에 의해 견인되거나 다수의 일반회원을 소외시키는 가운데 전개되는 문제를 극복하기 위한 원초적 대안의 의미도 지니게 될 것이다.

NGO가 국제사회에서 보다 효율적으로 자신이 지향하는 정책지향점을 관철하고 이를 위한 지지자를 규합하고 지도력을 발휘하기 위해서는 무엇보다도 국내 활동 과정에서 보다 적극적인 회원조직의 지지와 성원이 전제되어야 할 것은 췌언을 요하지 않는다. 이점에서 NGO의 국제활동과 국내활동은 결코 별개의 것이 아니며 상호 연계되어 있음을 재음미하는 자기 성찰이 필요하다. 그런데 NGO의 활동에 대한 회원의 적극적인 지지가 담보되고, 나아가 회원의 규모가 확장되기 위해서는 다양한 유인요소의 개발이 요청되는 것이겠지만, 그 가운데에서도 NGO 내부 의사결정과정의 민주화는 매우 중요한 과제다.

자신의 뜻과 상치되는 활동양식이나 정책 지향점을 수용하거나 추종하고자 하는 지지자는 없을 것이며 그렇기 때문에 민주적 의사결정과 회원의 그 과정에 대한 참여가 보장되는 체제를 갖추는 일은 NGO 활성화 작업의 최우선적인 과제다. 이는 특히 NGO의 활동 범위가 범지구적으로 확장되는 경우 매우 심각하게 검토되어야 할 과제다. 여러 나라에 산재해 있는 정책 지지자나 동조자가 공히 평등하게 의사결정과정에 참여하거나 정보를 공유하기 위한 구조적 장치가 마련되지 않을 경우 초국적인 성원자를 확보하가 어려울 것은 당연한 이치이기 때문이다. 따라서 국제교류에 나서는 NGO일수록 그의 내부 민주주의에 대한 수요가 클 것은 두말할 필요가 없다.

이런 내부 민주주의에 대한 요구는 또한 NGO 자신의 대외 활동에 대한 비판적 검토와 성찰이 가능하도록 유도하는 여건을 마련한다는 점에서도 유의할 필요가 있다. NGO에 의한 국제교류가 오도되거나 지구시민사회의 형성에 역행하는 양식으로 진행되는 경우 이를 감시하거나 통제하는 장치가 마련되어야 국제교류에 의한 네트워크의 구축이 지구시민사회 내지는 국제지역시민사회의 형성으로부터 일탈하는 문제를 미연에 방지할 수 있으며, 이는 가장 기본적으로 NGO 활동가 자신의 성찰적 자세와 자기 통제에 의해 가능할 것이기 때문이다.

그러나 이 경우는 NGO 활동가의 자제력을 지나치게 낙관적으로 평가하는 것일 뿐만 아니라, 보다 다양한 평가 주체의 참여가 없이는 객관적인 측정이나 오류의 회피가 쉽지 않다는 점을 간과한다는 문제를 동반한다. 따라서 NGO의 국제교류를 평가하고 문제가 있을 경우 이를 환류하는 의사소통 장치가 조직 내부에 마련되는 일이 긴요하며 이는 내부 민주주의의 확립을 전제로 할 때나 가능한 일이다. 그런데 이런 NGO 내부의 민주주의를 확립하거나 투명성을 담보하기 위해 정부가 직접 나서서 감시, 감독하는 일은 '빈대 잡으려다 초가삼간 태우는 것'과 같은 오류를 범하게 된다. NGO의 독립성과 자율성을 침해하는 것은 물론이고 일반시민의 자발적 참여를 위축시키게 될 위험성이 있기 때문이다.

따라서 NGO 자체에 의한 자기 제어 장치를 권면하거나 유도하는 정책적 노력이 요구된다. 이를 위해서는 "NGO 센터" 같은 기구의 설립을 구상해 볼 수 있을 것이다. 개별 NGO에 의한 자기 통제에는 스스로 한계가 있을 수 있는 것임으로 이를 권면하고 조장할 NGO권 내부의 자기 정화 노력을 유도하는 장치가 요구된다는 의미다. NGO 센터가 NGO의 주도와 정부의 간접 지원을 통해 설립되는 경우 이를 통해 자율적으로 NGO의 국제교류를 평가하고 내부 민주주의를 발양하는 다양한 양식의 프로그램을 운영할 수 있게 될 것이다. 이는 자기성찰을 통해 NGO의 국제교류 및 내부 운영양식을 지구적 표준에 가깝도록 유도해 나가는 발판이 되기도 할 것이다.

또 다른 차원에서 제기되는 과제는 보다 다양한 성격의 단체들이 국제교류 활동에 나서도록 권면하고 조장할 필요성이 있다는 점이다. 조사의 결과에 따르면 교육, 사회서비스 분야의 단체들은 국제교류에 과대 대표되고 있는 데 반해서 연구, 보건, 경제개발, 국방, 정치 분야에서 활동하는 단체들의 국제활동은 과소 대표되어 있는 것으로 드러났다. 이 점은 특히 범지구 차원의 실천적 환경을 조감해 볼 때 INGO의 대부분이 경제개발이나 조사연구에 치중하고 있고, 지구시민사회에 의한 범지구 행사가 주로 경제개발과 경제문제에 주목한다는 사실을 감안해 볼 때 국제교류의 활성화를 위한 현실적 전략 수립의 차원에서도 유의해 보아야 할 과제다.

대개의 NGO가 자신들이 주목하거나 전문적으로 천착하는 정책과제를 중심으로 대외 교류에 나서는 것이라고 한다면 범지구 차원의 교류 수요는 바로 이런 경제개발이나 조사연구 분야가 대종을 형성하고 있는 데 반해, 한국의 NGO는 대체로 교육이나 사회 서비스 분야에 치중함으로써 결과적으로 국제교류의 시장적 수요에 역행하는 결과를 낳고 있다는 의미다. 따라서 이들 분야 그러니까 경제개발이나 조사연구 분야에서의 대외교류가 보다 활성화되어야 하겠다.

이러한 현상은 지리적 범위에 있어서도 같다. 아시아 지역에 대한 편중이 매우 극심한 가운데 유럽, 북미, 아프리카 지역에 대한 교류는 오히려 지나치게 소극적이라는 평가가 나와 있다. 아시아 지역의 NGO 숫자가 범지구 차원의 NGO 숫자와 비교해 볼 때 인구 대비 약 10배 가량 저발전되어 있고 INGO의 경우는 약 6배 가량 저발전되어 있다. 따라서 아시아 NGO의 실천 환경에서 제기되는 교류의 수요는 상대적으로 저급한 수준임에도 불구하고, 한국 NGO의 대외교류는 이 지역에 대부분 집중되어 있어 교류의 수요와 공급이 불일치를 나타내고 있다. 이런 국제교류상의 지리적 편향성은 NGO의 범지구적인 분포나 국내 NGO의 기관능력을 순비례적으로 반영하지 못하는 것일 뿐만 아니라 지구시민사회가 요구하는 민주성 내지는 대표성 확보에도 역행하는 것이다.

따라서 소외 지역 내지는 소외 분야와의 국제교류를 조장하고 지원하기 위한 정책 지원이 있어야 하겠다. 이를 위해서는 정부가 국제교류 지원 사업을 고안해서 운영하는 경우 분야나 지역에 따라 차등 지원하는 전략을 생각해 볼 수 있다. 이를 위해 그런 수요가 있는 지역이나 분야를 파악하기 위한 정밀조사가 선행되어야 할 것은 물론이다.

그러나 그렇다고 해서 범지구적 교류나 아시아 지역 차원의 교류를 추진해 나가는 데에 있어서의 우선순위에 대한 전략적 접근 자체를 외면하라는 주문은 아니다. 지금까지의 운영결과에 따르면 한국 NGO는 한국 YMCA 연맹의 성공사례에 비추어 볼 때 동북아지역에서의 연대와 결속을 통해 국제교류 과정에서의 주도권을 선취하고 이를 토대로 아시아 지역 차원의 교류를 개척하며 나아가 아시아 지역 차원의 주도권을 토대로 범지구적인 연결망 확대에 나서는 전략적 접근의 실효성에 유의해 왔다. 이 점에서 볼 때는 한국 NGO의 국제교류가 아시아 지역으로 집중되어있다는 사실을 부정적으로만 평가할 이유는 없다.

그러나 이런 아시아 지역 편중 현상이 단순히 아시아 지역 중심의 대외교류로 한정하고자 하는 의미를 동반하는 것이어서는 안 되며, 적어도 이를 기반으로 범지구적 교류로 확장해 나가겠다고 하는 의지와 안목이 동반될 때 그의 정당성이 배가된다는 의미다. 여하튼 대외교류의 현실적 수요와 용이성이 높은 근린 지역과의 교류를 토대로 국제교류의 경험과 능력을 축적함으로서 점차 범지구적으로 교류의 범위를 넓혀나가고자 하는 전략적 접근의 유용성은 결코 적지 않다고 하겠다. 이 점은 특히 아시아 지역 그 가운데에서도 동북아 지역의 지구 중심부를 향한 진입이 매우 빠른 속도로 광범위하게 진행되고 있다는 사실을 감안해 볼 때 그 전략적 선택의 유용성이 크다고 하겠다.

정보자원의 차원에서는 다양한 양식의 정보관리 체제를 강화해야 하는 과제가 제기되어 있다. NGO의 대내외 활동에 정보통신기술(ICTs: Information and Communication Technologies)을 도입하여 지리적 이격성에 관계없이 의사소통이 가능하도록 하는 일은, 그것 자체가 초국적 활동을 의미한다는 점에서 지구시민사회나 국제지역시민사회 형성의 전제 조건이자 현상 그 자체인 것으로 이해된다. 특히 NGO의 국내활동이 사이버 공간에서 기록되고 접속가능해지는 경우 이를 지구촌 전역에서 검색하고 참여할 수 있게 되기 때문에 국내활동의 국제화로 직결되는 효과를 낳게 된다. 다만 이 경우 외국의 참여자들이 손쉽게 이해할 수 있도록 국제적인 통용성이 높은 외국어로 기록하고 의사소통에 나서야 할 것은 물론이다.

따라서 영어를 비롯한 외국어로 웹사이트를 개설하고 운영하는 일은, 그것 자체가 초국적 활동일 뿐만 아니라 초국적 교류를 증진시키는 효과적인 장치로 작용하게가 될 것이다. 그러나 영문 웹사이트를 운영하는 국제교류 단체가 전체의 40% 내외에 지나지 않고 국제교류를 하지 않는 단체의 경우에는 무려 94%가 외국어로 된 웹사이트를 갖고 있지 못한 실정이다. 이런 점을 감안하여 NGO의 정보화 사업을 추진하기 위한 정부의 정책적인 배려가 있어야 하겠다. 이 점은 단순히 NGO의 정보화 능력을 한 단계 높인다는 차원이 아니라 한국 NGO의 기능적인 영토를 무한대로 확장한다는 차원에서 접근하고 추진해야 할 과제. NGO 자체가 GO의 기능적 영역을 확장하는 성격이 있으며 이를 사이버 공간으로 확장하는 경우 사실상 무한대로 GO의 활동 공간을 넓히는 효과를 동반하게 된다는 점에서도 이를 적극 지원할 필요가 있다.

그런데 이렇게 사이버 공간을 통해 NGO의 국제교류를 촉진하고 교류의 영역을 확장하며, 이를 통해 건강한 지구시민사회 내지는 국제지역사회를 구현해 나가기 위해서는 지구촌의 다른 나라 NGO들이 향유하는 정보화의 수준도 함께 향상되어야 한다는 문제에 봉착하게 된다. 그러니까 NGO에 의한 국제교류를 사이버 공간에서 구현하는 작업은 한국의 NGO뿐만 아니라 다른 나라 NGO의 정보화도 함께 진행되어야 실현 가능한 과제라는 의미다. 특히 건강한 지구시민사회의 구현을 위해서는 다양한 NGO들 사이에서 참여의 형평성 내지는 대표성이 보장되어야 하며 이를 위해서는 지구촌 NGO 사이에서 "정보격차(information divide)"의 문제가 발생해서는 안 된다는 과제에 직면하게 된다.

따라서 한국 NGO의 정보화 사업을 추진하는 것 외에도 외국의 NGO를 상대로 하는 정보화 사업을 함께 추진할 필요가 있으며 이는 한국의 대외개발원조(ODA) 규모가 지나치게 작다거나 경제개발 분야에서의 교류가 취약하다는 지적이 있어왔다는 점과 연계시켜 검토해 볼 필요가 있다. 따라서 주로 제3세계의 NGO를 상대로 하는 정보화 사업을 대외 무상원조 계획과 연계시켜 기획해 보아야 할 것이다. 이는 특히 우리나라 IT산업의 국제경쟁력을 강화하기 위한 전초 작업으로서의 의미도 동반하게 될 것임으로 관련 산업에 종사하는 국내기업과의 콘소시엄을 통해 추진하는 방안도 고려해 볼 수 있다.

또한 아무리 정보화 관련 인프라가 잘 정비된다고 하더라도 이를 통해 전달되거나 공유되는 정보가 부족하거나 부적절할 경우에는 NGO의 국제교류를 통한 지구시민사회나 국제지역시민사회의 건설에 대한 호소력이 떨어지고 그 내용면에서 왜곡될 수밖에 없다. 그에 따른 부정적 영향이 매우 클 것은 당연한 이치다. 따라서 보다 정교하고 심층적인 정보의 개발이 과거 그 어느 때보다도 요구된다. 이를 위해서는 다양한 형태의 사회정책 과제에 대한 심층적인 연구 조사 작업이 수행되어야 하며 이는 NGO의 조사연구 기능 강화를 통해 해결 가능한 과제다.

특히 지구화의 맥락 속에서 정책적인 판단이나 대안을 개발하는 일은, 과거 일국 수준에서 행하던 것보다 훨씬 더 복잡하고 모호한 과제이기 때문에(Edwards, 2003:8), 각각의 NGO가 지향하는 과제들이 지구화의 맥락 속에서 어떻게 해석되어야 하며, 어떤 영향을 미치게 될 것인지 등에 대한 사려 깊은 논의가 이루어져야 하고, 그 결과물을 연구조사 능력이 취약한 NGO와 공유하려는 의지와 노력이 경주되어야 한다. 이를 위해서는 정부가 보다 광범위한 영역에 걸쳐 자신이 보유하고 있는 정보를 보다 적극적으로 공개하고 공유하려는 자세를 갖추는 일이 선결되어야 하며 NGO 영역에서의 연구조사 능력 개발을 위한 자기 혁신이 선행되어야 한다. 이런 일을 지원 조장하기 위해 NGO 센터 같은 기구가 필요할 것이라는 점은 이미 지적한 바와 같다.

가치관의 정립에 있어서는 NGO 종사자들이 지니고 있는 범지구 차원이나 국제지역 차원의 연대 의식이나 지구시민권에 대한 인식을 보다 더 강화해야 하겠다. 지구시민사회는 당연히 초국적 연대 의식과 국가의 경계를 뛰어 넘는 집단의식이나 운명애를 필요로 하며, 이는 연령, 성별, 인종, 종교, 사회적 지위, 직업 등에 관계없이 지구촌에 사는 사람이라면 그가 어느 곳에 있건 또는 누구이건 간에 관계없이 그의 안전, 평등, 민권 등을 인정하고 보장해 주려는 사해동포주의 정신을 필요로 한다. 이런 개방적인 사고를 확산시키기 위해서는 세계화 시대의 구조적 특성과 지구화 현상이 동반하는 다양한 변화와 특징에 대해 보다 체계적으로 분석하고 관련 정보를 공유하려는 노력이 사회적으로 보다 광범위하게 전개되어야 한다.

특히 민주주의에 대한 이해와 인식의 정도를 높이는 일은 매우 중요한 과제다. 다행히 국제교류에 나서는 단체들의 민주성에 대한 이해력 정도는 매우 우수한 것으로 드러나 있지만 민주성을 당위적으로 중시하는 것과 이를 실천하는 일은 결코 언제나 동반자적 관계있는 것은 아니다. 민주성에 대한 당위적인 지지가 NGO의 대외교류를 단지 선의성 차원에서만 접근하고 평가하는 오류를 유발하게 하고, 그 결과 어떤 비민주적인 행태나 교류양식에 대해서도 이에 대한 저항을 선의성의 이름으로 무력화 하고 손쉽게 정당화 하거나 합리화 하게 될 위험성은 오히려 더 커질 수도 있다.

이런 현상이 지구시민사회의 결성이나 국제지역시민사회의 형성에 역기능적으로 작용하게 될 것은 자명한 이치다. 이점은 특히 대부분의 한국 NGO들이 회원 조직의 적극적인 참여에 기초하는 것이라기보다는 소수의 운동 엘리트에 의해 선도되는 성질을 지녔다는 저간의 평가를 감안해 볼 때 보다 더 우려하게 되는 과제다. 무엇보다도 NGO의 국제교류가 상근자에 대한 의존성이 높을 수밖에 없다는 점을 상기해 보면 이들에 대한 단체 내부의 통제력이 전제되어야 한다는 점에서도 그렇다. 따라서 단체 운영의 내부 민주주의 확보와 이를 조장, 지원하기 위한 정책 대안의 고안이 시급한 과제 가운데 하나다. 이를 위해 NGO 관련자들의 민주주의와 그의 실천적 과제에 대한 이해력 제고를 위한 노력이 경주되어야 할 것은 물론이다.

이렇게 한국 NGO의 대외교류를 활성화하기 위한 정책과제들이 인적 자원의 확대, 재정자원의 확장, 조직자원의 쇄신, 정보자원의 확충, 가치 자원의 개선 등에서 찾아지는 것이라고 한다면 결국 NGO의 국제교류 활 성화 작업은 근본적으로 NGO의 국내활동 능력 강화와 직결되는 과제인 셈이다.

제2절 대북교류 활성화 전략

대북교류를 활성화하기 위해서는 무엇보다도 먼저 남북교류의 패러다 임 자체를 전환하는 일이 절실히 요청된다. 교류의 목적 내지는 선의성 자체를 보다 정교화할 필요가 있다. NGO에 의한 대북교류는 지금까지 인도주의적 차원의 긴급구호, 인류애적인 가치의 구현, 민족적 가족애의 표현, 남북한 사이의 긴장완화 등을 촉진하는 일에 궁극적인 목표를 두고 전개해 왔던 것이 사실이다.

그러나 이런 목적하에서 접근하는 대북 지원 사업은 앞으로도 계속 요 청되는 것이기는 하지만 일회적이고 임시적이며 수용자 수요를 외면한다 는 문제를 유발한다. 따라서 진정한 의미의 평화 정착에 크게 효율적이지 않다는 한계를 노정해 왔다. 남북한 NGO의 교류를 통해 이 지역에서의 긴장을 완화하고 평화와 공존의 체제를 정착시키며 나아가 이를 제도화 하고자 한다면 먼저 남북한 문제를 지구시민사회나 아시아지역시민사회 형성의 과제로 인식하고 또 이를 구현하려는 시각상의 교정이 필요하다.

남북문제를 민족 내부문제나 한반도라고 하는 협애한 지역의 과제로 분리시켜 보는 시각을 경계하자는 것이다. 그러니까 남북한 NGO간의 교 류를 활성화 하는 과제로 접근하기보다는 북한을 요인한 범지구적 연대 내지는 동북아 또는 아시아 지역 차원의 교류와 네트워크의 구축 과제로 인식하자는 것이다. 이는 당연히 지금과 같은 남북한 또는 북한과 외국민간단체 간의 양자간 대화나 교류가 아니라 지구촌 여러 나라의 NGO들이 함께 참여하는 다자간 또는 다원적 교류와 소통의 양식을 필요로 한다. 이는 남한과 북한이 처해 있는 양자간의 극단적인 단절과 격차를 감안해 볼 때 불가피하게 요청되는 과제다.

남한과 북한은 정치 환경, 경제 환경, 기관 환경에서 보는 바와 같이 극심한 격차를 보이고 있으며 북한의 체제 성격 차제가 극단적인 폐쇄성과 국제관계로부터의 소외와 은둔을 본질적 특성 가운데 하나로 삼는다. 바로 이런 상황 하에서는 네트워크의 구축이나 문화적 동형화를 통한 새로운 문화양식의 창출 이전 단계에서 교류 자체를 유지하는 일이 최우선적 과제로 제기된다. 그런데 남북한 간의 민간 교류가 다변화, 다원화, 국제화 하게 되면 어느 일방의 단독 결정에 의해 교류를 차단하거나 봉쇄하기가 쉽지 않게 되고, 교류 당사자 간의 격차와 단절을 다원적 관계에 의해 완화하는 효과가 있으며, 이는 결국 교류의 제도화로 정착될 확률을 높이게 된다. 그리고 이런 의미의 교류가 현실적으로는 인도주의적 구호나 경제지원 문제와 동전의 양면과 같은 관계를 구축한다는 작금의 현실을 감안해 보면, 교류에 따르는 재정자원의 확충을 위해서도 이를 국제화하고 다변화하는 것이 보다 유리할 것은 자명한 이치다. 외국의 평화운동 단체나 인도주의적 지원 단체의 경제지원을 유도하고 촉발하는 효과도 수반하게 될 것이기 때문이다.

또한 현재와 같이 남북한 간의 정치, 경제, 기관 환경의 격차와 차이가 매우 극심한 상황에서 일방적인 공여나 수수를 통해 양자간의 접촉 기회를 확장해 나가는 경우에는, 이런 과정을 통해 대남 의존도가 높아지고 나아가 대남 종속의 가능성이 있다는 우려 때문에 북한의 교류 의지가 위축될 위험성도 있다. 더 나아가 이런 불평등 관계의 심화는 궁극적으로 결코 양자간의 평화와 공존에 기여하기 어렵다.

따라서 현재와 같이 일방적 공여의 관계를 견지할 것이 아니라 다자간 교류의 관계로 발전시켜 나가야 한다. 그럴 경우에는 다자간의 교류와 협력을 통해 어느 일방에 의한 압도나 지배가 중화될 것이며, 나아가 다자간의 관계 조정을 통해 그런 일방적이고 편향적인 교류를 제어할 수 있을 것이라는 믿음을 북한에 제공할 수도 있게 된다. 다자간 교류는 북한으로 하여금 교류에 보다 적극적으로 참여하도록 유도하는 성질도 동반한다는 의미다.

이렇게 남북한 간의 접촉과 교류를 국제화하거나 다원화하는 경우에는 그동안 대북지원 사업의 양적 확대과정에서 나타난 지원자 편의주의를 시정하는 효과도 기대해 볼 수 있게 된다(김형식, 2004). 지원자 편의주의란 수용자의 수요와 입장을 우선하지 않고 지원자의 정치적 판단이나 필요에 따라 지원 시기를 조절하거나 초기의 긴급구호성 지원에서 점차 잉여농산물 등의 지원으로 지원의 전략을 변화하는 것과 같이 남한측의 필요와 선호에 따라 지원 사업의 방향과 내용을 일방적으로 유도해나가는 것을 말한다.

그러나 이를 국제화 하는 경우에는 관련 NGO들의 참여와 판단이 불가피하고 그 만큼 사업의 기획과 집행과정에서 보다 객관적이고 중립적이며 과학적인 접근이 가능해질 것이다. 이는 또한 대북 접촉과 교류에 대한 국제사회의 인식과 평가를 확장하는 결과가 될 것이며, 그 결과 북한으로 하여금 일방적으로 접촉과 교류를 차단하기 어렵게 만드는 또 다른 차원의 유인요인으로 작용하게 될 것이다.

더 나아가 이런 국제적 연결망의 구축은 한반도 주변 국가의 국내정치 과정에 대한 압력의 동원이나 정책적 주문활동을 보다 용이하게 하는 효과도 동반하게 된다. 한반도 긴장완화와 평화 통일의 과제는 이를 둘러싸고 있는 열강들의 이해관계 내지는 대외전략과 직결되어 있는데, 이들의 대외정책은 기본적으로 이들 국가의 유권자들이 지니고 있는 북한 내지는 한반도에 대한 이해나 가치관과 연결되어 있다.

미국의 경우는 특히 다원주의적인 정책결정체제를 갖추고 있어 일반 시민 내지는 NGO의 정책 주문이 미국의 대외정책에 미치는 영향력이 적지 않고, 지구촌 전체가 미국 중심의 일극체제로 재편되는 과정에 있다는 점을 상기해 보면 바로 이런 풀뿌리 주민을 상대로 하는 대외정책 주문

작업은 그의 중요성을 결코 간과할 수 없다. 따라서 미국, 일본, 중국, 러시아 등의 NGO와 수평적 연대 체제를 구축하고 이를 토대로 한반도 평화 내지는 대북 정책을 조율해 나가는 일의 중요성은 결코 과소평가할 수 없다.

더 나아가 남북한 교류 단체의 지역적 편향성을 시정함으로서 결과적으로 동북아지역 내지는 아시아 지역 나아가서는 범지구 차원의 시민사회 형성과정에서 대표성이 왜곡되는 현상을 극복하는 전기를 마련해 주기도 한다. 이는 비단 한반도 문제 해결에 기여하는 것으로 끝나는 것이 아니라 지역시민사회 내지는 지구시민사회의 형성에도 보다 긍정적으로 기여하게 된다는 의미다.

남북한 교류의 문제를 지구시민사회나 아시아지역시민사회 형성의 한 과정으로 이해하자는 것은 이렇게 단순히 네트워크의 다변화 내지는 다원화만을 뜻하는 것이 아니라 당연히 새로운 성격의 문화를 창출해야 한다는 의미로도 해석된다. 한반도 평화 정착의 문제를 단지 이 지역에서의 구조적 긴장완화나 물리적 갈등 순화의 차원에서 접근하는 것이 아니라 삶의 한 양식인 생명과 평화의 문화가 새롭게 생성되도록 하는 차원에서도 접근해야 한다는 의미다. 이는 지구시민사회나 지역시민사회의 형성이 초국적 문화양식의 새로운 정립 내지는 동형화를 전제한다는 점에서 자명해 진다.

그런데 진정한 의미의 시민사회는 그것이 일국주의 차원에서 진행되는 것이건 아니면 범지구 차원이나 국제지역 차원에서 전개되는 것이든 기본적으로는 평화적인 삶의 양식을 기초로 한다. 그런데 냉전구조는 남북한 관계에 있어 대화와 타협 내지는 평화보다는 대립과 갈등 그리고 항상적인 불안정을 확대, 재생산시켜왔다. 나아가 그것 자체가 사회내적으로 체화되는 결과를 불러왔다. 따라서 한반도 냉전구조의 해체를 위해서는 국제정치적인 노력도 중요하지만 보다 근본적으로는 바로 이런 대결과 투쟁의 문화를 추방하고 평화문화를 새롭게 빚어내어 이를 정착시켜야 하는 과제에 직면한다. 한반도에 대립적인 냉전문화가 상존하는 한 남북한 간의 화해와 협력은 불안정한 것이 될 수밖에 없기 때문이다.

그런데 현실적으로 볼 때 북한 사회에 이런 문화적 토양을 생성하기 위해 우리가 당장 할 수 있는 일은 별로 없다. 그런 점에서 먼저 남한 내부에 상존하는 비타협적 보수와 진보, 그리고 지역주의 등 분단문제의 내부적 재생산 체제를 개선하려는 노력이 선행되어야 하겠다. 한반도 냉전구조의 해체는 한반도의 평화문화정착이라는 보다 포괄적이고, 새로운 이념적, 문화적 차원의 노력과 병행해서 진행되어야 한다는 인식이 우선 남한 사회내부에서 부터라도 확대되어야 한다는 의미다. 무엇보다도 남북한 간의 교류 활성화가 남남간의 갈등을 확대 재생산하는 일은 없어야 하겠다. 그런데 NGO는 바로 이런 남남간의 갈등과 대립의 가능성을 미연에 방지하고 평화운동을 전개할 수 있는 잠재력을 지녔다는 데에 그의 장처가 있다.

따라서 사회운동 NGO를 중심으로 보다 적극적으로 평화교육 사업을 남한 사회를 상대로 확장해 나가는 노력이 있어야 하겠다. 이 점에서 보면 한국 YMCA 연맹은 선도적 수범을 보이고 있는 셈이다. 그러나 이를 보다 구체화하고 확산시켜야 하며 특히 당장에 실현 가능한 일이 아니라고 해서 평화문화의 창출 노력을 북한사회로까지 확대하고자 하는 전략대안의 구상 자체를 외면하는 일은 없어야 하겠다.

그리고 이런 "삶의 한 양식으로서의 평화"라는 관점에서 남북문제를 바라볼 때 일방적으로 소비재를 지원하여 임시적이고 단발적인 구휼활동에 나서는 "긴급구호형" 교류보다는 북한이 스스로 발전할 수 있는 능력과 환경을 조성해 주고 또 상대적으로 장기적인 접촉과 교류가 일어날 수 있는 "개발지원형" 사업으로 교류의 전략과 의도를 변경해야 한다는 과제가 제기될 것은 당연한 이치다.

긴급구호형 지원은 지원 수요의 근본적인 제거에 착안하는 것이라기보다는 임시적이고 대증적인 전략에 기초하는 것이기 때문에, 현재의 긴장유발 요인이나 갈등구조 자체를 새로운 차원에서 재정리하자는 것은 아니다. 그러나 개발지원형 전략은 북한으로 하여금 자신의 문제를 자신이 해결해 나갈 수 있는 자생력을 부여해 주자는 것이며, 이는 결과적으로 공존과 평화를 전제로 하는 관계 재편의 동기를 전제한다. 따라서 긴급구호형으로부터 개발지원형으로 교류의 성격이 전환되기 위해서는 상생과 평화의 정신이 전제되어야 한다고 하겠다.

그런데 이렇게 "개발지원형" 전략으로 전환할 경우에는 NGO에 의한 대북지원 프로젝트의 단위당 소요되는 재정규모가 급속히 신장하게 된다. 예를 들어 가정필수의약품을 그때그때의 필요성이나 지원 능력에 따라 간헐적으로 제공하는 단계에서 벗어나 기초의약품 생산에 필요한 기계설비나 제약공장의 건설로 지원사업의 성격을 전환할 경우에는 현재와 같이 각각의 인도주의적 성격의 지원 단체가 순수한 자발성이나 독자적인 기획을 통해 모금하는 것만으로는 필요 재원을 확보하기가 용이치 않게 된다.

따라서 지금의 개별 지원 양식에서 벗어나 특정 지원 목표나 의도에 공감하는 단체들이 모여 지원 사업 콘소시엄을 구성하는 방식으로 지원 양식을 전환해야 한다는 과제가 제기된다(이용선, 2005:5). 이럴 경우에는 개별단체별로 지원 및 교류 업무를 담당해야 했던 북한으로서도 대남 교류사업의 단위당 규모가 커지면서 행정관리 과정에서 일종의 규모의 경제가 발생하게 될 것이다. 이 점은 북한의 경우 대남 교류 담당 인력이 한정되어 있고 그 운영양식이 고도로 중앙집권화되어 있어 행정관리상의 병목현상이 심했다는 사실을 감안해 볼 때 교류 과정의 능률성 제고에도 기여하게 된다.

또한 지금까지 대북교류가 주로 고급형 교류 단체를 중심으로 전개되어 왔던 데에서 벗어나 단체의 기관능력이 미처 독자적인 대북교류에 나서기에는 아직 부족한 초급형 교류 단체들도 참가할 수 있는 통로를 마련하는 전기가 될 수도 있을 것이다. 콘소시엄을 구성하는 경우에는 상대적으로 기관능력이 부족하거나 기관의 연조가 일천하고 재정자원의 규모가 작은 소규모 단체도 자신의 역량에 따라 남북 교류 사업에 참가할 수 있는 통로가 열리기 때문이다.

"개발지원형" 교류로의 전환은 또 남한 NGO로 하여금 단순한 자원봉사자나 나눔 운동의 상근자 중심 체제에서 벗어나 분야별 전문가의 참여를 보다 더 확장하고 이를 수용할 수 있도록 내부 조직체계를 개선할 필요성이 있음을 시사하는 것이기도 하다. 개발지원형 사업은 긴급구호나 단순한 형태의 인도주의적 지원 사업에서처럼 선한 의지나 동포애만 있으면 되는 것이 아니라 분야별 전문 지식이 있어야만 기획 자체가 가능한 성격의 것이다. 보다 단순화시켜 보면 다양한 분야의 전문지식을 전수하는 과정이라고까지 말할 수 있을 것이다.

따라서 개발지원형 사업의 수행에 있어서는 분야별 전문가의 조언이 필요한 것은 물론이고 더 나아가 사업 자체가 분야별 전문가가 주축이 되는 교류와 지원이라는 인식상의 전환을 필요로 한다. 그럼으로 기존의 인도주의적 지원운동 단체들로서는 이런 분야별 전문가들이 단체 내부 의사결정구조에서 중심축 역할을 수행할 수 있도록 조직 구조 자체를 개혁할 필요가 있으며, 단체의 전문성 정도를 혁신적으로 개선해야 한다는 과제에 직면하게 된다. 바로 이 점에서는 교류단체의 분야별 전문성을 높이기 위한 다양한 정책적 지원이 마련되어야 하겠다. 이는 우선 단체의 내부 의사결정 체제를 민주화 하고 전문가의 참여 통로를 확대하는 데에서부터 가능해지는 일이다.

또한 이런 변화가 진행되는 경우 지금까지 민간부문과 정부부문이 명확히 구분되어 별도의 차원에서 추진되어 오던 대북 지원 사업을 민관협업체제의 구축을 통해 전개하는 전략도 모색해 볼 필요가 있다. 우선 사업단위당 재정 소요액이 커지기 때문에 이를 보완하기 위해서는 각종 공사체나 자치정부 등의 콘소시엄 참여를 독려해야 할 필요가 생기며, 분야별 전문지식의 성격에 따라서는 정부부문이 보유하고 있는 정보의 공유가 필요할 수도 있기 때문이다.

특히 단순한 인도주의적 긴급구호 사업과는 달리 개발지원형 사업의 경우에는 그에 따른 사회경제적 영향이 크고 그렇기 때문에 정부에 의한 종합적인 기획이나 조정 및 판단의 필요성이 보다 더 커진다는 점도 감

안해 두어야 할 과제다. 따라서 정부의 종합계획 수립이 전제되어야 하고
그에 따른 민관간의 역할분담이 이뤄져야 한다(최대석, 2005:13). 개발지
원형 사업의 경우에는 기획 단계에서부터 정부의 개입과 지도에 대한 수
요가 그만큼 클 수밖에 없다. 북한이 사실상 민간부문을 제외한 채 접촉
창구를 단일화하고 있다는 사실을 고려해 보면 남한의 민간부문과 정부
부문이 보다 더 긴밀하게 협조하고 조율해야 한다는 전략적 수요는 이미
오래전부터 상존해 왔던 터이기도 하다.

이를 다른 한편에서 보면 대북정책의 형성 및 집행 과정에 대북교류
관련 NGO의 참여가 제도적으로 보장되어 있어야 한다는 의미로도 이해
된다. 그리고 이렇게 대북교류 정책상의 거버넌스 체제 구축이 중요한 의
미를 갖게 될 수록 관련 NGO 내부의 의사결정 과정이 민주적 참여를 보
장하는 양식으로 정비되어야 할 것은 물론이다.

그러나 보다 더 중요한 것은 바로 이런 민관협력체제를 통해 교류의
단체별, 영역별, 분야별 불균형을 시정할 수 있게 되어야 한다는 점이다.
남북한의 교류가 단순히 양자간의 네트워크 구축 수준에 자족하는 것이
아니라 궁극적으로는 하나의 통일된 시민사회를 구축해야 한다는 점에서
보면, 사회 각 부문이나 영역 내지는 단체가 균형 있게 교류에 참여해야
한다는 점은 필수적 과제다. 교류 참여 부문 간의 대표성 확보에 대한 인
식이 선행되어야 한다는 의미다.

그러나 현재는 정책주창 분야나 종교 분야가 주류를 형성하고 있고 여
타의 분야에서는 상대적으로 소극적인 자세를 취하고 있다. 이는 사실 조
사에 의해 밝혀진 바와 같다. 이러한 현실은 영역 간에 있어서도 같다.
지금까지의 대북 교류는 대개가 민화협, 7대 종단, 통일연대 등을 중심으
로 진행되면서 시민사회단체의 참여는 극히 제한적으로 이루어졌다. 그
러나 최근 시민, 여성 영역이 추가되어 대화의 다원화가 진전되고 있는
것은 다행한 일이다. 그러나 지금보다 더 접촉과 교류의 영역을 다원화해
야 하며, 그런 점에서 체육 및 사회문화 영역의 교류를 확대해 나가는 일
은 매우 시급한 과제다. 그런 의미에서 조용필의 북한 공연이나 KBS에

의해 사육신이 남북합작으로 제작되는 등의 사례는 고무적이다.

　무엇보다도 남북한 주민의 정서적 이질성을 최소화하고 민족의 동질성을 회복하면서 체제 간의 차이를 극복하고 나아가 지구시민의식을 공유하게 되기 위해서는 사회문화적인 교류를 통해 평화의식을 확산시켜나가는 일이 선결적 과제이다. 그러나 그렇다고 해서 4대 기본계층 간의 교류로까지 확장하기까지에는 아직 몇 가지 준비 작업이 필요할 것으로 여겨진다.

　무엇보다도 북한의 실상을 보다 정확히 이해하고 객관적으로 평가하며 과학적으로 접근하려는 노력이 이들 계층에서 선행되어야 할 것이다. 이를 위한 정부, 시민사회단체의 적극적인 노력이 경주되어야 할 것은 물론이다. 보다 범위를 좁혀 교류 단체의 성격 차원에서 보더라도 그동안 대북교류에 적극적이었던 단체들은 대개 "고급형 단체"이며 "초급형 단체"는 상대적으로 소극적이었다. 따라서 초급형 단체들도 남북 교류에 나설 수 있도록 지원하고 조장하려는 노력이 필요하다. 그런데 바로 이런 균형적인 참여를 독려하기 위해서는 정부의 조정력이 전제되어야 하고 이는 민관간의 거버넌스 체제가 구축될 때 해결 가능할 것으로 판단된다.

　또한 그동안의 대북 교류과정에서 나타난 과제 가운데 하나는 대북 사업에 나서는 NGO 간에 기관이익 우선주의가 판치면서 일종의 과당경쟁으로 인해 갈등과 대립이 유발되고 나아가 교류와 접촉의 본래 목적이 훼손되는 사례가 적지 않았다는 점이다. 따라서 교류가 그의 본래 목적인 남북한의 평화 정착을 유도하는 일에 기여하도록 관리하기 위해서는 이들 단체들 간의 관계나 대북 접촉 전반에 대해 의견을 조율하고 관리하는 장치를 마련해야 할 필요성이 제기되어 있다.

　그러나 그렇다고 해서 정부가 일방적으로 대북 사업 단체들을 통제하거나 관리하는 일은 가능하지도 않고 또 바람직하지도 않은 만큼 민관협력체제의 구축과 효율적인 운영이 절실히 요청된다. 마침 대북지원단체들이 '대북지원민간단체협의회'를 구성하고 이를 통해 '대북지원민관정책협의회'를 조직하고 있는 만큼 이를 효과적으로 운영하여 대북 교류와 접촉과정에서 유발하는 부작용을 최소화하도록 조율하고 조장하려는 노력을 전개할 필요가 있다(조한범, 2005:11). 이런 체제의 구축은 지원 NGO는 물론이고 교류 NGO나 평화 NGO에 있어서도 필요한 일이다. 따라서 이들 대북 사업 전체를 포괄하는 민관 간 거버넌스 체제의 구축이 절실하게 요청된다. 이는 정부지원에 의존하는 정도가 높을수록 대북교류의 활성화 정도가 높다는 조사 결과에 의해서도 지지된다.

그런데 이런 민관간 통일 거버넌스 체제의 구축과 운영과정에서 정부가 유념해야 할 과제는 정부의 역할과 목소리를 너무 강조하지 않으려는 자제력을 키우는 일이 필요하다. 특히 긴급 구호지원 사업에서 개발지원형 사업으로 활동의 중심축이 이전하는 경우에는 그렇지 않아도 재정적 영세성을 벗어나지 못하고 있는 NGO의 활동이 크게 위축될 가능성이 있다. 인도주의적 지원활동에 있어서도 최근 정부가 취한 바와 같이 대규모적인 물량 공급을 약속하는 경우에는, 북한으로서는 소소한 규모의 NGO 활동에 대해 이를 점차 외면하거나 대 정부 간의 협력체제 구축으로 접촉 창구를 이동하고자 하는 유혹을 느끼게 될 가능성이 크다.

그러나 남북한 관계의 특수성을 감안해 볼 때 남북한 간의 교류와 접촉이 정부 차원으로만 집중되는 현상은 결코 바람직하지 않다. 그런 만큼 정부로서는 NGO 차원의 남북한 교류와 접촉이 지속적으로 유지될 수 있도록 배려하고 지원할 필요가 있다. 이는 남북교류가 동북아 지역 시민사회의 건설로 귀착되어야 한다는 점에서도 그렇다. 이를 위해서는 남북협력기금을 대북 지원 NGO에게 보다 확대 배정하거나 다양한 형태의 대북 협력기금 조성을 정부가 조장하거나 독려함으로써 대북 NGO의 활동을 간접적으로 지원하는 방안을 모색해야 할 것이다. 정부가 대규모적인 물량 공급을 자제하면서 접촉창구의 다원화를 유도하려는 노력을 견지해야 한다는 의미다. 다만 지나친 정부의 지원은 NGO의 유연성과 창발성을 훼손케 할 위험성도 있으므로 NGO의 독립성과 자율성이 침해되지 않도록 유의하는 가운데 진행되어야 할 것은 물론이다(조한범, 2005:12).

이렇게 민간부문과 정부부문 나아가서는 각종 직능단체 등과의 공조

와 협조체제 구축이 절실히 요청되는 단계에서는 그동안 대북 지원 사업
을 통해 북한과의 네트워크를 구축하고 교류와 지원에 필요한 현장 경험
을 축적해 온 NGO 가운데 일부가 자신의 정체성을 교류 및 지원의 중개
만을 전담하는 체제로 전환하여 스스로를 특화할 필요성도 있다. 이는 개
발지원형 사업이 상대적으로 보다 중장기적인 사업 수행 기간을 필요로
하고, 그렇기 때문에 보다 다양한 개발지원형 사업에 대한 남북한 양측의
수요가 폭증하는 경우 이를 모두 소화해 내기가 쉽지 않을 것이며, 무엇
보다도 남한과 북한 간의 교류와 지원을 확장하거나 지속하기 위해서는
북한이 남한의 지원 및 교류 NGO에 대한 신뢰가 전제되어야 하기 때문
이다.

그런데 대북 지원 사업을 선도해 온 NGO들은 그동안 남북한의 정치적
관계 경색이나 국제사회의 환경변화에도 불구하고 지속적으로 지원 사업
을 진행해 왔다는 점에서 상당한 정도의 신뢰구축에 성공해 있다. 다양한
유형의 지원 사업에 대한 경험과 정보를 지원 중개 전담하는 NGO에 집
중함으로써 교류 및 지원 업무에 대한 경험을 비교분석 평가할 수 있게
하고 이를 통해 교류 및 지원 업무의 질적 수준을 고양하고 전략적 대응
력을 강화하기 위해서도 교류 및 지원 중개 전담 NGO의 등장은 불가피
한 과제다.

그런데 바로 이런 점에서 보면 대북교류와 대북교류단체의 국내활동
능력은 결코 별개의 것이 아니며 국내활동에서의 능력이 검증된 단체일
수록 대북교류에 기여하는 바가 클 것이라는 점도 유의해 보아야 할 과
제다. 이는 이미 사실 조사에 의해서 확인된 바와 같다. 그러나 그렇다고
해서 이런 단체의 하부구조의 발전 정도가 대북교류의 활성화 여부를 결
정짓는 유일 변수라거나 중요변수라는 의미는 물론 아니다. 특히 대북교
류에 있어서는 이런 단체의 내재적 변수 외에도 정치적이고 국제환경적
인 동인이 보다 강력하게 작용하는 것이 사실이다. 바로 이 점에서도 대
북교류 문제를 민족내부 문제 차원보다는 지구시민사회 건설 과제의 차
원에서 접근해야 한다는 주장의 정당성은 배가된다.

|제8장|

결 론

한국 NGO의 국제교류 활성화 작업은 거의 단절에 가까운 이원적 구조 속에서 추진되어야 한다는 과제를 안고 있다. 우선 범지구 차원의 정치 환경, 경제 환경, 기관 환경 모두를 관통하는 가장 특징적인 현상이 바로 이들 내부의 이중 구조에 있기 때문이다. 유럽과 북미를 중심으로 하는 지구 중심부에서는 매우 높은 수준의 사회자본 축적이 이루어져 민주화 정도가 높은 반면 아프리카, 남아시아, 중남미 등을 중심으로 하는 지구 주변부에서는 민주적 가치의 생활화가 매우 일천한 실정이다.

각국의 국제화 정도도 유사한 처지에 있다. 중심부의 국제화 정도는 매우 높은 반면 주변부의 국제화 정도는 매우 낮다. 경제적으로도 유럽 및 중앙아시아 지역을 중심으로 하는 중심부와 아프리카, 남아시아, 중남미 등을 중심으로 하는 주변부로 크게 이원화되어 있다. 그리고 이런 중심부와 주변부 사이의 격차는 보다 더 확대되는 경향에 있다. 실천적 차원의 사회 네트워크 구축과 시민사회 의식의 형성도 중심부와 주변부로 나뉘어 그의 범주나 비중에 있어 큰 격차를 보인다. 이런 가운데 아시아 태평양 지역이 지구의 경제 사회 중심부로 매우 빠르게 진입해 들어가고 있어 주목된다.

이런 사정은 아시아 지역 차원에 있어서도 크게 다르지 않다. 우선 정치적 역동성에 있어 아시아 태평양 지역과 남아시아 지역 간의 상이성과 격차가 매우 심각하다. 이는 국제사회에 대한 참여의 적극성 정도에 있어서도 같다. 경제적 공간 환경에 있어서도 아시아 태평양 지역과 남아시아 지역 사이의 격차와 차이는 매우 크다. 사회구조적으로는 시민사회의식 자체의 구축정도가 매우 낮을 뿐만 아니라, 아시아 태평양 지역과 남아시아 지역 간의 차이가 심해 문제의 심각성을 더해 주고 있다. 다만 동북아시아와 태평양 연안의 고소득국가들이 지구 중심부에 급속히 편입되고 있어 아시아 지역 전체의 변화 가능성을 시사해 주고 있을 뿐이다.

남북한 간의 관계에 있어서도 우선 정치적 역동성 면에서 본 남북한은 극단적으로 대비된다. 북한사회의 경직성, 폐쇄성, 비민주성 등은 남한사회와 비교 자체가 불가능할 정도다. 경제적으로도 서로의 격차가 매우 심할 뿐만 아니라 북한 경제의 열악함이 극한 수준에 있어 상호간의 교류를 위한 공간적 환경은 매우 취약한 상태다. 다만 급신장하고 있는 남북한 간의 교역과 물자지원 등이 양자간의 교류와 네트워크 구축 가능성을 열어두고 있을 뿐이다. 실천적 차원의 역량 면에서도 남북한은 매우 심각한 격차를 보이고 있다. 특히 북한의 시민사회적 기초는 절대적 취약상태에 있다. 따라서 NGO 간의 균형 있는 교류나 협력 관계 구축 자체가 어렵게 되어 있다. 다만 인도주의적인 접촉과 지원이 남한 NGO를 중심으로 유지되고 있어 민간차원의 교류와 협력의 단초가 열려 있다는 점이 그나마 다행스러운 정도다.

바로 이런 구조적 양극화 현상 내지는 단절과 간극이 한국 NGO로 하여금 국제교류의 활성화 내지는 남북한 간의 교류를 확장하고 나아가 지구시민사회 및 국제지역시민사회 내지는 남북한 공동체 건설에 나서야 한다는 당위적인 결단의 주요 요인이 되고 있다. 이런 양극화 현상이야말로 범지구적 갈등이나 국제지역사회의 대립 나아가서는 남북한 간의 긴장을 고조시키는 주요 원인으로 작용하기 때문이다. 그리고 바로 그 양극화 현상으로 인해 범지구 차원의 네트워크 구축이나 국제지역 차원의 정책적 연대의 결성 내지는 남북한 공동체의 건설이 지체되거나 지난하게 된다는 데에 문제의 심각성이 있다. 바로 이런 모순 구조를 극복하는 일이야말로 한국 NGO의 국제교류나 남북한 간의 교류를 활성화하는 작업이 해결해야 할 최우선적 과제다.

이와 관련하여 한국의 시민사회는 그의 대외관계에 있어 극단적인 아시아 지역 중심주의를 채택해 왔다. 이 점은 특히 국제교류에 나서는 NGO의 대부분이 서구 유럽이나 북미와 같은 고소득국가군에 편재되어 있다는 사실을 감안해 볼 때 매우 시사하는 바가 크다. 이는 교류지역을 아시아로 집중하고 제한함으로써 범지구 차원의 네트워크 구축 과제를 순차적, 단계적으로 접근하려는 것으로 이해되기 때문이다. 현 단계에서는 범지구 차원의 구조적 격차와 갈등을 초월해서 대외교류에 나서고, 네트워크를 개척해 나가기에는 자체 역량이 부족하다는 점을 자인하고 동원 가능한 자원을 우선 근린 지역에 집중하려는 것으로 이해된다. 다른 측면에서 보면 "아시아" 자체가 내재적 동형성이 배제되어 있는 외생적 개념이라는 비판이 없지 않음에도 불구하고 아시아를 하나의 문화적 공동체로 인식하려는 적극성이 내포되어 있다는 평가도 가능하다. 아시아를 서양에 대한 대응적 개념으로서가 아니라 그것 자체의 독자성과 개별성이 실존한다고 보려 한다는 의미다.

대내적 관계에 있어서는, NGO 집단의 이원적 분화를 통해 대외교류의 수요에 조응하고 있다. 교류의 빈도, 교류의 양식, 교류의 방법, 교류의 대상, 교류의 연조 등이 저급한 수준에 머물러 있는 초급형 단체와 국제교류가 상대적으로 활성화되어 있는 고급형 단체로 나뉘어 있다. 교류의 목적이 자체의 기관능력 신장에 맞추어져 있는 경우와 정책적 의지의 관철을 겨냥하는 경우로 구분되어 있다. 비상시적 교류에 의존하는 TNGO와 상시적 교류에 기초하는 INGO로 분화되어 있기도 하다.

운영전략 면에서는 전체적으로 볼 때 선의성, 전문성, 민주성 등에 유의해야 하지만, 그의 실천 정도는 그리 높지 않다. 그러니까 고급형 단체나 일부 INGO가 국제교류를 통해 네트워크를 구축하고 그 결과 밀집형 지구화에 기여하고 있는 것이 사실이지만 이를 지구시민사회와 국제지역 시민사회의 형성이나 남북한 공동체의 건설이라고 하는 보다 명료하고 궁극적인 목적의식을 가지고 체계적으로 접근해 왔다고는 볼 수 없다.

이를 극복하기 위해서는 먼저 대외교류의 활성화 경우, 시민사회 내부에 NGO 센터, NGO 국제화 교류 재단, NGO 상근자 교육기금 같은 것을 마련하여 NGO의 인적자원과 재정자원을 확장하는 일이 시급한 과제로 제기된다. 지구시민권 의식이나 국제지역시민 의식을 확산하기 위해 각종 교육 프로그램을 개발할 필요도 있다. NGO 조직의 초국화나 연구조사 능력을 개발하는 노력도 경주되어야 한다. NGO 내부의 민주적 의사결정 구조를 담보하는 일과 내재적 통제 장치를 강화하는 일도 주문된다. 이와 관련하여 사회적 차원에서 보면 민주시민교육을 확대하는 일도 외면할 수 없는 과제다. 한국 NGO의 정보화 능력은 물론이고 지구 주변부 국가 NGO의 정보화 능력을 제고하여 지구시민사회 내부의 정보격차를 시정하려는 적극적인 노력도 경주되어야 한다. 이를 위해 대외개발원조를 확대해야 할 것은 물론이다.

남북한 관계에 있어서는 남북한 간의 교류를 지구시민사회의 일부를 구성하기 위한 관점에서 이해하고 접근하려는 인식상의 패러다임 전환이 요청된다. 이는 남북한 간의 교류를 한민족 내부문제로 한정하는 것이 아니라 지구 내지는 아시아 지역사회의 과제로 다룸으로서 교류의 다변화, 다원화, 국제화를 지향하고 그 결과 교류의 안정성을 확보하며 편향성을 극복하자는 것이다. 남북한 교류의 양식이 긴급구호형에서 개발지원형으로 전환하거나 교류의 주체가 개별 단체에서 콘소시엄 체제로 교체되고 나아가 교류의 주요 인력이 상근자에서 분야별 전문가로 전환하는 데 필요한 조건과 환경도 제공하게 된다. 교류의 형태를 일방적 교환에서 다자간 교환의 체제로 전환하고 정부와 민간부문 사이의 통일 거버넌스 체제를 구축하여 보다 체계적인 분업적 협동관계를 구축하는 일도 시급한 일이다. 교류의 영역을 사회문화 분야로 확장하고 나아가 평화 교육을 통해 가치관의 일치를 도모하려는 노력도 있어야 하겠다.

그런데 이런 한국 NGO의 국제교류 내지는 남북한 교류 촉진을 위한 정책대안을 고안하는 데 있어 유의해야 할 가장 핵심적인 과제 가운데 하나는 한국 NGO의 대외교류 능력을 제고하는 일 자체가 정부의 대 NGO 정책개발 작업의 궁극적 목표가 될 수는 없다는 점이다. 한국 NGO 의 국제교류 활동을 활성화 하고자 하는 일은 그런 교류를 통해 지구시 민사회와 국제지역시민사회 나아가서는 남북한 공동체의 형성에 기여하 자는 것이다. 따라서 교류를 통해 교류 상대 NGO의 신뢰와 연대를 유도 해내고 나아가서는 문화적 동형화에 성공하는 일이 중요하며, 그렇기 때 문에 교류 대상 NGO에 대한 배려 없이 교류를 촉진하거나 확대하는 일 은 목적과 수단이 전도되는 결과를 가져오게 될 위험성이 크다. 이 점에 서 NGO의 국제교류를 활성화하기 위한 정책대안의 고안은 고객중심주 의 내지는 맞춤형 정책 개발전략에 유념해야 한다.

그렇기 때문에 NGO의 범지구적 정치 환경이 북미 및 유럽을 중심으로 하는 중심부와 남미, 중동, 아프리카를 중심으로 하는 주변부로 나뉘어 각각의 사회구조적 조건과 수요가 상이하며 그에 따라 이들 권역의 NGO 를 대상으로 하는 대외교류의 특성과 과제가 상이하다는 점이 고려되어 야 할 것이다. 유럽 및 북미 지역을 중심으로 하는 고소득 국가군의 경우 와 중남미, 아시아, 아프리카 지역을 중심으로 하는 저소득 국가군의 경 제 환경이 상이하며, 그렇기 때문에 당면하는 사회정책 과제의 우선순위 가 서로 다르다는 점과 그에 따른 NGO의 성격과 활동양식 및 규모도 상 이하다는 점이 감안되어야 한다. 부언하면 북반부 NGO와 남반부 NGO의 지향점과 수요가 다르다는 점에 대한 인식과 그에 따른 대처가 요청된다.

이 점은 아시아의 경우보다 더 유의할 과제다. 아시아 지역은 아시아 태평양권과 남아시아권으로 갈라져 있을 뿐만 아니라 하나의 통일된 집 단으로서의 아시아가 과연 존재하는가에 대한 의문마저 제기되어 있는 상태다. 따라서 바로 이런 아시아 지역의 다양성과 다원성이 활성화 정책

개발 과정에 반영되어야 할 것은 당연한 이치다.

이런 정책개발 과정상의 고객중심주의는 대내적인 관점에서도 유의해야 할 과제다. NGO의 집단별 구조와 특성에 따라 국제교류 활성화 정책이 수립되어야 한다는 주문이다. TNGO와 INGO, 초급형 단체와 고급형 단체, 기관능력제고형 교류와 정책주창형 교류에는 서로 다른 개혁 수요와 발전 과제가 내재되어 있는 만큼 이를 감안하는 가운데 국제교류 활성화 정책이 수립되고 집행되어야 한다. 따라서 국내 NGO들의 기관능력과 구조적 특성 내지는 발전수요에 대한 정밀 진단을 토대로 일종의 맞춤형 정책 대안을 고안해야 한다.

이런 맞춤형 전략의 도입과제는 단지 NGO의 하부구조 개혁과정에서만 요청되는 것이 아니며 그들에 의한 국제교류가 지향하고자 하는 목적가치인 선의성, 전문성, 민주성 가운데 어느 부분에 우선순위를 두어 활성화할 것인가의 문제에 있어서도 제기된다. 단체에 따라서는 그의 본질적 특성이나 지구시민사회와 국제지역시민사회 내지 남북한 공동체 형성과정에서 처해 있는 입장이 서로 다르며 그렇기 때문에 그들이 지향하고자 하는 목적 가치 가운데 보다 절실히 강조하거나 보다 강화해야 할 과제가 서로 다를 수밖에 없다. 바로 그런 발전수요에 맞추어 정책 지원이 가능하도록 대안 개발에 나서야 한다.

그러나 보다 더 근본적인 과제는 NGO의 국제교류 활성화를 위해 정부가 어떤 정책의지를 가지고 체계적으로 대처하는 일 자체가 과연 정당한 것인가 하는 점에 대한 의문이 제기된다는 점이다. NGO의 생명은 그의 조직화와 활동이 회원의 자발적 참여에 기초한다는 데에 있으며 이는 NGO의 국제교류 내지는 지구시민사회나 국제지역시민사회 나아가서는 남북한 관계 망의 구축에 있어서도 같다. 그런데 이를 추동하거나 특정 방향으로 조장, 지원하기 위해 정부가 적극적으로 개입하는 경우 NGO의 바로 이런 자발성을 침해할 위험성이 있으며 이는 결과적으로 NGO와 GO의 차별성을 훼손하게 될 가능성이 있음을 뜻한다. 그러나 그렇다고 해서 NGO의 국제교류나 남북교류가 단지 자체의 자발적 노력에 의해 활성화되기를 기대하기에는 한국 사회의 사회자본 축적 정도가 일천하다는 점이 문제다.

지구 중심부나 고소득 국가군에서 목격되는 바처럼 오랜 동안의 역사적 발전과정에서 자연스럽게 사회자본이 축적되어 있는 경우에는 정부가 특별히 나서서 NGO의 국제교류를 조장하거나 활성화해야 할 이유는 없다. 그러나 한국사회와 같이 사회자본의 축적 정도가 미진한 곳에서는 이를 보다 적극적으로 촉진하기 위한 전략적 대안의 개발이 불가피하다. 더욱이 서구 고소득국가를 중심으로 그들의 NGO에 의한 국제교류가 압도적 우위를 보이고 있는 상황에서는 더욱 그렇다. 바로 이런 모순을 해결해 나가야 한다는 점이 NGO의 국제교류 활성화 전략 개발 과정이 안고 있는 본질적 한계다. 이는 정부의 조장적 지원이 시민사회에 대한 직접개입을 통해 이루어져서는 안 된다는 점을 시사하는 것이며, 그러나 그렇다고 해서 정부와 시민사회 간의 공동기획이나 공동집행이 문제 해결의 대안이라고 볼 수도 없다는 데에 문제의 심각성이 있다.

왜냐하면 정부와 시민사회 간의 협력적 공조를 상정하는 거버넌스 체제는 시민사회의 사회자본 축적 정도가 일정 수준을 넘어 NGO의 기관능력이 정부와의 협력과 공조를 소화해 낼 수 있는 정도에 다다라 있을 때에나 구현 가능한 것이기 때문이다. 그런 점에서 거버넌스 체제는 서구문화적 편향성을 지니는 문제 해결 대안이라고도 말할 수 있을 것이다. 한국 사회의 현실은 모든 NGO가 이런 수준에 이르러 있다고 볼 수는 없는 형편이다. 그러나 그렇다고 해서 한국 사회의 모든 NGO들이 정부와 협력적 공조체제를 구성하기 어려울 만큼 기관능력에 있어 저급한 수준에 머물러 있는 것도 아니다.

특히 국제교류나 대북교류에 참가하고 있는 단체들의 경우에는 일정 수준 이상의 기관능력을 보유했다고 보아야 마땅하다. 아니 국제교류나 대북교류에 참여하고 있는 단체들 가운데에서도 기관화의 정도에 따라 초급형 단체와 고급형 단체로 이분화된다는 사실은 이미 밝혀져 있는 바와 같다. 따라서 정부에 의한 국제교류 활성화 전략은 일종의 불균형 발전전략에 따라 추진될 필요가 있다. 보다 국제교류나 대북교류가 활성화되어 있는 단체를 중심으로 지원을 집중하고 협력을 강화하며 이를 통해 활성화에 따른 누하(淚下) 효과를 기대해 보자는 것이다.

이럴 경우 국제교류와 대북교류의 선도단체들이 국제교류나 대북교류의 네트워크를 개척하고 필요한 기술과 경험을 축적하면서 국제교류나 대북교류의 전담 인력을 생산 공급하는 훈련기지로 작용하게 되면서 그에 따른 파급효과의 결과 다른 단체들의 대외교류 능력이 촉진되도록 유도하자는 것이다. 이는 한정된 사회자본과 사회 인프라의 상대적 취약성을 감안해 볼 때 단시일 내에 NGO의 대외교류 능력을 활성화하기 위해서는 불가피하게 요청되는 선택지이다. 그러나 이럴 경우에는 국제교류의 또 다른 지표라고 할 수 있는 대표성 왜곡의 문제가 제기된다. 물론 불균형 발전전략이 그의 궁극적인 목표를 비대칭성에 두는 것은 아닌 만큼 이 경우 대표성 훼손이 자체 목표 가운데 하나로 내재되어 있다고는 할 수 없다.

그러나 불균형 발전정책이 시행되는 범주 내에서는 사회구조적 불균형과 그에 따른 대표성 훼손이 불가피하게 동반한다는 문제가 있다. 이와 관련해서는 지구시민사회나 국제지역시민사회 형성 과정에서 요청되는 다양한 지표들이 어느 시점에서 측정되고 지향되어야 하는가의 문제가 제기된다. 다시 말하면 대표성의 담보 문제는 최종적 결과의 차원에서 관측되고 평가되어야 하는가, 아니면 자기발전형 진행과정에서 관측되고 평가되어야 하는가의 문제다.

이와 관련하여 제기되는 또 다른 과제는 NGO의 선의성과 정부의 국익 추구성을 어떻게 조화시킬 것이냐의 문제다. NGO가 그의 대외교류 과정에서 인류보편의 윤리적 가치를 추구해야 한다는 것은 NGO의 기관존립을 위해 요청되는 당위적 과제이자 본질적 특성 가운데 하나라는 점은 췌언을 요하지 않는다. 그러나 그렇다고 해서 NGO에 의한 대외교류 활동의 실제가 오로지 윤리적 가치 준거만을 토대로 운영되는 것은 아니며, 오히려 이를 표방하는 가운데 이루어지는 다양한 양식의 권력적 갈등과 투쟁의 장이라고 해야 보다 사실에 가까운 진술이 된다.

그동안 NGO에 대한 학술적 논의가 주로 NGO의 공식적 목표나 당위적 과제에 집중하면서 그의 비공식적 차원에 대한 사실 조사를 등한시했다는 점은 바로 이런 갈등적 요소에 대한 조명이 매우 일천하다는 사실에 의해 증명되고 있다.

부언하면 NGO의 구성원은 대외교류를 통해 지구시민사회나 국제지역시민사회 내지 남북한 공동체를 구축하고 이를 통해 IGO나 GO에 의해 왜곡되거나 지체되고 있는 지구적 관계 망의 구축 내지는 남북한 관계의 설정을 견제하거나 수정하고자 하는 사회운동론적 요구에 직면하면서도, 다른 한편으로는 GO의 구성원으로서 한 나라의 시민이 지니는 일국주의적 호소와 선호 내지는 이기주의적인 동인을 외면하기 어렵다. 이 점은 특히 지구시민사회나 국제지역시민사회의 건설 나아가서는 남북한 공동체의 구축이 결과적으로 누구의 권력적 지위를 강화 시켜줄 것이냐의 관점에서 접근하는 경우 매우 심각한 갈등 요인으로 등장할 가능성이 있음을 시사해 주는 것이다.

특히 국가가 NGO의 대외교류를 지원, 조장하기 위한 정책 대안의 개발에 나서는 경우 그런 국가가 NGO의 대외교류 활성화 문제를 단순히 윤리적, 도덕적 차원에서만 이해하고 접근하는 것이 과연 타당한 일인가에 대한 질문은 당연히 제기되는 과제일 것이다.

이런 문제와 관련하여 중앙정부와 지방정부 간의 역할 분담을 어떻게 설정할 것인가의 문제도 또 다른 차원에서 제기되는 과제다. NGO의 대외교류는 중앙운동조직에 의해 수행되기도 하지만 지역의 풀뿌리운동조직이 직접 외국의 NGO와 교류하거나 지구화에 따른 사회정책 과제에 대해 연대 투쟁에 나서기도 하며 남북한 교류에 나서기도 하기 때문이다. NGO의 대외교류를 촉진, 지원하는 과제는 중앙정부의 과제이기도 하지만 지방정부의 과제이기도 한 것이다.

특히 정부실패론의 등장 이후 명료해지고 있는 과대정부의 무임승차 현상이나 비효율성 내지는 몰인격적 대응 양식은 보다 정책고객의 지근

거리에서 공공재를 제공하거나 공적 서비스 전달을 대행해야 한다는 주문을 촉발하고 있는 것이 사실이다. 그러나 대외교류가 초국민성에 대한 자기인지가 확산되기 이전 단계에서 전개되는 한 국가 간의 관계를 전제하지 않을 수 없고, 국가 간의 관계를 상정하는 한 일국중심의 이해관계를 따지지 않을 수 없으며 이럴 경우 중앙정부 수준에서 다루어져야 보다 효율성이 클 것은 당연한 이치다. 바로 이런 구조적인 모순을 시정하는 일도 한국 NGO의 대외교류 활성화 작업이 극복해야 할 또 다른 차원의 과제다.

그러나 보다 본질적인 문제는 NGO의 국제교류 활동과 국내활동을 구분하여 다루는 것이 과연 타당한 것인가 하는 점에 대한 의문일 것이다. INGO가 TNGO의 협력과 지원을 전제한다거나 국제교류의 현장은 지역사회활동의 연장선상에서 고안되고 포착되어야 한다는 저간의 주장 등이 모두 이런 의문을 제기하는 출발점들이다. 무엇보다도 단순히 네트워크를 구축하는 단계에서 벗어나 새로운 가치관을 형성하는 단계로까지 나아가기 위해서는 교류의 내용이 자체 기관능력의 신장 단계에서 벗어나 정책이슈 중심의 교류로 발전해 나가야 하고, 정책이슈 중심의 활동은 주로 지역 활동과 밀착하기 마련이다.

단체의 인적자원이나 재정자원의 규모를 확대해야 한다는 주문도 종당에는 지역사회에서 만나는 NGO의 실체나 기관능력과 관련된 주문이다. NGO의 국내활동 능력 제고야말로 국제화 능력 제고의 전조이자 전제 조건이기도 한 것이다. 이는 무국경 시대가 불러온 불가역적 현상이라고 해야 할 것이다. 따라서 NGO의 국제교류 활성화 전략 수립과정에서 가장 먼저 유의해야 할 과제 가운데 하나는 NGO의 국내활동 능력을 제고하는 일이 되는 셈이다. 그러나 다른 한편에서 보면 NGO에 의한 국제교류가 단순히 국내활동 능력을 제고하는 것 이상의 어떤 것을 필요로 한다는 사실 또한 부정하기 어렵다. 국제교류에는 엄연히 국내활동과는 구분되는 과제와 영역이 있으며 요청되는 능력과 기재가 따로 있을 것이기 때문이다.

이렇게 놓고 보면 NGO에 의한 국제교류가 모두 대외지향적인 성과나 목적의식을 가지고 진행되는 것은 아니며, 그 가운데 일부는 오히려 대내지향적인 성과나 목적의식을 가지고 전개되는 것도 적지 않다는 인식을 필요로 하게 된다. NGO에 의한 국제교류는 선행연구들이 상정해 온 것처럼 모두가 지역시민사회나 지구시민사회 형성에 기여하는 것이거나 기여하려는 의도성을 가지고 전개되는 것으로 이해되어서는 곤란하며, 그 가운데는 NGO 자체의 기관화나 제도화 수준을 높이기 위한 것 그러니까 자기 충진적 수요에 조응하려는 교류도 적지 않다는 점에 유의해야 하겠다.

이는 이번 연구에 따른 사실 자료에 의해서도 확인되고 있다. 교류의 목적이 기관능력 제고에 있는 경우와 지구사회나 지역사회 차원의 정책 수요에 조응하기 위한 경우로 구분된다는 보고가 이를 뒷받침해주고 있다.

이런 모순적 과제를 해결하거나 현상의 진단을 보다 정밀화하는 일이야말로 이 책의 후속 작업이 해결해야 할 과제 가운데 하나다.

참고문헌

김규원. (2003). 세계적 사회정책과 NGO의 역할. 우리사회연구, (10):1-33.

김영래·이화수·이기호. (2001). 비정부조직의 초국가적 네트워크와 시민사회 활성화 전략에 관한 비교연구: 한국, 일본, 미국. 국제정치론총 41(4):7-28.

김혜경. (2001). 한국 NGO들과 동아시아 국제연대. 평화논총. (5)2:63-77.

남부원. (2002). 아시아 태평양 YMCA 동맹의 조직, 역사 및 활동. 빛의 아들. 광주 YMCA. (208). p.21.

_____. (2002a). 아시아 태평양 YMCA 동맹의 태동과 과제. 빛의 아들. 광주 YMCA. (209). p.21.

_____. (2002b), 아시아 태평양 YMCA 동맹의 발전. 빛의 아들. 광주 YMCA. (210). p.21.

노진철. (2003). 지구적 환경문제와 NGO들의 동원전략 변화: 기후변화협약을 중심으로.

박상필. (2005). NGO학. 서울: 아르케.

_____. (2005). 한국 NGO의 현황. 가교 4(1):18-25.

박하진. (2005). 남북관계의 어제와 오늘. 통일문제 이해. 통일교육원. 101-148.

안형기·김성윤·김용우·정희성·이기한. (2000). 동북아 3국 환경 NGO의 실태분석: 국제적 연대방안의 모색. 한국정책학회보, (9)1:343-367.

연합뉴스. (2005). 8. 23. <http://www.yonhapnews.co.kr>

오경택. (2001). 글로벌 거버넌스에 있어서의 유엔과 NGO의 파트너십 연구. 한국 동북아논총 21:171-188.

울리히 벡. (2000). 조만영 옮김. 지구화의 길. 거름. 18-24.

_____. (1998). 문순홍 옮김. 정치의 재발견. 거름.

이용선. (2005). 대북 인도 지원의 성과와 과제: '우리민족서로돕기운동'의 사례를 중심으로. 우리민족서로돕기운동 창립 9주년 기념토론회 "대북 인도지원의 과거, 현재, 미래." 발표 논문. 서울, 세종문화회관. 7월21일.

이원웅. (2000). 국제정치의 변화와 NGO. 동북아연구논총(7). pp.135-157.

이정옥. (2000). 글로벌리제이션의 다면성과 사회운동의 국제연대. 경제와 사회. 겨울호 (48):62-92.

이종식. (2002). 비정부 기구(NGOs)와 국제항공 레짐의 변화. NGO연구 창간호. 211-251.

임현진·공석기. (2003). NGO/NPO 연구의 최근 동향: 초국적 사회운동을 중심으로. NGO 연구 창간호. 69-95.

_____. (2005). 미래 한국 NGOs의 조직 및 운영과제: 운동의 민주화와 그리고 전지구화. NGO 연구. (3)1:155-187. 6월.

임현진·정일준. (2005). 한미관계의 정상화를 위한 시민사회 연결망론. 한미관계의 미래와 시민사회의 과제. 중앙일보 시민사회연구소 주한 미국대사관 공동 주최 세미나. 양평 쉐르빌 호텔. 4월 29일-30일.

조한범. (2000). 비정부 기구를 통한 남북한 교류 협력 증진 방안 연구. 통일연구원 2000.

_____. (2005). 대북지원 10년의 성과와 과제. 우리민족서로돕기운동 평화 나눔터 주최, 대북지원 10년의 성과와 과제 정책토론회 발표논문. 6월22일. 국가인권위원회 11층 배움터.

조효제. (2005). 제4강 지구시민사회와 한국 NGO. NGO 지상대학. <http://www.demos.or.kr/issue/lecture4.html>

전인영. (2001). 동북아 군사정세 전망과 한국의 안보. 국방정책보고서. 2001-1.

정현곤. (2005). 한반도 평화 정착과 시민사회. 한미관계의 미래와 시민사회의 과제. 중앙일보 시민사회연구소 주한미국대사관 공동 주최 세미나. 양평 쉐르빌 호텔. 4월 29일-30일.

조선일보. 2005년 6월 21일. A18면.

최대식. (2005). 인도지원에서 개발협력으로의 발전을 위한 과제. 우리민족 서로돕기운동 창립 9주년 기념토론회 "대북 인도지원의 과거, 현 재, 미래." 발표 논문. 서울, 세종문화회관. 7월21일.

통일부. (2001). 사회문화분야 남북교류협력실무안내.

_____. (2001a). 남북 교류협력 및 인도적 사업동향. (12).

통일원. (2005). 통일문제의 이해. <www.jojong.hs.kr/cgi-bin/main.cgi/통일문제.
 hwilenarne=통일문제.hwp>

헬무트 안하이어·메어리 칼도어·말리스 글라시우스 공저. (2004). 조효제, 진영종
 옮김. 지구시민사회: 개념과 현실. 서울: 도서출판 아르케.

Aminzade, Ronald R. Jack Glodstone and Elizabeth Perry. (2001). Leadership
 Dynamics and Dynamics of Contention. In Ronald R. Amizade. Silence and
 Voice in Contentious Politics. New York: Cambridge University Press.

Anheir, Helmut and Hagai Katz. (2005). Network Approaches to Global Civil
 Society. In The Center for the Study of Global Governance. Global Civil
 Society year book2004/5. London: UK London School of Economics <http://
 www.lse.ac.uk/Depts/global/Yearbook/outline2005.htm#TOP%20GCS2005>

Boli, John and George M. Thomas. eds. (1997). Constructing World Culture:
 International Nongovernmental Organization since 1875. Stanford. Calif.:
 Stanford University Press.

Bordewjik, J. and Van Kaam, B. (1982). Allocutie, Enkele Gedachten over
 Communicatievrijheid. In Een Bekabeld Land. Baarn: Bosch & Keuning;. Jan
 Van Dijk. (1996) Models of Democracy behind the Design and Use of ICT
 in Politics. The Public. Vol 3. No. pp.43-56에서 재인용.

Castels, M. (1996). The Rise of Network Society. Oxford: Blackwell.

Edward, Michael. (2003). Civil Society and Global Governance. <http://www.unu.
 edu/millenium/edwards.pdf>

Finnemore, Martha. (1993). International Organizations as Teachers of Norms: The
 United Nations Educational, Scientific, and Cultural Organization and Science
 Policy. International Organization 47: 565-97.

Frank, David John, Ann Hironaka and Evan Schofer. (2000). The Nation-State and
 theNatural Environment over the Twentieth Century. American Sociological
 Review. 65 (Feb.): 96-116.

Guidry, John A. Michael D. Kennedy, and Mayer N. Zald. (2000). Globalization and
 Social Movements: Culture, Power, and the Transnational Public Sphere. Ann
 Arbor: University of Michigan Press. Held, David, Anthony McGrew, David
 Goldblatt and JonathanPerraton. (1999). Global Transformations. Cambridge:

Polity Press.

Keane, J. (2001). Global Civil Society? In Helmut Anheier, Marlies Galsious and Mary Kaldor eds. Global Civil Society 2001. Oxford: Oxford University Press.

Keck, Margaret E. and Kathryn Sikkik. (1990). Activists beyond Borders: Advocacy Network in International Politics. Ithaca and London: Cornell University Press.

Keohane, Robert O. and Joseph Nye. (2000). Introduction. In Nye and Donahue eds. Governance in a Globalizing World. Washington D.C.: Brookings Institution Press.

Khagram, Sanjeev, James V. Riker, and Kathryn Sikkink eds. Restructuring World Politics: Transnational Social Movements, Networks and Norms. Minneapolis: University of Minnesota Press.

Krieger, Kristian. (2004). NGOs in the Global Political Economy: Resource Dependency and the Precarious Sustainability of Political Legitimacy. A Paper Delivered at Berlin Workshop on Transnationality: NGOs as Agents of Civil Society at 2-10 January.

Kyung Won, Kim. (2004). Northeast Asia. America's Role in Asia. S.F.: The Asia Foundation. 15-34.

Lal, Deepak. (2003). NGOs and International Civil Society. <http://www.rediff.com/money/2003/oct/22spec.htm.>

Lester M. Salamon, S. Wojciech Sokolowski and Regina List. (2003). Global Civil Society: An Overview. Baltimore, MD: The Johns Hopkins University.

McAdam, Doug, Sidney Tarrow and Chalrees Tilly. eds. (2001). Dynamics of Contention. U.K.: Cambridge University Press.

Meyer, J. J. Bol i and F. Ramirez. (1997). World Society and Nation State. American Journal of Sociology. 103:144-181.

Pianta, Mario, Federico Silva & Duccio Zola. (2005). Global Civil Society Events: Parallel Summits, Social Fora, Global Days of Action. <http://www. lse.ac.uk/Depts/global/Yearbook/outline2005.htm#TOP%20GCS2005>

Risse, T. and Sikkink, K. (1999). The Socialization of International Human Rights Norms into Domestic Practice: Introduction. In T. Risse, S. C. Ropp and K. Sikkink. eds. The Power of Human Rights: International Norms and Domestic Change. Cambridge: Cambridge University Press.

Roseneau, J. N. (1995). Governance and Democracy in a Dloabalizing World. In D. Archibugi, D. Held and M. Kohler eds. Re-immagining Political Community:

Studies in Cosmopolitan Democracy. Cambridge: Polity.

Scholte, Jan Aart. (2004). Transnationality, Risk and Civil Society. Report of Workshop Results to Irmgard Coninx Foundation Conference Workshop 'NGOs as Agents of Civil Society.' January 3-10. <http://www.irmgard-coninx-stiftung.de>

_____. (2001). Civil Society and Democracy in Global Governance. CSGR Working Paper No. 65/01. Center for the Study of Globalisation and Regionalisation(CSGR). University of Warwick. UK. <http://www.csgr.org>

_____. (1999). Global Civil Society: Changing the World?" CSGR Working Paper No. 31/99. Center for the Study of Globalisation and Regionalisation (CSGR). University of Warwick. UK. <http://www.csgr.org>

Smith, Jackie, Charles Chatfield, Ron Pagnucco. (1997). Transnational Social Movement and Global Politics: Solidarity beyond the State. Syracuse, N.Y.: Syracuse University Press.

Tarrow, S. (2001). Transnational Politics: Connection and Institutions in International Politics. Annual Review of Political Science. 4:1-20.

The Center for the Study of Global Governance. (2005). Global Civil Society Yearbook 2004/5. London: UK. London School of Economics. <http://www.lse.ac.uk/Depts/global/Yearbook/outline2005.htm#TOP%20GCS2005>

_____. (2003). Global Civil Society Yearbook 2003.<http://www.lse.ac.uk/Depts/global/Yearbook/outline2004.htm#TOP%20GCS2003>

The United Nations Non-Governmental Liaison Service(NGLS). (2003). Report of the Consultation with Civil Society on: The Crisis in Global Governance.

Toulmin, Stephen. (1994). The Role of Transnational NGOs in Global Affairs. Peace Studies Institute, International Christian University <http://www. globalpolicy.org/ngos/role/globalact/state/2000/1122.htm#c>

World Alliance of Young Men's Christian Associations. (2002). Governance Documents of the World Alliance of Young Men's Christian Associations. Geneva: Switzerland.

Yergin, D. A. & Stanislav, J. (1999). The Commanding Heights: The Bottle between Government and the Market Place that is Remaking the Modern World. N. Y.: Simon and Schuster.

〈부 록〉

NGO의 국제교류 활동에 대한 설문조사

우리나라 NGO의 국제교류 실태에 대한 설문조사를 하고자 합니다. 잠시 시간을 내어 응답해 주시면 연구에 많은 도움이 되겠습니다. 응답의 결과는 학술적 용도 이외에는 활용되지 않을 것이며, 응답자의 신원은 절대 보호되고, 익명으로 처리될 것입니다. 협조해 주시어 감사드립니다.

숙명여대 교수   박재창 올림

설문과 관련하여 의문사항이 있으시면 다음으로 연락하여 주십시오.
- 이메일: jcpark@sookmyung.ac.kr / 전화: 710-9496

＊국제 교류 활동에 대한 설문입니다

1) 선생님이 소속되어 있는 단체에서는 외국의 NGO와 교류하신 일이 있으십니까?

   (1) 예 (   )   (2) 아니오 (   )

   교류하신 일이 있으신 경우,

2) 지난 1년 동안 얼마나 자주 교류하셨습니까? 가장 근접한 곳에 O표 하여 주십시오.

    (1) 10번 미만(   )   (2) 10번 이상 20번 미만(   )

    (3) 20번 이상 30번 미만(   )   (4) 30번 이상 40번 미만(   )

    (5) 40번 이상(   )

3) 지난 1년 동안 다음 지역의 NGO와 교류하신 회수는 얼마나 되십니까? 각 지역별로 회 수를 적어 넣어 주십시오.

    (1) 아시아 지역(   )   (2) 유럽 및 중앙아시아 지역(   )

    (3) 중남미 지역(   )   (4) 중동 지 및 북아프리카 지역(   )

    (5) 북미지역(   )   (6) 아프리카 지역(   )

    (7) 북한(   )

4) 1회의 교류가 지속되는 시간은 평균 얼마나 됩니까? O표 하여 주십시오.

    a. 이 메일을 통한 교류

    (1) 3분 미만(   )   (2) 3분 이상 6분 미만(   )

    (3) 6분 이상 9분 미만(   )   (4) 9분 이상 12분 미만(   )

    (5) 12분 이상(   )

    b. 전화를 통한 교류

    (1) 5분 미만(   )   (2) 5분 이상 10분 미만(   )

    (3) 10분 이상 15분 미만(   )   (4) 15분 이상 20분 미만(   )

    (5) 20분 이상(   )

    c. 직접 만남을 통한 교류

    (1) 3일 미만(   )   (2) 3일 이상 6일 미만(   )

    (3) 6일 이상 9일 미만(   )   (4) 9일 이상 12일 미만(   )

    (5) 12일 이상(   )

5) 다음 중 어느 분야에서 주로 교류하십니까? 지난 1년 동안 교류한 과제의 성격을 기준으로 가장 자주 교류하시는 분야 3곳에 O 표하여 주십시오.

    (1) 문화 및 여가(   )   (2) 교육(   )   (3) 연구(   )

    (4) 보건(   )   (5) 사회 서비스(   )   (6) 경제개발(   )

    (7) 종교(   )   (8) 국방(   )   (9) 정치(   )

    (10) 정책주창(   )

6) 어떤 양식의 교류관계를 유지하고 계십니까? 지난 1년 동안의 전체 교류 양식 가운데 가장 근접한 3곳에 O표 하여 주십시오.

    (1) 지부구성(   )   (2) 자매결연(   )   (3) 연대결성(   )

　　　(4) 회합참여 (　) 　　(5) 긴급지원 (　) 　　　(6) 단순 접촉 (　)
7) 교류의 대상은 무엇입니까? 지난 1년 동안 교류하신 대상별로 교류회 수를
　 표시하여 주십시오.
　　　(1) 인적 교류 (　) 　　(2) 정보 교류 (　) 　　(3) 정책 교류 (　)
　　　(4) 물자 교류 (　) 　　(5) 기술 교류 (　)
8) 교류의 방법은 어떤 것입니까? 지난 1년 동안 교류하신 방법별로 교류회
　 수를 표시하여 주십시오.
　　　(1) 교육훈련 (　) 　　(2) 자료발간 (　) 　　(3) 공동행동 (　)
　　　(4) 노력봉사 (　) 　　(5) 공동교역 (　)
9) 교류에 필요한 재정은 어디에서 주로 조달하고 계십니까? 지난 1년 동안
　 가장 의존도가 높았던 3곳에 O표하여 주십시오.
　　　(1) 자체예산 (　) 　(2) 사적기부금 (　) 　(3) 공공부문 지원금 (　)
　　　(4) 외국기관 지원금 (　) 　　　　　　(5) 수익사업 (　)
10) 지난 1년 동안 국제 교류에 소요하신 비용은 얼마나 됩니까? 적어 넣어
　　 주십시오. 　　　　　　　　　　　　　　　　　　(　　　　만원)
11) 외국 NGO와의 교류를 시작한지는 얼마나 되었습니까? O표 하여 주십
　　 시오.
　　　(1) 1년 (　) 　　　　(2) 5년 (　) 　　　　(3) 10년 (　)
　　　(4) 15년 (　) 　　　(5) 20년 이상 (　)
12) 지난 1년 동안 교류하신 형태는 다음 중 어느 것과 가장 유사합니까? O표
　　 하여 주십시오.
　　　(1) 일방적 수수 (　) 　　　　(2) 일방적 제공 (　)
　　　(3) 양자간 교환 (　) 　　　　(4) 다자간 교환 (　)

* 선생님이 소속되어 있는 단체에 대해서 여쭈어 보겠습니다

1) 회원은 몇 명이나 되십니까? 　　　　　　　　　　　　(　　　　명)
2) 상근자의 숫자는 몇 명이나 됩니까? 　　　　　　　　　(　　　　명)
3) 국제 교류 전담 상근자는 몇 명이나 됩니까? 　　　　　(　　　　명)
4) 단체의 1년 예산은 얼마나 됩니까? 　　　　　　　　　(　　　　만원)
5) 1년 예산 가운데 정부로부터 지원 받는 금액의 비율은 얼마나 됩니까? O표

하여 주십시오.

　(1) 5% 내외 (　)　　　(2) 10% 내외 (　)　　　(3) 15% 내외 (　)

　(4) 20% 내외 (　)　　　(5) 25% 내외 (　)

6) 1년 예산 가운데 기업으로부터 지원 받는 금액의 비율은 얼마나 됩니까?
　O표 하여 주십시오.

　(1) 5% 내외 (　)　　　(2) 10% 내외 (　)　　　(3) 15% 내외 (　)

　(4) 20% 내외 (　)　　　(5) 25% 내외 (　)

7) 선생님이 소속된 단체는 생긴 지가 얼마나 되었습니까?　　　(　　　년)

8) 선생님이 소속되어 있는 단체에는 영문 또는 외국어로 구축된 홈페이지가
　있습니까? O표 하여 주십시오.

　(1) 예 (　)　　　　　　　(2) 아니오 (　)

9) 선생님은 세계화 반대 시위에 대해서 어떻게 생각하십니까? O 표 하여 주
　십시오.

　(1) 매우 찬성한다 (　)　　　(2) 대체로 찬성이다 (　)

　(3) 그저 그렇다 (　)　　　　(4) 대체로 반대다 (　)

　(5) 매우 반대한다 (　)

10) 선생님은 국내에 머무는 외국인 근로자의 영향력이 점점 커지는 문제에
　대해서 어떻게 생각하십니까? O표 하여 주십시오.

　(1) 매우 찬성한다 (　)　　　(2) 대체로 찬성이다 (　)

　(3) 그저 그렇다 (　)　　　　(4) 대체로 반대다 (　)

　(5) 매우 반대한다 (　)

11) 선생님은 만 18세로 선거권을 인하하자는 주장에 대해서 어떻게 생각하십
　니까? O표 하여 주십시오.

　(1) 매우 찬성한다 (　)　　　(2) 대체로 찬성이다 (　)

　(3) 그저 그렇다 (　)　　　　(4) 대체로 반대다 (　)

　(5) 매우 반대한다 (　)

12) 선생님은 남한의 북한에 대한 경제지원에 대해 어떻게 생각하십니까?

　(1) 매우 찬성한다 (　)　　　(2) 대체로 찬성이다 (　)

　(3) 그저 그렇다 (　)　　　　(4) 대체로 반대다 (　)

　(5) 매우 반대한다 (　)

색 인

지은이소개

박재창

약력 한국 외국어대학 정외과 졸업
미국 뉴욕주립대학교 행정학 박사(의회행정 전공)
숙대 정법대학장
미국 뉴욕주립대학교 국제발전연구소 부소장
미국 메릴랜드대학교 국제전략문제연구소 객원교수
독일 자유베를린대학교 훔볼트재단 연구교수
항가리 부다페스트대학교 의회관리연구소 초빙교수
미국 버클리대학교 정부학연구소 객원교수
(사)한국 미래정부연구회 이사장
미국 정치학회 의회연구원
한국 행정학회 회장
한국 국제지역학회 회장
한국 NGO학회 회장
한국 YMCA 연맹 시민정치운동본부 상임대표
공명선거실천시민운동연합 전국본부 집행위원장
바른선거시민모임 전국연합 공동대표
아시아 태평양 YMCA 연맹 부회장
제58차 UN NGO 대회 한국 대표단장
옴버즈만 포럼 대표
대통령 소속 지방이양추진위원회 위원장

저서 『분권과 개혁』(공편). 도서출판 오름(2005)

　　　『한국의회윤리론』. 도서출판 오름(2005)

　　　『한국의회개혁론』. 도서출판 오름(2004)

　　　『한국의회정치론』. 도서출판 오름(2003)

　　　『한국전자의회론』. 도서출판 한울(2003)

　　　『혼돈의 시대, 개혁의 논리』. 도서출판 오름(2001)

　　　『정부와 NGO』(편저). 법문사(2000)

　　　『정부와 여성참여』(편저). 법문사(2000)

　　　『이렇게 바꿔야 나라가 산다』. 자작나무(1998)

　　　『한국의회행정론』. 법문사(1995)

　　　『정보사회와 정치과정』(편저). 비봉출판사(1993)

　　　『오늘의 정치, 내일의 정치』. 고려원(1992)

　　　『까마귀 우는 곳에 백로가 가야한다』. 삼인행,(1991)

　　　『열린 세상, 막힌 정치』. 도서출판 윤문(1991)

　　　『의회와 민중』. 도서출판 삼선(1989)

　　　『행정학 개론』(공저). 대영문화사(1988)

　　　Legislative Staff in Korea. State Univ. of New York at Albany & Sookmyung Women's Univ. Press(1986)

지구시민사회와 한국 NGO

초판 1쇄 발행: 2006년 9월 7일
초판 2쇄 발행: 2007년 7월 25일

지은이: 박재창
발행인: 부성옥
발행처: 도서출판 오름
등록번호: 제2-1548호(1993. 5. 11)

서울특별시 서초구 서초동 1420-6 통일시대연구소빌딩 301호
전화: (02) 585-9122, 9123 / 팩스: (02) 584-7952
E-mail: oruem@oruem.co.kr
URL: http://www.oruem.co.kr

ISBN 89-7778-266-X   93340   정가 20,000원

* 잘못된 책은 교환해 드립니다.